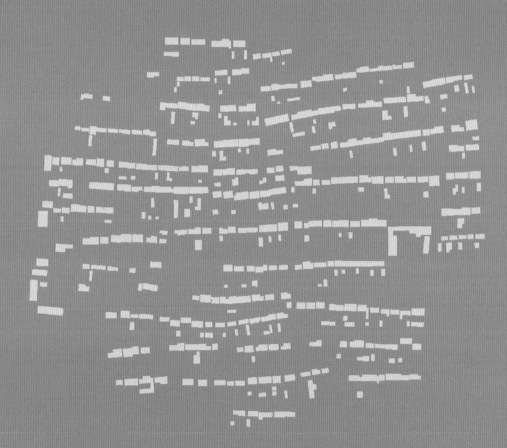

国家出版基金项目

国家重大出版工程项目
"十三五"国家重点图书

中国传统聚落
保护研究丛书

四川聚落

张兴国　袁晓菊　冯棣　罗强　著

中国建筑工业出版社

总编委会

顾　问：

张锦秋　　陆元鼎　　王建国　　孟建民　　王贵祥　　陈同滨

编委会主任：

常　青

编委会副主任：

沈元勤

总主编：

陆　琦　　胡永旭

委　员：（按姓氏笔画排序）

王　军	王金平	韦玉姣	冯新刚	朴玉顺	刘奔腾	关瑞明
李群(女)	李群(男)	李东禧	李树宜	杨大禹	吴小平	余翰武
张兴国	张鹏举	陆　峰	范霄鹏	金日学	周立军	郑东军
单晓刚	赵之枫	姚　糖	贾　艳	高宜生	郭　建	唐　旭
唐孝祥	黄　耘	黄文淑	黄凌江	韩　瑛	靳亦冰	雍振华
燕宁娜	戴志坚	魏　秦				

《中国传统聚落保护研究丛书　四川聚落》

张兴国　袁晓菊　冯　棣　罗　强　著

审　稿：李和平

序一

一、引子

中国传统文化将一个地方的环境气候和风俗民情的特质和韵味称为"风土"。《国语·周语上》韦昭注："风土,以音律省土风,风气和则土气养也",即从当地方言的乡音民谣中便可感知一方土地、民风的文化气息,因而"风土"一词与英文的Vernacular近义。"风"指风习、风俗、风气,"土"指水土、土地、地方,所谓一方水土养育一方人,供奉一方神,从这个意义上,"风土"与西方的"场所精神(Genius Loci)"也有一定的关联性。日本近代哲学家和辻哲郎著有《风土》一书,他对"风土"的定义是自然环境气候诸因素加上"景观",这里的"景观"应指审美角度的自然和人文两个方面,二者相融合的文化景观就是一种典型的传统聚落。

然而,在当今乡村振兴的时代大潮中,传统聚落最常见的关键词是"乡土"而非"风土",差不多已约定俗成了。"乡土"一词是中国农耕社会中故乡、家乡、老家和乡下的意思,至今中国社会还延续着这个传统的语义。但中文"乡土"与英文Vernacular的语境存在差异,因为西方并不存在以宗法制为基础的传统乡民社会,其乡村也就不会有类似于中国"乡土"的概念内涵。而乡村的发展前景是要走出农耕语境的乡土,留住文化记忆的乡愁,延续场所精神的风土,再造生态文明的田园。再说自近代以来,乡土并不包括城里的传统聚落,比如北京的胡同,西安、成都、苏州的巷子,上海的弄堂等属于"风土"而非"乡土"的范畴。

自1930年朱启钤先生发起成立中国营造学社以来,在梁思成和刘敦桢两位学科巨擘的引领下,我国建筑界对传统民居和乡土建筑的研究持续推进,成就斐然,形成了传统建筑研究的一大专业领域。但如何使这些研究更多地关联和影响城乡建设的进程,对整个建筑类学科都是一个很大的挑战。

二、中国传统聚落的源流与特征

1. "匝居"与城乡同构

中国传统聚落营造的信史可追溯到商周时期的聚落遗址。其中有关"营造"的最早文字记载见于《诗·大雅·灵台》:"经始灵台,经之营之"。这里的"经",是策划、管控的意思;而"营",原意即"匝居",是围而建之的意思,例如"营窟""营市(阛、阓)""营垒""营国"等一系列聚落营造范畴的词汇。因此,古代聚落即以"匝居"的方式,形成血缘的乡村聚落,地缘的城邑聚落,以至作为国家统治中心的都邑聚落——都城。这些华夏聚落以宗庙或祠堂为空间秩序的中心,以城垣壕堑为空间领域的边界，虽层级和功用不同，但从深层构成看却大多同构，保持和发展着"匝居"的聚落营造方式，从而部分地诠释了城乡一体的"亚细亚生产方式"学说。因为，一方面，许多乡村聚落拥有城垣、堡楼、街坊、庙宇等要素，俨如一座座城邑，如从汉代的"坞堡"到明清的庄寨、围堡均是如此；另一方面，城邑甚至都邑虽然看上去坚固伟岸，依然不过是政治权力和经济活动高度集中，等级制度极为森严，壕堑防卫更加严密，水平向扩展开来的巨型村寨而已，是乡村聚落的放大升级版。

2. 聚落原型与变换

从"匝居"的外在方式到聚落的内在构成，可以看到中国传统聚落源于商周"井田制"的"井"字形空间概念及其原型意象。所谓"井田制"，即以王室收取贡赋为目的的土地经营制度和划分方式。如周代王室拥公田，公卿以下据私田，遗有周代理想的营国制度，以百亩为夫，九夫为井，九井为国（都邑）。据此制度，田野的纵横阡陌就演变为聚落内经纬交错的街衢，并围合成间、里等空间尺度及单位。后世的里坊、厢坊、街坊，以及后来的胡同、街巷和弄堂等都是这样演变而来的。但这一"井"状网格空间原型的聚落并非处处趋同，而是因地制宜，异彩纷呈，依循了"因天材，就地利，故城郭不必中规矩，道路不必中准绳"（《管子·立政篇》）的变通法则，适应地理环境和地貌条件的差异而产生拓扑变换。这就犹如某种语言，尽管"方言"各异，但"句法"和"语义"相通。或许以这样的解读，方可辩异认同、知恒通变，把握住中国传统聚落的结构本质及其演变方向。

3. 水系与聚落分布

中国传统聚落源于近水的邑居，据《史记·五帝本纪》："禹耕历山……一年而所居成聚，二年成邑，三年成都"。其中，对水畔、雷泽、河滨等的劳作场所描述，均寓意了聚落是伴水而生的文化地景。甲骨文中的"邑"字右边旁加三撇表示傍水，即"邕"字的金文来历，同样表示聚落即环水的邑居。除了统治与防卫上的考虑，古代聚落选址的首要地理条件，是必须依傍满足漕运需要，方便物资供给的水系。因此，自上古以来聚落选址一般都位于大河的二级台地或其支流的一级或二级台地上。在物流以漕运为主的古代，这些水系可以说是聚落生存的命脉，对于都城而言尤甚，如长安、洛阳、汴梁（开封）沿黄河及其支流东西走向一字排开，建康（南京）、江都（扬州）濒临江淮，北京（涿郡）和临安（杭州）则处于南北大运河的两端。实际上历代中心聚落——都城在空间上的移动，均因应了文化地理的条件和漕运线路的兴衰，并与社会动荡、族际战争和人口迁徙相伴随。

4. 乡村风土聚落

在中国古代，与城邑聚落不同的是，乡村聚落社会是按血缘关系和经济共同体为纽带所形成的聚居系统，聚族而居的社会秩序和居住形式仰赖宗法制度维系，特别是自宋代以来，程朱理学倡导"敬宗收族"，形成了以祠堂、族田和族谱为核心的宗族组织及其聚居制度，宗法的社会结构更加趋于自组织化。但由于特定地域下的自然环境（如气候、地貌、水土、材料等）和人文环境（如宗法、宗教、数术、仪式等）的差异，聚落中的宗法秩序和空间布局亦有着同中有异的呈现方式，营造活动很少有统一法式的约束，较之城邑营造更加因地制宜，灵活多变，因而在与自然地景融为一体的有机生长中，保留了纯朴的古风和浓郁的地方性，可以说是千姿百态，谱系纷呈，表现了与西方的"场所精神"相类似的地方特质。以下按地理纬度和等降水量线，将中国各地域的聚落建筑分为四个区段。

1）农耕—游牧混合地区，即400毫米等降水量线以北半干旱北方地区的聚落建筑。如昆仑山南北侧和蒙古草原上游牧民族的帐幕、蒙古包；塔里木盆地周缘突厥语族—东伊朗民族的木构平顶阿以旺住宅；青藏高原上的藏式碉房，甘青地区各族建筑元素相混合的"庄窠"式缓坡顶两合院与三合院，以及青藏高原东部边缘的羌式碉房及合院等。

2）西北、华北和东北地区，即400毫米等降水量线以南至800毫米等降水量线以北之间半湿润北方地区的聚落建筑。如豫、晋、陕、甘各式窑洞，木构坡顶及包砖土坯（胡墼）墙房屋组成的晋系狭长四合院；东北、京、冀、鲁、豫木构坡顶、平顶、囤顶建筑构成的宽敞四合院等。

3）西南、江淮、江南地区，即800毫米等降水量线以南湿润地区的聚落建筑，如川、黔、桂、滇地区，以穿斗体系、干阑—吊脚为显著特征的楼居及合院，藏缅语族各民族的"土掌房""一颗印"（"窨子屋"）"三坊　照壁"等合院；湘、赣、闽北地区"四水归堂"的天井合院或"土库"建筑；江淮地区介于南北方之间的合院和圩堡；徽州地区以堂楼为中心，高耸的马头墙、墙厦、精工木雕、楼面地砖为特色的天井合院；江浙地区穿斗—抬梁混合式的多进厅堂和宅园等。

4）华南地区，即大部处于1600毫米等降水量线范围的高湿多雨地区聚落建筑，如闽南、粤北地区客家、潮汕（闽系）聚落以夯土墙和木屋架构成的大厝、土楼、土堡、围龙屋；粤南广府地区大屋、天井、冷巷构成的合院群等。

总体而言，延续至今的乡村传统聚落基本上都是明清以来的遗存，说明经过两晋南北朝开始的由北而南为主流的历次民族、民系大迁徙，明清时期各地乡村建筑相对稳定的地域分布格局已基本形成，可以从民间流传的营造匠书和聚落族谱中得到印证。如元明之际的《鲁般营造正式》、明万历年间的《鲁班经匠家镜》和清末民初的《营造法原》等，对江南地方的民间建筑影响尤其广泛。

至于少数民族地区的乡村传统聚落，因源于不同的文化传统，其构成及相互关系比较复杂，与汉民族聚落也存在交融现象。比如，明清两代逐渐推进"改土归流"，在南方的少数民族地区以"流官"管理制取代"土司"世袭制，推进了汉族与少数民族的异质文化交融，但后者的"熟化"（或"汉化"）程度，大大超过了前者的"夷化"。

自1930年中国营造学社成立以来，在梁思成和刘敦桢两位学科巨擘的引领下，建筑史界对乡土民居的研究成就斐然，形成了传统建筑研究的分支领域。跨世纪以来，建筑史界对传统民居的人文地理背景和建筑形态分布区系已有一些学术探讨，并有过以传统建筑结构类型为主线的地域区划专题研究。但是这些研究成果怎样对城乡改造中的遗产保护难题产生积极影响，还有待实践中的借鉴和运用。

三、城乡改造与传统聚落

1. 消亡中的乡愁载体

自19世纪末以来，直到改革开放之前，传统中国逐渐从农耕文明走向了工业文明，演变进程是相对缓慢曲折的。尽管传统聚落的宗法社会结构已经崩解，但血缘和宗族关系依然得以延续，聚落的空间结构和传统风貌依然大致如故。随着近30年来城镇化和城乡改造浪潮的冲击，传统聚落的文化特征已发生巨变，大部分古城只保留着少量的历史文化街区。作为乡村传统聚落的大多数村镇，经过撤并集聚或自发式改造，使原有的自然和社会生态系统瓦解或巨变，残留下来比较完整，较多保留着原生态风貌的多在边远山区，占比很大的部分已破败不堪，或被低质化改造，总体上正以极快的速度趋于消亡。

据中外学者的研究，民国时期的城镇化水平不过10%左右，中华人民共和国成立直到改革开放前也只达到17%左右。20世纪70年代末改革开放以来，城镇化开始飞速地发展，城镇化率2018年已达59.58%，其中城镇户籍人口42.35%（包括拥有宅基地的部分镇人口和城中村人口），与欧美约75%~85%及日本93%的城镇化率相比仍差距明显。截至2016年，我国乡村自然村仍有244.9万个，基层自治管理单位"村民委员会"52.6万个，乡村户籍人口7.63亿，常住人口5.6亿，在本地和外地谋生的农民工约2.88亿。2017年全国城乡人均收入倍差2.72，一些贫困的山区和边远地区农村人均收入与全国城乡平均收入倍差则远高于这个数字，这些地方的衰败或空村化现象更加严重（数据来源自2017年、2018年国家统计局公布的数据）。

虽然这种文明进程在任何一个走向现代化的农耕社会迟早都会发生，但是中国作为人类文明诸形态中唯一保持了连续性进化的国家，文化传统的基因和源头即存在于城乡传统聚落之中。这一"乡愁"载体的消亡，不但会使国家和地方失去身份认同的文化根基，而且会使城乡一体化发展的战略目标发生偏差。

2. 风土建成遗产

在中国传统聚落的话语体系中，"民居"是对功能类型而言，"乡土"是对乡村聚落而言，而"风土"是对城乡聚落及其文化地理背景而言，三者均属同一范畴。因此，乡村聚落也是最具文化载体性的风土聚落，呈现了各个地域环境、气候和民族、民系背景下异彩纷呈的风土特质。西方的风土建筑研究可以追溯到法国18世纪新古典主义理论家德·昆西（Quatremère de Quincy），他最早指出了建筑语言的风土（Vernacular）和习语（Idiom）属性。到了当代，英国建筑理论家兼乡村爵士乐作曲家鲍尔·奥利弗（Paul Oliver，1927—），集风土建筑研究大成，在1997年出版了覆盖全球的《世界风土建筑百科全书》（*Encyclopedia of Vernacular Architecture of the World*），他认为研究风土建筑不只是为了记录过往，对未来的文化和经济可持续发展也是不可或缺的。随后R. 布伦斯基尔（Brunskill R. W.）在2000年出版《风土建筑：一部图解的历史》一书，把20世纪以前定义为"风土建筑时代"，以大量的插图详解了数百年来英国风土建筑在农耕时期和工业化早期的形态特征。

"建成遗产"是经由营造活动所形成的建筑、聚落、景观等文化遗产本体的总称。1999年，国际古迹遗址理事会（ICOMOS）在《风土建成遗产宪章》（*Charter on the Built Vernacular Heritage*）中，首次提出了"风土建成遗产"的概念，即特定风俗和土地上所建造的文化遗产，其保护价值今已成为全球共识。首先，"聚落建筑"作为风土建成遗产的第一保护对象，是城乡历史环境的栖居场所，也是民族民系身份认同和乡愁记忆的空间载体，携带着可识别的中国传统文化基因。其次，"营造技艺"蕴含乡遗的工巧智慧精华，是对其进行保护、传承和再生的意匠源泉，而只有将传统聚落的营造技艺真正传承下去，保护才是可持续的，才能使聚落遗产长存下去。再次，"文化地景"（或文化景观Cultural Landscape）呈现聚落的环境因应特征，是人工与天工相交融的在地景观。韩国建筑师承孝相，为了表达地景建筑创意，生造了"Landscript"（地文）一词，本意是强调人的活动在土地上留下的印记，就如大地书写一般。显然，"地文"需要保护和续写，即像日本的"合掌造"民居、中国的西递—宏村那样，严格保护好聚落遗产标本，激活历史环境的"场所精神"（Spirit of Place），在新建筑中创造性地转化风土建成遗产的原型意象。

3. 国家级聚落遗产

根据住房和城乡建设部和国家文物局颁布的最新保护名录，中国传统聚落列入国家保护名录的有三大类，均可看作风土建成遗产。其一为100多处"国家重点文物保护单位"身份的传统聚落；其二为国家历史文化名城、名镇、名村，包括135座"名城"、312个"名镇"和487个"名村"；其三为6819个部分由国家财政资助保护的"传统村落"。此外，皖南古村落西递—宏村、福建土楼、开平碉楼与村落，以及红河哈尼梯田文化景观等4项乡村传统聚落及景观被收入世界文化遗产名录。

这其中的传统村落数量最为庞大，部分还同时具有国家级历史文化名村及重点文物保护单位的身份。其分布特点为：南方约占全国总量的78%，大大多于北方；山区多于平原、盆地，如晋、湘、滇、黔、闽的山区占比超过全国总量的二分之一；方言区多于官话区，如晋系方言区约占北方各官话区总和的40%左右；工业化、城镇化起步较晚的地区多于起步较早的地区，如西北地区多于东北地区；城乡人均收入倍差相对较高的地区多于发展水平相近的较低地区，如贵州、云南处于全国传统村落数量排名前列。

上述的三大类传统聚落遗产保护系列中的前两类，有着相应的国家保护法规及实施细则，生存问题相对无虞。而第三类——传统村落量大面广，没有直接的相应保护法规作保障，其生存问题看似有国家财政资助，实际状况则堪忧。

四、传统聚落的保护与活化

1. 模式与问题

对风土建成遗产的专项保护，比较典型的首推北欧斯堪的纳维亚半岛的挪威和瑞典，这里在第二次世界大战前最早以民俗博物馆的方式，保护和展示当地的风土建筑，这种方式随后风靡欧洲大陆和英国。1952年英国"古迹委员会"将18世纪以前的风土建筑均纳入了保护名录，特别值得注意的是，英国将乡村划为120个自然区和181个特色景观区，这是可以借鉴的乡村文化地景谱系保护策略。日本于20世纪70年代兴起的"造村运动"，是通过农业升级改造、乡村特色塑造和技术培训投入，提振乡村经济社会活力和磁力，最终使乡村聚落得到活化和再生。聚落遗产保护和传承是其中的一个部分，如长野县的妻笼宿和岐阜县的马笼宿，其风土建成遗产在存真、修缮、翻建、活化等方面皆有坚定的价值坚守和丰富的保护经验，可供中国乡村风土建成遗产保护和再生实践学习借鉴。

我国城乡风土建成遗产保护与活化前后已历20载左右，经验和教训并存，其中数量占大多数的乡村聚落遗产保护与活化主要有三种模式。第一种为国家文博体系和大型国企主导的乡村博物馆模式，如山西的丁村、陕西的党家村、湖南的张谷英村、福建的田螺坑土楼群及玉井坊郑氏大厝等，经费、法规、导则等条件较为完善，部分村民通过村委会组织参与经营活动受益。第二种为社会企业主导的风土观光综合体模式，乡村聚落遗产由企业与当地政府、村自治体——合作社以契约形式合作及分成，如安徽黟县宏村、浙江松阳县村落、山西沁水县湘峪村、福建连江县杜棠古村三落厝等。第三种为村自治体主导风土生态体验区模式，以由村自治体所属企业及乡村活化能人掌控风土观光资源，进行乡村聚落开发，村民参与其中的相对较多，受益也相对大一些，如安徽黟县西递村、山西平遥县横坡村、陕西礼泉县袁家村、山西晋城市皇城村、福建屏南县北村等。

不可忽视的是，乡村聚落遗产在保护和活化中存在一些带有普遍性的问题和挑战：一是大多没有以乡村经济、社会的改造升级为根本前提，而是过多地依赖于旅游资源的消耗；二是管理政出多门，既条块分割，又一事多管，造成一些村落一村多名，准入标准和处置方式交错低效；三是原住民生活资料——集体土地、宅基地和房屋处于不确定的流转状态，所有权和使用权分离，但土地与房屋租金普遍低廉，收益分配不成比例，原住民的公平共享诉求难以兑现，存在着大量的权益矛盾和法律纠纷，潜在的社会风险已然存在；四是维修和民宿化改造等多为村民自发行为，存在严重的安全隐患，如结构安全意识薄弱，涉及公众安全的强制性技术规范和安全施工监管缺位，消防间距、人身防护不合规范的状况随处可见，声、光、热等室内环境控制指标大都达不到基本使用要求；五是宅基地内滥建低质楼监管缺失，低质翻建率常在一半以上，严重的达70%~80%，使村落风貌严重失控，而招揽观光的利益驱动导致拆真造假现象也随处可见；六是薪火相传趋于中断，大部分营造技艺面临失传，由于种种原因，"非物质文化遗产传承人"名誉并未起到明显的弥补作用，传统意匠及技艺存续与再生尚待突破，新旧修复材料融合手段薄弱等问题普遍存在；七是同质化严重，社会资金普遍投入乡村聚落保护与再生项目的可能性有限，而传统村落依赖国家财政扶持也是很有限的，且不可持续。

2. 标本保存谱系化

当下我国城乡风土建成遗产的保护与活化，首先并不是个建筑学问题，而是涉及保护什么，如何保护，怎样活化的实质性问题，与经济、社会的可持续发展背景息息相关。从物种标本保存的战略眼光看，传统聚落保护与活化的前提是对聚落遗产标本的保存和研究。

少量被定格在某个历史时期或文化样态下的聚落遗产，比如平遥、丽江古城以及各地名镇、名村一类进入各种遗产名录，是受到严格保护的风土建成遗产标本。但这些遗产标本只是聚落遗产中极小的一部分，我们认为，实际上需将我国城乡风土建成遗产按民族、民系的语族区或方言区进行全覆盖，成体系地作分类分级梳理，为后世存续完整的风土建成遗产谱系标本，兹事体大，关及国家和地方历史身份和文化传承的根基。因此，应依风土建成遗产谱系统一甄别、筛选和认定聚落遗产，再以地景修复、聚落修补和技艺传承为基础，将之纳入再生过程。当务之急，是应对其谱系构成缘由与分布有比较系统的认知。

由于语言作为文化纽带的重要性仅次于血缘，而风土在语言学上的含义，即连接一个地方聚居群体的交流媒介"语缘"，既可代表不同的文化身份，也可作为判断各文化身份间亲疏关系的参照。因此，从文化地理学和人类学的角度，可尝试以民系方言和语族—语支为参照，对各地风土建筑做出以"语缘"为纽带的谱系分类区划。总体上看，历史上语族相近，说明有相关的文化渊源；语族的方言或语支相通，说明血缘和地缘存在关联性。传统的汉语族—方言和少数民族的语族—语支是在漫长的历史变迁中，由于地理阻隔及民族、民系迁徙所形成的。虽然建筑谱系和语言谱系是否完全对应确是个问题，但设若不同族群在语言上可以交流，则其聚落及建筑一般也会存在交互关系。

参照语言人类学家的语缘区划，汉藏语系的汉语族民族民系聚落及建筑谱系主要可分为：其一，东北、华北、西北、江淮和西南等五大官话区建筑谱系；其二，华北的晋语方言区建筑谱系；其三，江南的吴语、徽语、赣语和湘语四大方言区建筑谱系；其四，华南的闽语、粤语和客家语三大方言区建筑谱系。少数民族语族区聚落及建筑谱系主要可分为：其一，西南地区汉藏语系藏缅语族17个民族的建筑谱系，壮侗语族9个民族和苗瑶语族3个民族的建筑谱系；其二，北方地区阿尔泰语系突厥语族7个民族，蒙古语族6个民族和通古斯语族5个民族的建筑谱系等。此外，还有少量西北地区印欧语系斯拉夫语族和伊朗语族的民族的建筑谱系，以及华南地区南亚语系和南岛语系民族的建筑谱系。以这样的谱系认知方式，对风土建成遗产谱系遗产的标本系列进行谱系化的保护，是有重要意义的一种尝试。

突厥语族区建筑		其他区建筑	蒙古语族区建筑		其他区建筑	通古斯语族区建筑		其他区建筑
定居区	游牧区		定居区	游牧区		定居区	渔猎区	
北方官话区西部建筑			晋语方言区建筑			北方官话区东部建筑		
河西	关中		北部	中部	东南部	京畿	胶辽	东北
西南官话区建筑			北方官话区中部建筑			江淮官话区建筑		
滇	黔	川	鄂	豫	鲁	淮	扬	
藏缅语族区建筑			湘语方言区建筑		赣语方言区建筑		徽语方言区建筑	吴语方言区建筑
藏区	羌区	彝区	其他	湘西	湘中	湘东	豫章	临川	庐陵	歙县	婺源	建德	苏州	东阳	台州
壮侗语族区建筑			客家方言区建筑			闽语方言区建筑		
壮区	侗区	其他	西部	中部	东部	闽中		闽东
苗瑶语族区建筑			粤语方言区建筑			闽语方言区建筑（闽南）		
其他区建筑			桂南	粤西	广府	潮汕	南海	台湾

我国民族民系风土建成遗产谱系分布示意图

3. 大量性传统聚落的出路

除了经典传统聚落风土建成遗产谱系的标本保存，大量性的传统聚落，特别是乡村聚落，总体上面临着景象劣化、原有建筑被大量低质改建、乡村经济和民生有待振兴的境况。因此，需要将聚落有机更新和文化地景再造，作为未来发展的主要方向。实际上，对大量性传统聚落的可持续发展而言，实践中应考虑保存有标本价值的聚落典型建筑，延承风土营造谱系所曾依存的地貌特征、空间格局和尺度肌理，再造出隐含着基质原型、适应生活变迁的新风土聚落及文化地景。

此外，传统聚落遗产管理系统和遗产归口的合理化，遗产运作的信托化，遗产基金、社会"领养"

和活化途径的模式化，营造技艺传承的制度化，以及保护技术的系列化等，都应作为传统聚落保护与再生的改进方面加以关注和实施。

五、关于丛书编纂

这部丛书是第一部关于中国传统聚落特征与保护的大型研究集锦，内容覆盖了各省市自治区传统聚落的历史溯源、地域特征与现存状态、保护与活化的方法与途径，以及未来走向的展望等。丛书中的"传统聚落"聚焦于狭义的"村"和"镇"，并可选择性地涉及"城"，即"县"或"市"的老城区，如北京的胡同和上海的弄堂。书中内容兼顾理论观点和叙述方式的历史性、逻辑性和独特性，引述材料要求真实可靠，体例同中有异，充分表达地域特征，并将之纳入史地维度和经济、社会发展的叙事语境。保护与活化内容要求选取兼顾普适性和典型性的工程实践案例，对乡村振兴中的建成遗产存续和再生问题进行全方位的讨论。由于本丛书仍是以行政区划单位作为各分册的研究范畴，难免存在少量跨省市区之间的互涵和重复内容，但作为一部大型丛书，总体上还是完整统一的，其中不少篇章都可圈可点，对乡村振兴和传统聚落的未来探索有多方面的参考价值。

（本文主要内容及参考文献见《建筑学报》2019年12期）

中国科学院院士、同济大学教授
己亥夏至于上海寓所

序二

聚落，是人类聚居和生活的场所，《汉书·沟洫志》曰："或久无害，稍筑室宅，遂成聚落"。聚落这一概念最早出现时是为了描述区别于都邑的居民点，现在已泛指人类生活地域中的村落和城镇。聚落是在各个地域内发生的社会活动、社会关系和特定的生活方式，并且是由共同的人群所组成相对独立的生活空间和领域。传统聚落主要是指具有一定历史性的城乡聚落，拥有物质形态和非物质形态的文化遗产，是先人运用自己的智慧，依据自然、气候、地理、习俗等环境因素建立的适宜的居住空间，同时具有较高的历史、文化、科学、艺术、社会、经济价值，能够反映一定历史时空的社会物质文化与精神文化的重要载体。

传统聚落是人们与自然协调过程中不断地尝试和调整所形成的，是在一定的时空条件下的总结。传统聚落是一定地域空间范围内的人文现象，它既是一种空间系统，也是一种复杂的经济、文化现象和社会发展过程。其起源、形成、发展均在特定地理环境和社会经济背景中，通过人类活动与自然相互作用下的结果，是对自然地理条件、社会治理结构、文化机制作用等多方面的缓慢调整适应，既是人类不断地适应、改造自然环境的实践积淀和智慧结晶，也是特定地域环境人地关系的空间反映。正如本套丛书之一《云南聚落》编写作者杨大禹教授所说："几乎所有的传统聚落，作为联系自然环境和人文环境的中介，从它们的地理分布、外部整体形态、内部空间结构，到聚落与周围自然环境、山水地形的紧密关系，都体现出因地制宜、和谐有机的共同规律。"这些共识是协调当地的地理条件、社会风俗与生活方式等积累而成的。在以聚居为主的生活模式下，都会充分考虑到聚落的环境特点，尽量找到资源配置最为合理、微气候最为和谐的场所。聚落形态与民居建筑形式的存在，与人们应对自然环境的生理、心理需求有着千丝万缕的联系。所以，传统聚落都能反映出在一定的地域空间环境、一定的民族和一定的历史时期所承载的建筑文化底蕴。

传统聚落作为中华文明的一种载体，凝聚着具有地域性、民族性与艺术性的布局特色和建筑风采，以及文化习俗下构成的聚落分布、空间格局、生产模式、景观形态等风情各异、千姿百态的元素。传统聚落是先人们长期适应自然，与自然和谐相处的历史见证，凝聚着中国悠久的农耕文明，展示着人们自古至今的生存智慧，可以说，传统聚落承载着中华文化精华和中华民族精神。所以，保护传统聚落就是维系中国传统文化的延续，就是在保护中华文明的根。

对于聚落空间的研究，既要把控聚落自身各种要素以及各要素之间的相互关系，也要关注聚落内部空间与聚落外部空间之间的关系，从而进一步了解单个聚落与同一个地域内其他聚落之间的关系，以便获得对聚落空间完整概念的把握。通过对传统聚落特色的系统研究，包括将传统聚落的不同历史发展阶段，各种历史文化要素和不同形态载体归纳合一，作为相互交融、贯通的体系来研究，从理论层面上梳理传统聚落各种有关形成、发展、演化的普遍规律和地区特征，挖掘其精神文化及生命智慧，发现其内在的文化价值，尊重其自身的运营机制，肯定其在现代聚落发展中的积极作用，以丰富我们对于人类聚居的认识。

长期以来，我们的先人经过不断的实践，运用了他们的丰富智慧，无论在聚落总体布局或在民居建筑技术、艺术方面都取得了很高的成就，积累了丰富的经验。传统聚落生存智慧拥有中国优秀传统文化的内核，是体现传统建筑智慧最具特色的代表。如何重新再认识传统聚落所具有的地域性、民族性与文化多样性特征，进一步发掘潜藏其中的营建技艺、理论精华和创造智慧，寻求传统聚落的持续发展相应的理论支撑，是我们当前重要的课题。当然，蕴含着中华文化基因的传统聚落更是当代建筑文化特色形成的基础，值得我们去进行研究、总结、学习和借鉴。

"中国传统聚落保护研究丛书"各卷作者综合运用文献研究法、调查研究法、比较研究法、定性分析法等科学研究方法，建构传统聚落研究的基本思路。采用文献分析、田野调查、理论研究与实证分析结合、系统化分析等方法，通过对学术文献、地方志、文书族谱等史料资料进行梳理筛选，对现有传统聚落进行建筑测绘、口述访谈，在吸取前人研究成果的基础上，归纳总结我国传统聚落发展特点及其背后蕴含的丰富文化和物质内涵，从整体上考虑多元文化影响下的传统聚落特征。丛书作者在编写过程中，借鉴历史学、社会学、建筑学、城乡规划学、文化地理学、景观生态学等跨学科交叉的思路，采用融合融贯的研究模式，既对传统聚落的基本共性特点归纳总结，也对受各区域条件影响的传统聚落比较分析，从整体上来把握研究对象。

在新时代的聚落发展和建设中，对传统聚落的保护与研究就显得尤为重要。传统聚落所呈现出来的优秀空间格局与营造技艺，不仅能给聚落的保护更新提供更为合理的方法途径，同时也能为新时代的聚落建设提供更多的方式方法及可能性。探究历史文化基因的内在联系，研究传统聚落的起源、演变、特点和价值，为传统聚落的传承提出依据，以便于更好地加以保护与利用。与此同时，在弘扬与传承优秀传统文化的基础上，探寻传统聚落发展模式及其保护的策略与原则，对保护与更新提出更为具体的要求与措施，构建整体保护的格局理念，以及与其相适应的、分级分类的传统聚落保护体系，更好地把握传统聚落在当代的发展道路与方向。

"中国传统聚落保护研究丛书"的编写希望以准确翔实的史料、精确细腻的测绘、真实生动的图片来全面展示中国传统聚落悠久的历史、灿烂的文化、淳朴的民风。由于各地区的状况不同和民族差异，以及研究基础也会参差不齐，故在编写中并未要求体例、风格完全一致，而以突出各地区传统聚落自身特色，满足各地区建设的需求为主。同时，丛书的编写，也希望对全国各省、直辖市、自治区传统聚落保护与传承、历史街区与传统村落建设，以及城乡人居环境提升起到重要的参考与指导作用，这是本套丛书研究编写的目的和意义所在。

2020年11月16日

前言

四川古称巴蜀，巴和蜀既是部族名称，也是文化区域概念，其文化内涵极其丰富。四川得名始于宋代，北宋时期四川一带的川陕路分为益州路、梓州路、利州路和夔州路，合称"川陕四路"或"四川路"。元代将川陕四路合并，设"四川等处行中书省"，简称"四川行省"，四川省的建置由此开始。

四川省的行政管辖范围随历史的变迁亦有所变化，明代四川的行政管辖范围尚包括贵州北部及云南东部，清代川滇黔的省界经过调整后，大致确定了包括现今重庆在内的四川省界。1997年重庆建立直辖市，将原四川省辖市重庆的十余个区县，以及原四川万县地区、涪陵地区、黔江地区的大部分区域划归于重庆直辖市，历史意义上的川东地区在行政区域上已与四川脱离，但文化地理意义上的川东已存在数百年，学术界仍将包含重庆所在的区域称为巴文化区或川东文化区，"川东建筑"已经成为一种历史文化研究对象。本书虽将四川与重庆按行政区划分别开来，但作为历史研究又难以将其彻底割裂。

四川的历史文化久远，经考古发现证明，至少距今6000年以前，四川就已有聚落的存在，并有独特的聚落文明。考古发掘的古蜀国聚落，其规模大小、规划建设及选址布局等，都体现出相当成熟的城镇聚落建设水平。三星堆、金沙聚落遗址发掘呈现的聚落空间形态及营造技术，都反映出当时聚落已具备较高的文明技术水准。

早在战国时期，随着都江堰水利工程的创建和开发，以成都平原为中心的蜀地水系发达、土地肥沃，至秦汉之时，已有"天府之国"之美誉。四川盆地虽是一个相对封闭的文化地理单元，但历朝都十分重视对外的交通建设。除了利用天然水路交通之便，四川在秦汉时期即开辟了跨越四川盆地的多条对外陆地交通路线，隋唐时期又在原有交通的基础上改建、扩建或新建驿道，对外交通四通八达。四川的城镇聚落与对外交通路线密切联系程度，对外的文化商业交流频繁程度，影响着四川传统聚落的发展。

四川历史上有过多次大规模移民活动，对四川聚落的经济发展与文化交流有着不可估量的影响。秦汉时期大规模的中原移民入蜀，主要分布在自然资源条件优越的成都平原一带，除了带来语言文化的交流外，聚落的规划布局与筑城技术都不同程度地受到启发和影响。中唐时期皇帝避乱入蜀，大量中原移民随行，对四川传统聚落文化也产生着影响。明末清初的持续战乱，导致四川人口锐减，土地荒芜，城镇聚落遭到巨大的破坏。战乱平息后，为恢复四川的城乡经济，清政府施行的"移民实川"政策，推动了"湖广填四川"的大规模移民活动。所谓湖广填四川，是因主要移民来自湖南湖北和广东广西一带，但前后持续近百年的移民活动，进入四川的移民遍及全国十多个省区。经过移民的辛勤开垦和建设，四川城乡经济得到恢复和发展，尤其是以乡村集市贸易为特色的场镇聚落快速发展，清代四川的场镇数量达4000多个，如今遍及四川的传统场镇，基本上都是清代大规模移民之后发展或新建起来，清代以来的传统场镇也成为四川传统聚落的主要研究对象。

四川盆地是以农耕经济为主的文化经济区域，而丘陵山地的农耕环境，形成了以家庭为生产单位分散布局的乡村聚落，场镇聚落则成为乡村的文化经济乃至行政中心，这构成了城乡聚落布局的空间模式。传统场镇也是移民最为集中的地方，场镇聚落具有浓厚的移民文化特色。从聚落空间形态上，最能反映移民文化环境的是移民会馆。清代以来四川场镇移民会馆数量之多，往往以"九宫十八庙"来形容，这其中包含家族祠堂与纪念祠庙等建筑类型。不同省区的移民会馆有不同的名称，并有特定的文化内涵，四川场镇分布最广泛的移民会馆有：湖广会馆"禹王宫"、江西会馆"万寿宫"、广东会馆"南华宫"、福建会馆"天后宫"等。会馆建筑既受原乡文化的影响，又适应四川本土文化而包容创新，呈现出新的具有巴蜀地域特色的城镇风貌。同时，会馆建筑既具有浓郁的社会功能，也具有积极的商业文化空间特色，因而祠庙会馆的空间形态通常影响着城乡聚落的空间布局。

四川丘陵山地的乡村聚落，其特点为大分散、小集中，且多以姓氏家族为居住组团。丘陵山地土地资源宝贵，宅院选址以不占良田好土为原则。因借自然山水环境，靠山面水（田）为选址布局的基本特征。利用自然地形地貌与人工种植的竹木园林，创造适应气候、居住安全的环境空间，并与适用经济和民俗审美文化结合起来，构成具有乡土特色的人文环境景观。这些均为四川乡村聚落选址布局的环境特色。四川不同历史时期形成的乡村聚落也各具特色，川南一带乡村的大户人家居住单元独立，居住功能豪华，并有相对独立的防御系统，形成庄园式宅院，此为四川乡村经济特色下形成的聚落特色。另一种特色的乡村聚落为山寨，或称寨堡聚落，这更是充分利用地形形成的具有防御性的传统聚落，一些传统寨堡聚落其规模之大，具有城乡兼顾的功能，这也是四川城乡聚落结合的特色。

四川为少数民族多而集中的省区，民族聚落分布地域广泛。川西阿坝藏族羌族自治州、甘孜藏族自治州、川南凉山彝族自治州、马边县、峨边县，以及川东（重庆）的酉阳、秀山、黔江、彭水、石柱等县，均是四川少数民族的主要集聚区。在四川的各个市县还有少数民族杂居和散居。在四川境内居住着彝、藏、羌、土家、回、苗、蒙古、满、白、纳西、布依、傈僳、傣、壮14个世居少数民族，各民族聚居区的民族聚落都有浓厚的民族特色与地域特色，民族杂居区的聚落因民族文化之间的相互交融，又形成民族交融的聚落文化特色。民族聚落是一个庞大而独具特色的聚落体系，本书重点选择了藏族和羌族民族聚落作为代表，藏族和羌族民族聚落从空间形态到风格风貌都与汉族聚落迥然不同，但其间又有交融的民族地域文化特色。川南大凉山一带的彝族历史文化悠久，民族聚落人口众多，聚落体系庞大，本团队博士生已有西南彝族聚落专著研究，拟另出版四川彝族聚落专著研究。四川的藏族聚落主要集中在阿坝藏族羌族自治州和甘孜藏族自治州，藏族聚落按照不同的文化区域特色，又可分为白马、安多、康巴、嘉绒四大藏族支系，不同支系都有不同的民族地域文化特色，本书重点以嘉绒藏族聚落为研究对象，既有浓郁的民族文化特色，又有独特的地域文化特色。更庞大的藏族聚落体系也希望另有专题研究。

四川的传统聚落，从城镇聚落到乡村聚落，以及独具特色的民族聚落，都在特定历史时期形成和发展起来的聚落环境。传统聚落保护的价值之一，就是要保护聚落形成和发展演变的历史环境氛围，尤其是保护形成历史环境氛围的基础设施，如历史上形成的道路、桥梁、码头、牌坊，城镇中具有历史纪念意义的名木古树及历史形成的聚落空间环境，如街巷及群体院落空间环境等。这些都是历史的建成环境，具有抹不掉的历史文化记忆，如传统聚落形成的五景、八景、十二景等，就是充分反映历史氛围的人文环境景观。保护地形特色的聚落空间形态及其形成的聚落风貌，尊重自然山水环境，巧妙利用自然地形地貌，创造适应人们生存、生活甚至生产活动的场所，这是四川传统聚落的自然生态环境观。沿江山地形成的爬山街、半边街、蛇形街、沿江吊脚楼一条街，都是尊重自然环境形成的聚落外部空间形态，蕴含着特定历史时期的文化经济环境特征，构成独特的山地城乡聚落文化风貌。四川盆地的农耕田园，既是自然经济环境景观，也是历史文化环境景观，与聚落建筑及其生存环境构成不可分割的文化生态环境，也是极具地域特色的环境景观。对农耕环境的保护，也是四川传统聚落保护的重要特色。

对传统聚落的保护，突出的问题是如何处理好保护与利用、保护与发展的问题。最大的保护和利用问题，就是如何通过聚落保护，改善和提高聚落居民的居住质量水平，如何在聚落环境保护的前提下，提高传统聚落的文化经济效益，同时提高聚落原住民保护建设的积极性。这些问题是我们面临的挑战和机遇。在传统聚落保护的问题上，我们走过不少的弯路，但也有很多成功的案例，保护热情与消极情绪同时存在。党中央关于"要搞大保护，不搞大开发"的指导思想，也为传统聚落保护指明了光明的道路。

期望通过对四川传统聚落的调查，从聚落的历史文化环境、空间环境，以及聚落的群体空间形态，探索四川传统聚落的营造理念，描绘聚落空间与人文环境风貌，力图通过保存较为完整的传统聚落分析，将其形象直观地展现在读者面前，并试图通过聚落保护规划与设计实践，探索四川传统聚落的保护特色。

2020年1月

目 录

序 一

序 二

前 言

第一章　四川传统聚落发展演变

第一节　先秦时期的巴蜀聚落 —— 002
 一、巴蜀聚落起源与文明 —— 002
 二、古蜀起源与聚落分布 —— 002
 三、古蜀聚落的文化技术 —— 005

第二节　秦汉时期的巴蜀聚落 —— 006
 一、秦汉城镇聚落与商业环境 —— 006
 二、秦汉水利工程与城乡经济 —— 008
 三、城乡聚落的空间环境 —— 009

第三节　唐宋时期的四川聚落 —— 011
 一、商业与城镇空间格局 —— 012
 二、水陆交通与聚落环境 —— 012
 三、宗教文化与聚落环境 —— 014

第四节　明清时期的四川聚落 —— 016
 一、"湖广填四川"与城镇聚落发展 —— 016
 二、场镇聚落与乡村聚落 —— 017
 三、移民与城乡多元文化 —— 021
 四、农耕文化与清代乡村聚落 —— 022

第二章　文化地理与聚落环境

第一节　四川地理气候环境 —— 026
 一、四川的地理环境 —— 026
 二、四川的气候环境 —— 028

第二节　四川盆地聚落环境 —— 031
 一、丘陵山地的聚落环境 —— 031
 二、川西平原的聚落环境 —— 036

第三节　川西高原与川南山区聚落 —— 038
 一、西北部高原藏族聚落区 —— 038
 二、高山峡谷藏羌聚落区 —— 041
 三、川南山地汉苗聚落区 —— 044

第四节　城乡聚落环境风貌 —— 046
 一、气候环境与聚落风貌 —— 046
 二、祠庙会馆与城镇风貌 —— 048
 三、城镇聚落的标识性 —— 054

第三章　四川的传统城镇聚落

第一节　四川城镇聚落概况 —— 060
 一、传统城镇聚落的类型 —— 060
 二、城市聚落与历史街区 —— 060
 三、城乡一体的场镇聚落 —— 061
 四、城镇聚落的区域特色 —— 061

第二节　川西城镇聚落 —— 062
 一、因水利而兴的都江堰 —— 062
 二、客家移民洛带镇 —— 072
 三、商业集散码头元通镇 —— 078
 四、川西坝子边缘街子镇 —— 084
 五、山地林区河岸望鱼乡 —— 090
第三节　川南山地城镇聚落 —— 095
 一、水陆码头福宝镇 —— 095
 二、四渡赤水的太平镇 —— 102
 三、因盐而兴的罗泉镇 —— 106
 四、因盐兴市的自贡 —— 112
 五、水运码头仙市古镇 —— 121
 六、驿站集市尧坝镇 —— 127
 七、田园环境薛苞古镇 —— 134
 八、抗战后方李庄古镇 —— 136
 九、船形街市罗城镇 —— 144
第四节　川北、川东城镇聚落 —— 148
 一、山水环抱阆中古城 —— 148
 二、河畔山头——恩阳镇 —— 158
 三、因寺而兴——白衣镇 —— 164
 四、交通要冲——毛浴镇 —— 171
 五、江湾沟谷——沿口古镇 —— 175
 六、渠江河边——肖溪镇 —— 180

第四章　四川盆地的传统乡村聚落

第一节　四川盆地乡村聚落概况 —— 188
 一、乡村聚落的类型特征 —— 188
 二、乡村聚落的宅院选址布局 —— 189
 三、乡村聚落的院落空间环境 —— 190
 四、乡村聚落的文化经济中心 —— 190
第二节　四川的农耕乡村聚落 —— 192
 一、邛崃平乐花楸村 —— 192
 二、巴中通江梨园坝村 —— 196
 三、通江县学堂山村 —— 202
 四、泸州合江穆村 —— 206
 五、广安邻水麻河村 —— 208
 六、广安邻水汤坝丘村 —— 213
 七、泸州叙永朝阳村 —— 221
 八、大邑县鹤鸣乡新民村 —— 226
第三节　四川的庄园式聚落 —— 230
 一、大邑刘氏庄园 —— 230
 二、宜宾夕佳山庄园 —— 236
 三、泸县方洞屈氏庄园 —— 240
 四、泸州纳溪刘家大院 —— 245
第四节　四川的寨堡式聚落 —— 248
 一、自贡三多寨 —— 248
 二、自贡市大安寨 —— 255
 三、隆昌县云顶寨 —— 259
 四、武胜县宝箴寨 —— 269

第五章　川西藏羌民族聚落

第一节　藏羌民族聚落概况 —— 278
 一、藏族聚落的分布与环境 —— 278
 二、羌寨聚落的分布与环境 —— 282

第二节　嘉绒藏族聚落 —— 285
　　一、丹巴甲居藏寨 —— 285
　　二、丹巴中路藏寨 —— 291
　　三、理县八角碉藏寨 —— 298
　　四、卓克基官寨与西索村 —— 302
　　五、松岗土司官寨与柯盘天街 —— 307
　　六、巴底嘉绒藏寨 —— 313
第三节　羌族聚落 —— 325
　　一、理县桃坪羌寨 —— 325
　　二、汶川萝卜羌寨 —— 331

第六章　传统聚落保护与实践

第一节　传统聚落保护的发展历程 —— 340
　　一、从文物保护到传统村落保护 —— 340
　　二、聚落保护政策措施的进一步加强 —— 341
第二节　传统聚落保护的环境观 —— 341
　　一、传统聚落保护与农耕生态环境 —— 341
　　二、传统聚落保护与文化生态环境 —— 342
　　三、传统聚落保护与生活环境改善 —— 343
第三节　传统聚落保护面临的问题 —— 343
　　一、传统聚落保护重视程度差异较大 —— 343
　　二、传统聚落保护的真实性问题 —— 344
　　三、传统聚落与地域特色的环境保护 —— 345
第四节　传统聚落保护的实践探索 —— 345
　　一、农耕文化保护与民族聚落发展规划 - 346
　　二、历史文化与农耕文化环境协同保护 – 352
　　三、依托乡村宅基环境的传统聚落更新 —— 358
　　四、山地环境下的场镇聚落保护与发展 – 361

附　录 —— 371

索　引 —— 377

参考文献 —— 383

后　记 —— 385

第一节　先秦时期的巴蜀聚落

一、巴蜀聚落起源与文明

四川古称巴蜀，巴和蜀既是古代国名，也是地名，更是不同的文化地理区域。巴和蜀既有区别，也有密切的联系，巴蜀文明亦是四川文明的核心组成部分。西起川西北高原，东至长江三峡，北达秦巴山地，南及西南山区，聚落文化遗址星罗棋布。以四川盆地为中心的巴蜀地区，是中华文明的重要起源地和组成部分之一，也是长江上游的古代文明中心。

偏于川西平原的古蜀国起源可以追溯到蜀山氏。所谓蜀山氏，顾名思义即居住在蜀山的氏族。据文献记载，在距今四五千年前蜀山氏就已形成。蜀山即指岷江上游之地的岷山，蜀山之名早在《史记》和《汉书》中就有记载。早期的蜀山氏大致在岷江上游一带居住和生活，到蚕丛氏时期由蜀山南迁，因成都平原土地肥沃，自然资源丰富，遂在这一地域定居下来。

根据大量考古发掘资料可知，早期的聚落形成大都依靠丰富的自然资源环境，尤其需要便利的水源条件。远古时期的成都平原，土地肥沃且河流纵横，为古人定居创造了良好的物质条件。在这里除了古蜀国的国都外，还分布有广泛的城邑和乡村聚落。从川西平原发掘出的聚落遗址来看，无论是聚落的规划布局，还是建筑的功能划分及构筑水平，其中反映的文化技术与艺术都彰显出古蜀国聚落所达到的高度文明。

二、古蜀起源与聚落分布

聚落的形成和演变，通过对环境的适应和改造得以进行。古蜀国聚落从岷江上游南迁到成都平原，就反映着这样的适应环境、利用环境和改造环境的过程。早期分布在岷江上游的古蜀聚落，主要依靠江河冲积谷地或高山台地作为聚居的环境场所，如四川茂县县城所在的河谷冲积扇，即是岷江上游地区的地理中心。目前在这一区域考古发现了营盘山（图1-1-1）、波西、金龟包、波西台地、上南庄、勒石、沙乌都、马良坪等十余处新石器时代的聚落遗址，其遗址面积从数千平方米到十余万平方米不等，具体年代距今上限可达6000年，下限约为4500年[1]。根据这些聚落所形成的年代及其选址位置，可以看出岷江上游早期聚落选址布局的发展规律（图1-1-2）。

早期的聚落主要分布在沿江河两侧自然形成的谷地之上，是河流冲积形成的平整地带，有堆积较厚的沃土，便于人们的生产和生活。从多个聚落遗址分布的位置分析，较早的聚落遗址多位于临江的一级、二级阶地，地势相对平坦，离水较近，取水方便，但因洪水等因素影响而不宜人类长期定居。年代相对较晚的聚落已有上移至四级台地的趋势，这样的选址布局不再受洪水冲击等自然因素的影响，便于人们长久定居。而且高处的台地也方便空间环境的拓展，可能与人口增加对空间环境的更大需求有关。在聚落建设的过程中，人们在适应地形环境的同时，又不断对地形进行相应改造。如营盘山遗址所在地带，遗址表面地势较为平整，坡度起伏变化也不大，但与周围相同高度的自然山脊有较明显的差异，这一相对平整的地形，应是适应人类聚居环境的需求而采取过相应的改造措施[2]。

成都平原地形平整，沃土千里，且岷江流域水系发

---

[1] 蒋成，陈剑. 2002年岷江上游考古的收获与探索[J]. 中华文化论坛，2003（04）：8-12.
[2] 蒋成，陈剑. 2002年岷江上游考古的收获与探索[J]. 中华文化论坛，2003（04）：9.

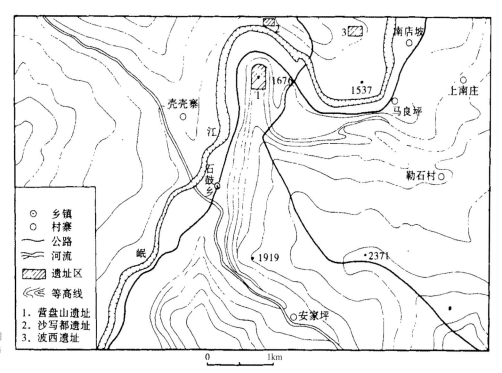

图1-1-1 营盘山聚落遗址群示意图
（来源：《2002年岷江上游考古的收获与探索》）

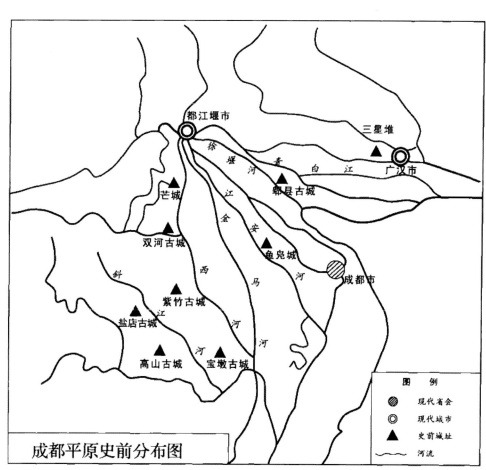

图1-1-2 成都平原史前遗址分布图
（来源：《四川通史卷一：先秦》）

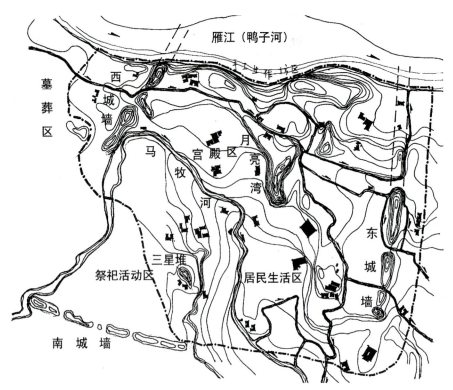

图1-1-3 三星堆古城址平面图（来源：《四川通史卷一：先秦》）

图1-1-4 三星堆遗址出土的青铜器具

达，更利于生产和生活，古蜀国聚落正选址于此，并发展壮大。如成都新津的宝墩古城、都江堰的芒城、崇州双河古城、紫竹古城、郫县古城、温江鱼凫古城、大邑盐店古城、高山古城都集中分布在成都平原一带，且都与邻近的河流水系有关。三星堆遗址（图1-1-3、图1-1-4）、金沙文化遗址等位于成都平原的中心区域，与岷江水系的关系则更为密切，据考古发掘资料表明，成都金沙文化遗址就至少有四条河流从中通过[1]。

---

[1] 朱章义，张擎，王方. 成都金沙遗址的发现、发掘与意义[J]. 成都考古研究，2009：263-274.

三、古蜀聚落的文化技术

古蜀时期的聚落已经具有较大的规模。20世纪50年代以来发掘的宝墩聚落群，初步推断距今约4500～3700年，已发掘出的宝墩古城遗址面积达60多万平方米。郫县古城和温江鱼凫古城等中等规模的聚落遗址均在30多万平方米，较小的都江堰芒城与崇州双河古城遗址面积也都在10万平方米以上，而位于黄河流域的史前城址面积普遍偏小[1]。另外，三星堆古蜀都城面积约为2.6平方公里，根据相关专家对中国早期城邑人口户数平均占地比例的研究，每户占地面积约158.7平方米，据此推算，三星堆古城应有22698户。以每户5口人计算，应有113490人，可谓城市规模庞大[2]。

中国的城邑，其突出的特征就是城墙围合的空间形态。宝墩古城是成都平原已发现的年代最早的古城遗址，古城城墙坚固厚实，城垣南北长约1000米，东西宽约600米，周长达3200米。现存墙体顶宽7.3～8.8米，底宽29～31米，高约4米，无垮塌和二次修补的迹象，表明城墙是一次性筑成。城墙断面呈斜坡状，且墙体上未发现断裂的城门开口，根据考古学者的分析，这种城墙形态可能与防洪技术有关[3]。都江堰芒城村古城面积约10万～20万平方米，位于岷江上游南出的灌口是进入成都平原的重要通道，作为一座具有军事防御功能的古城，芒城由内外两圈城垣围合，构成双重城垣的空间形态[4]。几乎与芒城村古城同时期出现的崇州市紫竹村古城，近山靠河而筑，面积约10万～20万平方米，古城城墙具有很好的防御和防洪功能，同样采用了双重城垣的形制。三星堆古城的城墙高耸、坚固、厚实，城墙横断面为梯形，墙基宽40余米，顶部宽20余米，墙体由主城墙、内侧墙和外侧墙三部分组成，还有深深的壕沟环护。主城墙局部使用土坯砖，是我国城墙建筑史上发现的使用土坯垒筑城墙年代最早的实物例证[5]。总的来说，成都平原发掘出的古蜀城墙普遍比较宽大，也有学者认为宽大城墙的顶部可能与宗教祭祀活动场所有关[6]。不过，无论是防洪说或宗教文化说，都反映出其与早期中原筑城不同的文化技术特征。

古蜀早期的城镇聚落已有明显的功能分区和规划布局理念，其突出的特征就是中轴线空间秩序的运用。如三星堆古城就有明显的中心轴线和功能分区，在中轴线上分布有宫殿区、宗教区、作坊区和生活区。宫殿区和宗教区出土的青铜器和黄金制品，有青铜大立人、青铜人头像、青铜神树、青铜兽面具、黄金面具、黄金权杖等；作坊区出土了大量的生产工具、陶窑、石璧成品及半成品等，并发现了陶坩埚、铸造所遗泥芯，表明有大型铸铜作坊的存在；生活区内房屋密集，既有面积仅10平方米左右的木骨泥墙小房舍，也有面积逾100平方米甚至达200平方米的大型房屋[7]，这类大型建筑应该是原始公共建筑。金沙聚落遗址也向世人展示了一个巨大规模的古代城市聚落，经过历年的勘探和发掘，已查明的遗址面积在5平方公里以上，可分为大型建筑遗址区、宗教祭祀活动区、一般居住区和墓地[8]。在聚落东北部的大型建筑遗址区内，分布着总面积达5000多平方米的大型建筑群，反映出了古蜀城镇聚落发展的经济文化水平。

---

[1] 黄剑华. 古蜀王都与早期古城遗址探讨[J]. 四川文物, 2002（05）: 26-32.
[2] 段渝, 邹一清. 三星堆文明中心：长江上游古代文明中心[M]. 成都：四川人民出版社, 2006: 84.
[3] 黄剑华. 古蜀王都与早期古城遗址探讨[J]. 四川文物, 2002（05）: 28.
[4] 同②: 24.
[5] 同②: 24-33.
[6] 段渝. 四川通史（第二版）卷一 先秦[M]. 成都：四川人民出版社, 2018: 299.
[7] 同②: 35.
[8] 成都文物考古研究所. 金沙—再现辉煌的古蜀王都[M]. 成都：四川人民出版社, 2005: 26.

根据考古发掘，在三星堆古城遗址周围12平方公里范围内，还密集地分布着10余处古遗址群，其文化面貌与三星堆遗址相同。它们既与三星堆古城接壤相连，又被三星堆高大的城墙相隔，应该是与三星堆古城联系密切的广大乡村群落，可以明显反映出城镇与乡村之间的空间环境特征，显示出古蜀时期城镇和乡村的相互依存关系。

另外，古蜀时期也已发展出大型宫殿与礼仪建筑。如20世纪50年代在成都羊子山出土的一座大型夯土台，呈三级四方的形态，总高达10米以上，面积约10000平方米，应该是大型城市的礼仪中心所在。而1985~1986年在成都十二桥发现的商代晚期大型木构建筑，总面积达15000平方米以上[①]。其中有宫殿建筑庑廊的遗迹，主体建筑周围还发现了小型干阑式建筑基址，应该是大型木结构宫殿的附属建筑群。大型主体建筑与小型附属建筑群相互联系，形成规模庞大的建筑群体。

第二节　秦汉时期的巴蜀聚落

一、秦汉城镇聚落与商业环境

公元前316年，秦灭巴、蜀。秦王朝在全国的统治虽然只有十数年（公元前221年~前206年），但对巴蜀的统治却长达110年之久，这对巴蜀地域的发展建设有着重大影响。从经济区域发展而论，秦入巴蜀后，随着秦国对西南边地的开拓，巴蜀经济对周围边地区的影响空前强烈，逐步孕育出以成都为核心、巴蜀盆地为内圈，而后辐射整个西南地区的巴蜀经济区。西汉中、晚期，巴蜀已是全国形成的十大经济区之一，初步形成"天府之国"的框架雏形，到东汉时期正式发展为世人所公认的天府之国。成都在西汉中期发展为全国六大都市之一，临邛、广汉也成为当时全国著名的工业城市。

秦汉实行的郡县制把巴蜀划分为若干郡县，郡之下置县，县之下建乡、里、亭、邮等。同时，秦在巴蜀还实行分封与郡县并行的制度，在少数民族地区实行与县同级的"道"，道之下，除道治所在的城邑外，仍保持少数民族原有的氏族、部落及部落联盟。郡县制的推行，使巴蜀的城市体系出现了新的格局。而国内整体局势的稳固和加强，统一市场的形成和扩大，加之巴蜀地区内外交通的日益发展，又给巴蜀的文化经济增添了新的活力，达到空前兴盛的水平，城镇聚落也出现一派欣欣向荣的新气象。

秦灭巴、蜀以前，川东巴地曾先后以平都（今重庆丰都县）、枳（今重庆涪陵区）、江州（今重庆渝中区）、垫江（今重庆合川区）、阆中（今四川阆中市）为都城，并形成以都城为中心的早期城市体系。川中和川西的蜀地，则形成以成都为中心，辐射整个四川盆地及周边地区的城市网络体系，并在成都东、南、西、北各个方向分别形成次级城市，同各地开展商品贸易活动。秦汉时期，在蜀地分置蜀、汉中、广汉、犍为、越嶲五郡数十县，作为地区内部和地区之间新的经济增长点，进一步扩大了蜀地的城市网络，城市经济快速发展，由此带动了盆地及周边地区经济的大幅提升。

商业贸易的发展，又引起城镇街巷空间格局的变

---

① 李昭和，翁善良，张肖马等. 成都十二桥商代建筑遗址第一期发掘简报[J]. 文物，1987（12）：1.

化，其中最显著的变化是在城邑中设立专门的贸易市场。汉代的成都已建有若干个贸易市场，城内有"成市（成都大市）""北市"，城外有"中乡之市""南乡之市"，等等①。又如临邛城，"其民工于市、易贾"，并有大批行商坐贾在当地经商。成都城"大街小巷，市肆酒楼，灯红酒绿"，都反映了城镇商业街巷繁荣的景象，而出土于成都市郊的市井画像砖（图1-2-1），就生动地刻绘了成都当时商业发展的规模和盛况。另外，巴蜀城镇还出现了产业产肆，目前发掘的巴蜀画像砖表现的产业市肆主要有酒肆和食肆②。

秦汉移民也对巴蜀聚落产生了极大的影响。秦汉时期向巴蜀的移民活动，起于秦入巴蜀，迄于西汉晚期，前后长达300余年，成为巴蜀历史上第一次大规模移民运动。为保证移民的顺利进行，秦汉时推行了许多有利于移民的制度和措施，其中之一就是设置移民的专属居住区域。如《后汉书·南蛮西南夷列传》载，西汉武帝天汉四年（公元前97年），置蜀郡西部两都尉，一居旄牛，主徼外夷，一居青衣，主汉人。秦入巴蜀之初特别强调筑城，因此早期的移民也主要聚居在城邑之中。根据考古学者近年来在青川发现的大批秦迁虏墓群分析，即使迁到农村地区的移民也单独聚居，并且主要形成以族聚居的聚落形态。从文献分析与考古发掘综合来看，秦汉移民在川西北一带比较集中，这对聚落文化的传承演变具有一定的影响。

分封制下的城市聚落则在维持原有格局的基础上又有所发展，其主要变化源于三个方面。其一，是秦在蜀地的大量驻军，他们都有相应的屯军所形成的聚落空间。其二，是大量移民入蜀，这些移民有对应的安置点，移民只拥有少量的资产，多被分散充斥在同一块土地上，营建起许多新的移民聚落，相较于原有聚落规模

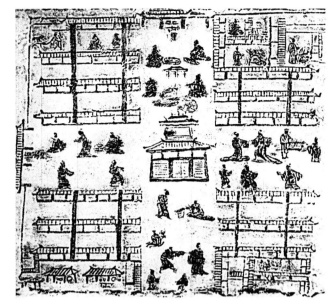

图1-2-1 成都市郊出土的市井拓片（来源：《巴蜀汉代画像石》）

图1-2-2 新都出土的市井拓片（来源：《巴蜀汉代画像石》）

有着明显的扩展。其三，是秦国逐渐加强对蜀国的城市规划和土地改革，把蜀地的城市建设和土地利用正式纳入秦国的政治大局版块，对已有的城市聚落和乡村聚落从空间形态到空间结构都引起巨大的改变。

秦王朝按照中原的城市格局对蜀地原来的中心城邑聚落形态进行改造，首先改建的大型城邑聚落就是成都。成都城邑的改造主要是在旧城东面修筑了更大的

---

① 段渝. 秦汉时期的四川开发与城市体系[J]. 社会科学研究, 2006(06): 134-140.
② 冯棣. 汉代巴蜀地区市肆建筑形式研究[J]. 中国名城, 2014(9): 54.

图1-2-3 都江堰伏龙观与离堆环境

"大城",供秦王朝的军队和精英组织以及部分移民入住,之后又修筑旧城(少城),使两城相连,形成周长约12里、高约7丈的城墙。城墙下筑仓库、上建房屋,设有观楼和射阑。城内修建街道,"里""市"等皆照咸阳规模、形制进行改造①。其他依秦制改建的城市还有郫、临邛、阆中、武阳等。

二、秦汉水利工程与城乡经济

秦汉三国时期,是古代巴蜀地区水、陆交通大发展并形成基本格局的时期。其明显的变化在于交通路线由先秦时期的自然形成、民办民管,转为干道官营为主,而且陆路交通也由过去只能供人、畜行走的狭窄道路,转为可通马车的大道。

对蜀地发展影响最大的是都江堰水利工程。李冰任蜀郡太守时以治水功绩最为显著,其创建的都江堰和"穿二江成都之中"的特大型水利工程,为此后成都平原两千余年的发展提供了极大的便利。史载,李冰"能知天文地理""识察水脉",因此都江堰工程从渠首位置的选择、渠首枢纽的设计布置,到鱼嘴、飞沙堰、凿离堆开宝瓶口等设计构思(图1-2-3),都贯穿了因势利导、因地制宜的天人合一观念②,在古代中国乃至古

---
① 罗开玉. 四川通史卷二,秦汉三国[M]. 成都:四川人民出版社,2018:15.
② 同①:350.

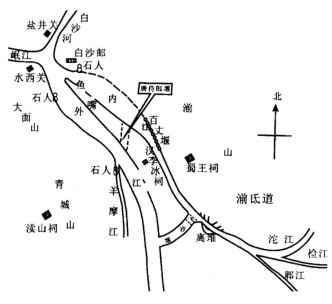

图1-2-4 都江堰工程示意图（来源：《四川通志卷二：秦汉三国》）

代世界都堪称是杰作和典范。李冰修建水利工程的特征是综合利用，都江堰工程同时发挥了防洪、灌溉、运输、工农副业加工用水和漂木等多方效益（图1-2-4）。

都江堰渠首的主要工程有鱼嘴，古时又名象鼻，主要起分水作用，又有排沙、排石的功能，飞沙堰的主要功能是为内江泄洪、排沙、走石。岷江流至都江堰鱼嘴后，水分为内江和外江，外江即岷江正流，内江则流入成都平原。宝瓶口为内江进水口，犹如瓶口一样，严格控制着进入成都平原的水流量，而从鱼嘴分进的内江水，流量在夏秋之季一般都远远大于宝瓶口，宝瓶口不能通过的多余的水，主要从飞沙堰泄出[①]。通过鱼嘴、飞沙堰、宝瓶口三大渠首枢纽工程的共同作用，形成了较为稳定的进水量，对成都平原的农业灌溉、防洪防灾、交通运输都产生了极大效益。"穿二江"则是对郫、检二江进行疏导、整治，包括部分河床段的改道、加深、治堤、架桥等，同时开挖若干大小分渠，引

水灌田，初步形成成都平原的水利网络。

秦至蜀汉的500余年间，得益于农田水利的开发建设和普遍推广，成都平原的江河水系得到有效整治，极大地减少了沼泽及河滩地带的水灾隐患。广大移民居住区（主要是坝区和浅丘地区）内牢固确立的土地私有制，又确保移民拥有自己的土地，调动了民众的生产积极性。成都平原遂在短时期内出现了"溉田畴之渠以亿计，然莫足数也"的壮观场面，耕地面积不断扩大。加之铁制农具与牛耕的出现和普及，使得作为巴蜀地区整个经济领域基础的农业得以飞速发展，平原浅丘地区由粗放型农业向精耕型农业转变。快速发展的农业成为这一时期巴蜀地区最大的社会生产部门，不仅养活了巴蜀各族人民，还为全国统一大业作出了重大贡献。秦及西汉皆以巴蜀为战略基地统一天下，巴蜀粮食曾源源不断地送往前线，在西汉早、中期，还曾多次赈济全国各地灾荒。同时，牧业、饲养业、园植业、渔业，也由于秦汉时期大量移民四川、人口剧增，以及交通条件的空前改善为对外交换提供了方便等原因，从而迅速发展起来。

三、城乡聚落的空间环境

秦汉三国时期，巴蜀城邑建设的一个显著变化是城墙的普及。先秦时期，巴蜀城邑已普遍采用土筑城墙，如广汉的三星堆古城、青城山下的芒城等。为适应巴蜀潮湿多雨、洪水凶猛等气候环境，先秦时期的土墙既宽又厚，其构筑形式主要采用夯筑，个别地段也采用土坯砖垒砌[②]，有的城邑直接利用自然山川地势为屏，甚至还有以木栅栏围合成墙的形式。秦入主巴蜀后很快就掀起了筑城高潮，其一，是普遍采用关中地区的版筑墙方式，并按关中城墙的规格，在巴蜀的许多城邑新筑

---

① 罗开玉. 四川通史卷二·秦汉三国[M]. 成都：四川人民出版社，2018：350，359.
② 同①：324.

土墙。迄至西汉，巴蜀地区的城墙仍以土墙为主，县城以上的城邑基本上都采用版筑土城墙的形式。

其二，是在城邑中推广水井取水的方法。过去巴蜀城邑居民的日常用水主要从河边运送，如洗涤等日常活动则需要直接到河边才能完成。砌砖技术得到发展和普及后，城邑中开始通过打井进行取水。目前发现的秦汉三国时期的水井主要有两种类型：一是井的下部为陶井圈砌筑井壁，地面为砖砌井台；二是全部用砖砌井台、井壁。城邑中水井的推广普及，给城市居民的生活带来了诸多便利，也使手工业生产和城市建设布局发生了变化，以往一些必须邻近河边的手工作坊，在有了水井后也可选址于远离河流的地段进行建设①。

其三，是桥梁道路等市政设施建设加强。秦至蜀汉，铁工具的广泛应用也在巴蜀城邑道路的改造建设中发挥了重要作用。此前城邑中的桥梁主要是竹索编制的"笮桥"，桥上不宜通行车辆，城邑中也主要以马、马车、舟船、竹筏为运载工具。铁工具普及后，木桥逐渐取代竹索笮桥，城邑交通运输更加便利。如李冰在成都城"穿二江"的同时，即在"二江"之上修建了"七星桥"。"二江"环绕于成都城的西面和南面，阻断了城邑与西面和南面的交通联系，而"穿二江"后修桥通行，即可将城外居住区与城内街市连为一体，加强成都城与其西南区域的联系②。《华阳国志·蜀志》有载："长老传言：李冰造七桥，上应七星。"所谓的李冰造七桥，就是指在二江之上新建和改造的桥梁。这批桥梁的选址位置也多为后世沿袭传承，清末到民国时期，其空间格局仍旧变化不大。而且，继李冰造七桥之后，历代治水者皆仿前制，在建堰开渠的同时修建桥梁，凸显出秦汉时期成都城桥梁建设的历史作用和典范意义。而李冰主持建造的都江堰，也极大地刺激并带动了成都平原地区的桥梁建设和发展，过去普遍使用的仅供人、畜通行的竹索笮桥、索桥，逐渐被可通马车的木桥或石桥取代。

直至汉武帝扩建成都城，仍把修桥改路置于重要地位。在成都出土的东汉画像砖上，即有马车和骑马随从在木桥上奔驰的场景。随着马车的使用和普及，秦至蜀汉时期，巴蜀地区几乎所有的交通干道都进行了改造，多数道路均可满足大车的通行。此外，在铁锯等铁制工具得到广泛使用后，巴蜀地区除了早期盛行的独木舟和小木船外，开始出现大木船，促使城邑中的河面宽度进行调整和扩大，对码头的规模尺度也有了新的要求③。这一时期，巴蜀地区行船的江河码头几乎都进行了改造，涌现出许多著名的舟船码头，随之又带动了大批新城邑的建设发展。

东汉时期，随着巴蜀地区豪族大姓势力的兴盛，乡村聚落形态也发生了变化。在豪族势力高度发展的山区农村，出现了防卫的寨堡型村寨聚落，村寨周围构筑起用于防御的寨河或壕沟，抑或用高大的墙体围合，墙体上往往还建有碉楼④。这类村寨聚落中修建的高大建筑，有的甚至可达4~5层，部分建筑群中还设置了戏台及看台等。

此外，门阙也是聚落空间中不可忽视的一个重要影响因素，具有深刻的文化内涵。至少在春秋时期，就出现了建于宫殿前的阙，而到秦汉之时，作为巴蜀地区传统聚落突出的入口标志，阙在城市和建筑群中就已普遍运用。目前全国遗存的汉阙有30余处，而仅巴蜀地区就占20多处，在画像石、画像砖以及崖墓雕刻中也都能看到反映古代建筑的阙。汉阙大致可分为城阙、闾里阙、庙阙和墓阙几种。按照秦汉礼制，只有都城才

---
① 罗开玉. 四川通史卷二，秦汉三国[M]. 成都：四川人民出版社：326.
② 同①：326-327.
③ 同①：331.
④ 同①：333.

图1-2-5　高颐墓阙与樊敏墓阙

能修建城阙，但东汉末年的蜀国县城也有修筑城阙的现象。汉代旌表忠诚要在所居住的闾里建阙，成都羊子山汉墓出图画像砖上所画的双阙即属于闾里阙。也有在祠庙前建的阙，如忠县土主庙前的三房阙。墓阙则主要用于显示墓主人的身份地位，在巴蜀遗存的实物也最多，如雅安的高颐墓阙、芦山县的樊敏墓阙等（图1-2-5）。汉阙均采用石材建造，所以能够较好地保存下来，不过仍普遍采用仿木构建筑的简化造型，完整展现出台基、屋身、屋面几个部分。而且屋顶形象逼真，尤其是檐下雕刻的斗栱造型，生动地反映了秦汉时期巴蜀传统木构建筑的时代特色。

第三节　唐宋时期的四川聚落

唐统一天下后，于贞观元年（公元627年）分全国为十道，巴蜀地区的益、梁二州分属剑南道和山南道。唐开元二十一年（公元733年）全国改为十五道，分山南道为东、西两道，其中山南西道大部分辖区属今重庆地域，唐至德二年（公元757年）又分剑南道为东、西两川。唐代时四川的社会经济十分发达，成为大唐帝国的粮食后方和战略基地，"安史之乱"时唐玄宗也曾入川避乱。五代时期，四川地区则主要由前蜀和后蜀所据。

宋咸平四年（1001年）改制，于巴蜀地域设置益州路（后改为成都府路）、梓州路（后改为潼川府路）、利州路和夔州路，总称"川峡四路"，抑或"四川路"，"四川"的得名由此而来。两宋时期，四川社会经济发达，农业、手工业和商业快速发展，城市繁荣，农村集镇也蓬勃兴起，形成不同于城市和乡村的聚落环境。

在巴蜀地区的城市商业中，尤以成都的发展最为兴盛。早在秦惠文王灭蜀之后，张仪等人就在成都筑城置市，"与咸阳同制"，自此以后，成都就一直是西南地区的商业文化中心。唐代后期，成都与扬州并列为全国最为繁华的两大商业都会，享有"扬一益二"的美名。

一、商业与城镇空间格局

唐宋时期，产业特色的商业城镇得到迅速发展。如位于四川盆地中部丘陵地区的梓州，虽然农业相对落后，但盐业和矿业相当发达，加之水陆交通方便，唐肃宗时期以后就成为剑南东川的政治中心和重要的商业城市。唐朝还在梓州设置盐铁使，掌管铜、盐专卖，使之成为巴蜀最重要的井盐及铜的集散中心。巴蜀本是我国著名的药材产地，唐代巴蜀的药材品种居全国之冠。而且巴蜀地区对外贸易发达，各种外来药材大量贩运入川。唐代后期，梓州凭借区域优势率先形成全国性的药材交易市场。另外，如"盐利冒于两蜀"的陵州、纺织业兴盛的绵州、糖业发达的遂州等，也都是唐代巴蜀城市商业发展较快的州城。

中唐以后，随着城市商业的繁荣，城市的坊市制度逐渐被冲破。唐代的成都城出现了许多按行业设市的商业街区，如成都的米市、马市、炭市、酒市、鱼市和花市等，都是同类商品相对集中的行业市场。除了繁华的商业街区外，成都城还出现了各种定期举行的专业性集市，如蚕市、药市、七宝市等都是成都著名的集市[1]。相较于唐代由官方在城市固定区域设置的商业市点，宋代则采取了更为宽松自由的政策，商人不仅可以自由选择营业地点，而且昼夜都能进行交易活动。

唐代以前，四川地区的乡村就已在村庄或旷野出现了进行集市贸易的交易场所。农民采取以物易物的方式，换得各自所需要的商品。入唐以来，四川出现了被称作"草市"的商业场所，如青城山草市[2]、彭州唐昌县的建德草市[3]、雅州严道县的遂斯安草市[4]、阆州的有茂贤草市[5]等，虽然位于州城、县城之外，但都是设有固定店铺的商业点，不过其中的商业设施相较于城市商业区来说，要简陋得多。

巴蜀地区草市的大量出现主要在唐代后期，与当时农村商品经济的迅速发展有着密切的关系，尤其是土特产形成的商品交换。其中，茶叶生产进入商品交换是许多草市形成的主要原因之一。茶叶生产具有一定的特殊性，茶园一般都在丘陵山区，离州县城镇相对较远，茶叶交易也基本上都在茶山附近就地进行，逐渐形成以茶业经销为特色的草市。如剑南西川的青城山草市、遂斯安草市、珊口市、味江市，都是因茶叶生产地而形成的行业草市[6]。在剑南东川一带，一些远离州县治所的井盐产地，也因盐业交易而形成草市，如梓州盐亭县就有因盐业而兴起的雍江草市。乡村经济的繁荣也带动了因集市贸易活动而形成的场市的发展，之后明清时期传统场镇的大量兴起，其重要原因即与这种以农耕经济为特色的聚落密切相关。

二、水陆交通与聚落环境

巴蜀地区的交通在前代奠定的基础上，经过南北朝和隋唐时期的发展，又有了较大的改善，州县之间道路相

---

[1] 李敬洵. 四川通史卷三，两晋南北朝隋唐[M]. 成都：四川人民出版社，2018：411.
[2] 《太平广记》卷31《许老翁》。
[3] 《全唐文》第9部卷八百四《彭州新置唐昌县建德草市歇马亭并天王院等记》。
[4] 《续助谈》卷5引《膳夫经手录》。
[5] 《北梦琐言》卷12《堑杜氏山岗记》。
[6] 李敬洵. 四川通史卷三，两晋南北朝隋唐[M]. 成都：四川人民出版社，2018：418.

通、往来便捷。北经关中，可以直入长安，达于中原；东出三峡，沿江而下，则可直航荆州（治今湖北省江陵），前往江南；西经羌中，入于吐蕃，远至西域；南入云南，又可西走印缅，南下交广①。随着商品经济的发展，对外贸易的兴盛，这些四通八达的交通路线也就成为日益繁荣的商道。

岷江是长江上游水量最大的支流，在蜀地范围内又可以行船。岷江流经的川西平原土地肥沃，自然资源丰富，江河商业运输频繁又带来城镇之间的商业文化交流，推动着沿江城镇的发展。岷江沿线的茂县、汶川、都江堰、彭山、眉山、乐山、宜宾等都是唐宋时期具有影响力的城镇。岷江上游河段流经川西高原和四川盆地西部边缘山地，河流深切，水流湍急，舟船难以通行，但可以漂竹木等建筑材料。为了更好地"通漕西山竹木"②，唐代又重新开通了新水渠，使岷山地区的竹木更加便捷地漕运到成都，为成都平原的城镇建设提供了充足的建筑材料。岷江流至灌口（今都江堰市灌口街道）经都江堰分流，形成检江、郫江和沱江三条主要河流。秦蜀守李冰开凿检江、郫江以来，到唐代时一直可以通船。而从成都平原运往岷江上游地区的物资，到达灌口后需转陆路运输，唐德宗时期即在此建成转换搬运的合江亭，"蜀人入吴者，皆自此登舟，其西则万里桥"③。这也是早期因物资转运形成的聚落，到明清时期因转运搬滩形成的场镇就更为普遍。

嘉陵江中下游流贯四川盆地中部，经重庆注入长江，历来是盆地中部地区的重要交通水道，唐代时期的这条航线是剑南东川和巴南诸州的重要交通路线。中唐以后，剑南东川及果、阆二州的盐业和纺织业都有较大发展，大批井盐、重绢、巴锦以及柑橘、药材等土特产品都要通过嘉陵江进行运输。地处嘉陵江中游的阆州，"居蜀汉之半，当东道要冲"，是四川盆地中部的交通枢纽，汉晋时期商业已称兴盛。在唐代后期，阆州的盐业和纺织业发展很快，"丝盐之利，舟楫之便，可以通四方商贾"，城市商业更加繁荣。井盐主要是从产地转运到剑南三川各州县，依托水陆交通运输，促进了城乡聚落的发展。

四川场市与驿站的结合，在唐宋时期已经出现。秦汉时的巴蜀就有四通八达的古道，唐宋时期在此基础上继续发展，或改建、新建成驿道。按照唐制"凡三十里一驿"，有学者根据统计和分析推算，唐代四川的驿站可能达200个，而南宋四川的地理位置更为重要，馆驿还会更多④，仅成都至长安驿道的南段（成都至汉中），沿途就分布有两女驿、天回驿、金雁驿、万安驿、罗江驿、巴西驿、奉济驿、上亭驿、汉源驿等。最初设立驿站的主要功能源于公文传递、烽驿通信、官报流通，以及出行官员住所、贡品物资运输等。随着驿站的开通，又引来商业贸易活动从而逐渐形成场市。到唐代后期尤其是宋代，不少驿站逐渐升级为镇的建制，如成渝古道上的牛尾驿，在北宋时期就升为牛尾镇，后因镇西有太平桥而改名太平镇，又如长安古道上的望喜驿、成渝古道上的邮亭铺等，都是因驿站形成的镇。明清时期驿站与场镇合为一体，也应是建立于唐宋驿站建设的基础之上。

从战国时期蜀守李冰修都江堰，变岷江水害为水利之后，四川就有"天府之国"之称，农业经济相当发达。唐末五代中原混战，北方经济衰退，而四川尚较安定，经济得以继续发展。北宋的统一，结束了中原和南方的分裂局面，为宋代四川社会经济的发展创

---

① 李敬洵. 四川通史卷三, 两晋南北朝隋唐[M]. 成都：四川人民出版社, 2018: 426.
② 《新唐书》卷42《地理志》.
③ 范成大. 《吴船录》卷上.
④ 蓝勇. 唐宋四川馆驿汇考[J]. 成都大学学报（社会科学版）, 1990（04）, 64-69.

造了和平安定的社会环境。利用优越的自然条件，勤劳的四川人民广修水利、建造梯田、精耕细作，使四川农业再次得到迅速的发展。四川人民为了发展生产，改善生活，在发展粮食作物的同时，因地制宜地发展农村的经济作物生产。

四川纺织业历史也尤为悠久，宋代成都地区既是全国苎麻和麻布产地，也是全国种桑养蚕的纺织基地。随着种桑养蚕在四川城镇的普遍兴起，梓州、果州、遂州、蓬州、巴州、阆州等城镇都发展为重要的纺织中心。而茶叶种植业更是遍布四川的20余州，其产量超过宋朝其他地区茶叶产量的总和，成为全国产茶最多的地方，且茶叶远销西北与吐蕃等地区进行茶马贸易[①]。甘蔗种植和制糖业也得到较快的发展，宋代四川的甘蔗主要产于遂州、汉州、资州等地。在盐业发展方面，宋代四川卓筒井的出现，提高了开凿盐井的效率，到南宋初期，四川盐井已达4900余口（图1-3-1）。

随着农村商品经济的发展，在商品生产集中、水陆交通方便的地方，一批新兴的场镇集市逐渐发展起来。如蜀州的味江镇，彭州的导江镇、濛阳镇、蒲江场、珊口场、木头场，雅州的名山场、百丈场，都是盛产茶叶的地区。又如涪州的白马津、开州的封盐场、黔州的盐井镇，都是盛产井盐的地方。而彭州的西津、南津，雅州的平羌津，泸州的绵水场，剑州的剑门关，则是因水陆交通要道发展起来的场镇。据《元丰九域志》记载统计，北宋元丰初年在四川境内就有场镇696个。新兴的场镇，既是农村商品的生产基地，又是商品的交换中心。手工业者定居于场镇，利用乡村原料从事商品生产，住商则置铺坐卖，同时，乡村的商品和原料还运往其他城镇和地区出售，农村场镇集市也就起到了城乡商品生产的枢纽作用。清代四川的场镇建设达到前所未有的规模，其中许多场

图1-3-1　遂宁大英县的宋代卓筒井

镇就是在宋代场镇的基础上恢复或发展建设起来的。

三、宗教文化与聚落环境

唐宋时期佛教在巴蜀得到很大发展，以佛教造像为特色的摩崖石刻在四川地区尤为兴盛，遍布四川盆地的城镇和乡村，特别是城镇周围分布较多，构成城镇聚落重要的文化环境。如四川的安岳县是唐代的普州治所，环绕县城及石羊镇分布有唐宋时期的摩崖石刻造像十余处，与安岳相邻的大足县，县城周边分布着宝鼎、南山、北山摩崖石刻造像。巴州也是唐代摩崖石刻造像集

[①] 贾大泉. 四川通史卷四，五代两宋[M]. 成都：四川人民出版社，2018：232-233.

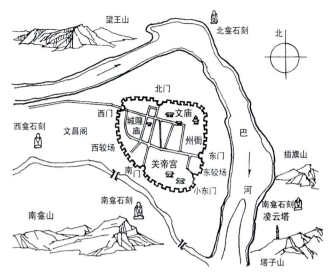

图 1-3-2 清末巴州城反映的唐代摩崖石刻（来源：《四川历史文化名城》）

中分布的地区（图 1-3-2），以东龛、南龛、北龛和西龛最具特色（图 1-3-3）。

另外，四川的资中、荣县、邛崃、夹江、丹棱以及广元等州县都有摩崖石刻的分布。同时，四川在唐代还盛行大佛摩崖造像，如乐山大佛、荣县大佛、潼南大佛等。许多城镇附近的佛教场所，每年都会举行一次或多次庙会，佛教文化带来的商业活动十分活跃，成为城乡聚落生活的重要组成部分。部分摩崖石刻造像集中的地区，还发展出固定的商业店铺，有的地区甚至逐渐形成场镇，如大足宝鼎石刻的宝鼎场以及安岳的石羊场，周边就以宋代的摩崖石刻造像而闻名。这也凸显出唐宋时期巴蜀城乡独特的文化空间环境。

图 1-3-3 巴中城周边的唐代摩崖石刻

第四节　明清时期的四川聚落

一、"湖广填四川"与城镇聚落发展

明清之际长达四十余年的战乱，加之严重的自然灾害，四川的社会经济遭到极大破坏，造成"蜀省有可耕之地，无耕田之民"的凄凉局面，田园荒芜，野无人烟。四川的人口由明万历六年（1578年）的310万，减少到清初时的五十多万人[1]，城镇建设也遭到摧残。战乱平息后，为了尽快恢复四川的农业生产，清政府制订了"招抚流亡""移民实川"和"鼓励屯垦"等一系列恢复农业生产和发展社会经济的举措，吸引流亡在外的川民返川以及外省的农民入川，形成了四川有史以来最大的移民高潮，这就是历史上有名的"湖广填四川"。整个移民活动前后延续近百年时间，来自湖北、湖南、广东、福建、江西、陕西、山西、云南、贵州等十多个省区的移民先后迁入四川地区。

官府施行的移民优惠政策，尤其是鼓励开垦的政策，极大地推动了移民入川的浪潮，四川的人口增长飞速加快，"据不完全统计，四川人口由清顺治十八年（1661年）的16096人猛增至清康熙十一年（1772年）的57万户，285万人"。"到清嘉庆末年，官府黄册所载四川人口已达2074万余人，耕地53万余顷"[2]。由于人口的增加和经济的发展，四川的城乡聚落进入高速建设发展时期，尤其是以集市贸易活动为特色的四川场镇，出现了前所未有的发展高潮。场镇聚落与乡村聚落的文化经济联系十分密切，乡村地区主要的文化经济活动都在场镇中进行，场镇逐渐成为乡村聚落区域的中心。

清代的城镇聚落基本上都是在历史的基础上传承发展。四川丘陵山地的多数城镇聚落都分布在水陆要冲地带，尤以长江、岷江、沱江、涪江、嘉陵江沿岸的城镇聚落数量最多。清代的经济发展加速了大宗商品的流通，一些沿江城镇也适应大宗商品流通的需要而快速发展，形成许多富有特色的城镇文化经济中心。其中，成都、重庆仍是四川最大的两个多元化的政治经济文化中心，自贡成为最大的盐业经济中心，内江成为最大的糖业经济中心。此外，乐山、宜宾、泸州、南充、涪陵、万县等沿江城市也发展迅速，分别成为区域性的经济文化中心。

随着城镇文化经济的发展和城镇人口的增加，城镇的规模也相应扩大，形成新的城市建设高潮。如乐山嘉州城，地处岷江、大渡河、青衣江三江交汇处，从先秦时期"蜀王开明故治"起，经秦汉设南安县，北周设嘉州，南宋置嘉定府，至今已有近3000年历史。明代嘉州城原有10座城门，清代时期延续明代城址格局，在明城的基础上扩展建设了外城，城门增加至17座。而随着城镇规模的扩大，城镇的空间形态也随之发展变化。明时嘉州外城东侧沿岷江江岸呈带状，由南向北转而折西形成曲尺形，到了民国期间，城镇继续向北呈线性发展，从而形成富于变化的城镇空间格局。这样的城镇空间格局变化，既反映了城镇发展的历史演变过程，又反映了城镇空间发展适应山地环境的规划布局特色。

传统府城、县城多以四方城墙围合，并设置对称的

---

[1] 李世平. 四川人口史 [M]. 成都：四川大学出版社，1993：146-155.
[2] 吴康零. 四川通史卷六，清 [M]. 成都：四川人民出版社，2018：82-83.

城门组合，构成传统城镇的基本空间格局。而四川的山地城镇，既尊重传统的空间布局，又具有适应地形环境的灵活性。清代的乐山城池有城门10座（图1-4-1），其中九座都分布在沿大渡河与岷江的东面和南面，而西面和北面靠山处则少有城门，这也是清代巴蜀沿江山地城镇空间格局的典型案例。大渡河与岷江两江交汇处是地质变化自然形成的断崖，断崖之上有突出的两个山峦（图1-4-2），与嘉州府城遥相对应。两个山头上分别坐落着凌云寺和乌尤寺，临江的崖壁上还有一座70余米高的大佛摩崖造像，即举世闻名的乐山大佛（图1-4-3）。佛像完全在整体崖壁上开凿出来，成为自然山水格局下独具魅力的城镇聚落景观。

二、场镇聚落与乡村聚落

明清时期四川地区以乡村集市贸易活动为特色的场市，可追溯至唐代晚期出现的草市以及宋代出现的大量集市贸易场镇。明代四川商业发展，农村市场进一步兴起和扩大，许多农产品成为商品进入流通市场。明初全国商品流通量较大的市集就有400余处。四川府州县治所地以及农村地区也随之兴起了许多商贸分区和交易场所，如合州城内就有木市、柴市、菜市、果市、茶市、盐市、布市、猪羊市等。而且合州有5乡8镇，铜梁县有4乡，定远县有4镇，洪雅县全县6乡，场集11处，且每个乡的商贸各有特点。商贾互通有无，城乡商贸兴旺，促进了农产品的商品化，农村乡镇集市贸易快速发展起来。

在清代四川移民政策的驱动下，四川地区经过一百余年的经济恢复，到清乾隆、嘉庆时期，农村经济兴盛起来，农业产品商业化的现象更加凸显，一些集市贸易场镇在历史场市的基础上恢复和发展，新兴的场镇更是不断增加。如清乾隆时期的成都范围内，大大小小的场镇有51个，而到嘉庆时期已达195个，场镇数量在乾隆时期的基础上增加了近3倍。根据学者高王凌的数据统计，在清代"嘉庆前后，四川大约有3000个场，到清末光绪、宣统时期，场数约达4000个"[①]，四川场镇数量之多，前所未有。而场镇主要围绕农村集市贸易活动兴起，自然也就成为农村文化经济活动的中心。

四川场镇的文化经济活动即为"赶场"。所谓赶场，就是人们按约定俗成的时间到附近场镇进行集市贸易活动。乡村地区的农民将自己生产的农副产品拿到场镇中售卖，然后买回家庭日常所需的生活用品。场镇与乡村的距离则与农民一天往返的时间有关。根据清代四川场镇的分布统计，一般场镇的平均服务半径都在3～5公里之间，农民赶场往返一次多在10公里左右，步行时间约两个多小时。根据地理环境及乡村经济水平，场镇的分布距离又各有差异。以成都为核心的川西平原，土地资源丰富，人口密度较大，场镇的分布相对密集，场镇距离近的仅2～3公里，城乡之间的联系更加紧密。川中丘陵地区分布距离比较适中，平均距离约3～5公里。盆地边缘山地分布距离则相对较远，可以达到10公里左右，来回步行时间约4～5个小时，但是基本上也能在一天内完成赶场往返。这样的场市空间分布，反映出巴蜀城乡聚落一体化的空间环境关系。

清代四川的赶场，都是按约定俗成的场期进行。一般是十天两次或三次，而以十天三次最为常见，如一四七、二五八、三六九、四七十等，称为"定期场"[②]。通常情况下，几个相邻场镇的赶场时间会相互错

---

① 高王凌. 乾嘉时期四川的场市、场市网及其功能［C］. 清史研究集（第三辑），1984：74-92.
② 同①：79.

图1-4-1 清同治县志乐山城池图（来源：清同治年间《嘉定府志》）

图1-4-2 乐山凌云山图（来源：清同治年间《嘉定府志》）

018

图1-4-3 乐山大佛

开，附近乡民可以根据时间安排或空间距离灵活选择赶场的地点，而这种时间和空间轮流交换的场期，又俗称为"插花场"或"流流场"①。在场市的发展中，除了场镇上的坐商之外，还有一些行走于各个场镇之间的流动商贩。场期和场市在时间和空间上的交叉设置，可以满足周边乡民和流动商贩天天赶场，从而保证了一定区域范围内文化经济活动的持续不断。在规模较大的中心镇或县城镇也有天天赶场的场市，称之为"百日场"。定期场、插花场和百日场，共同构筑起清代四川的场市网络，反映出四川城乡聚落环境的特点，而且，这样的场市活动一直延续至今。

四川的乡村集市贸易活动，从早期自然形成的商品交易点，逐渐形成固定的场镇聚落，一些专门从事商业经营的店铺作坊随之发展起来。饭馆、酒馆、茶馆等服务行业，以及农副产品加工处理的作坊，如榨油、酿酒、酱醋等作坊，还有木匠铺、铁匠铺等，都是场镇中必不可少的。四川的场镇往往又是水陆交通码头，场镇多与对外商品交换流通结合起来，因此客栈、货栈也在场镇中大量出现。不同功能的建筑沿道路两侧布局，形成与乡村聚落不同的空间环境特点。

农副产品的出售或交换，是场镇集市贸易的基本特色，位于经济作物产区的场镇，还形成大宗土特产品的贸易市场。如成都双流县簇桥镇的蚕丝大市，商贩们从简州、丹棱等州县收购的蚕丝，均集中转销于此。又如灌县（今都江堰市）青城山一带的中药材，通过附近太平场、中兴场的商贩收购集中，经石羊场大市运销至崇庆州的药材集散大市元通场，再大批运往省内外各地②。场镇与乡村、场镇与场镇、场镇与城市之间，以经济贸易为纽带，形成巴蜀特色的城乡聚落网。

清代四川的场镇又是移民聚居最为集中的地方，几乎每个场镇都有多个地区的移民定居。最能代表移民文化特色的是同乡会馆，现在普遍称之为移民会馆，不同省区的移民聚集于城镇，都要修建同乡会馆。不同的同乡会馆又有不同文化内涵的会馆名称，且与会馆内侍奉的神祇有关。如湖广会馆叫禹王宫，因会馆内侍奉大禹；广东会馆得名南华宫，因殿内侍奉南华老祖六祖慧能，而慧能出自广东韶关；江西会馆取名万寿宫，馆内侍奉传说中的道教仙人许真君，而许真君曾居住于江西南昌西山万寿宫；福建会馆得名天后宫，殿内供奉东南沿海一带的海神妈祖；山陕会馆供奉关帝，因此得名关帝庙；贵州会馆供奉黑神，因而得名黑神庙，等等。此外，四川沿江河的场镇还普遍修建王爷庙，因王爷又称镇江王爷，可保一方水运平安，同时又是盐帮等运输群体的行业会馆。四川的屠宰行业则信奉张飞，在场镇中多建张飞庙或张爷庙，大概与三国名将张飞在四川的历史影响有关。这类同乡会馆、行业会馆、纪念祠庙，合起来统称祠庙会馆。四川城镇或场镇的祠庙会馆数量之多，通常以"九宫十八庙"或"九宫八庙"来形容，这也是清代以来四川城镇极为突出的功能特色。

同乡会馆不仅具有酬神议事的功能，同时还发挥着商业行会的作用，尤其是到了清代的中晚期，商业行会的作用明显重于同乡结社的功能，出现了多省合用并具有商业文化功能的会馆，如三省会馆、五省会馆、八省会馆，等等。会馆具有深刻的文化商业象征意义，因此会馆建筑的修建就尤其讲究，建筑群体空间尺度大，内外装饰精美华丽，在场镇的整体空间形态中十分显著，成为清代四川传统场镇突出的文化地标。

众多的祠庙会馆也为场镇带来了丰富的商业文化生

---

① 万清涪.《南广竹枝词》，见《南溪文征》卷2.
② 吴零康. 四川通史卷六，清［M］. 成都：四川人民出版社，2018：490.

活。会馆突出的文化商业活动功能就是筹办各式各样的庙会，并且每个祠庙会馆都有各自的庙会活动。酬神唱大戏是庙会活动的基本内容和重头戏，各个会馆都会邀请戏班唱戏，其中有着深刻的商业文化竞争机制，东家庙会唱戏三天，西家庙会就唱戏七天，更有甚者，干脆唱满三七二十一天。庙会往往还与传统节气活动结合起来，于是就形成一个场镇常年不断的文化商业活动。而且，庙会对所有人开放，更重要的是与集市贸易活动相结合，构成场镇最活跃的商业文化氛围。因此，场镇的赶场，尤其是庙会活动，为乡民提供了聚会休闲的环境条件，有的乡民赶场，就是为了亲朋好友之间聚会聊天、饮茶喝酒，场镇也就成为乡村地区重要的文化休闲中心。

三、移民与城乡多元文化

秦汉及唐宋时期的四川都有过多次移民活动，每次移民活动都会对四川的文化带来不同程度的影响。清代的"湖广填四川"作为四川历史上规模及影响最大的移民活动，移民来源更加广泛，涉及全国十多个省区。从文化层面上来说，首先遇到的就是语言交流问题。初期的移民来到四川，往往存在语言沟通的障碍，一个聚落中多种语言混杂，而在广大乡村地区，由于不同省区移民的相互通婚，甚至一个大家庭内部也会出现语言沟通的障碍。在生产生活的长期交流碰撞中，四川人以包容开放的姿态接受异地文化习俗，并与本土文化不断融汇创新，逐渐形成新的四川方言文化，不过其中也保留着浓郁的区域文化特色。如川西、川南、川东、川北的语言既有四川方言的共同特征，又有不同的区域特色，不但语音、语调有明显的差异，一些生活常用词汇也有区别。这与移民分布的

区域文化有关，如川东、川北移民进入更早，来自湖南、湖北的移民聚集最多，语言文化的包容性更强，而川西、川南的土著人口相对较多，语言习俗中遗存的本土文化也相对更多。

文化包容创新特色最突出的是川剧。在戏曲艺术上，清代早期的移民都有各自的文化情结，他们入川后在同一空间环境下展示着不同的艺术风格，并有不同的唱腔和语言表达形式。经过相互的切磋交流以及不断地融会贯通，在文化碰撞的火花中逐渐孕育出川剧的五大声腔特色。所谓川剧的五大声腔，就是融汇了江苏的昆腔、江西的高腔、安徽与湖北的胡琴腔、西北的秦腔以及四川本土的灯戏而成。而四川的茶馆酒肆和祠庙会馆，又为移民文化交流创造了必要的空间环境。四川不但产茶，而且四川人也喜欢喝茶，城镇中大大小小的各类茶馆，成为民众劳作之余的休闲之地。坐茶馆也就成为四川城乡居民极富特色的生活习俗，一盏清茶便架起了人们文化信息交流的桥梁。而且四川城镇的祠庙会馆普遍设有戏台，会馆、茶馆都为四川文化语言的交融创新搭建了良好平台。

四川文化的包容创新还体现在文化技术上，其中最突出的例证莫过于四川的酿酒技术。清代四川农业进入稳产、高产时期，粮食的加工和转化十分迫切，已有足够的粮食可用于酿酒，原本历史悠久的酿酒业在这一时期得到巨大发展。加之水陆交通运销的条件得到改善，特色酒类能更好地推向市场，沿岷江、沱江、涪江、嘉陵江以及与之贯通的长江干道，成为川酒重要的生产和运销网络[①]。四川的酿酒业由此进入全盛时期，涌现出一批以名酒闻名的城镇，如宜宾杂粮酒（今五粮液）、泸州老窖、古蔺郎酒、绵竹大曲、全新大曲等。四川名酒的快速发展也不同程度地受益于清代移民及其酿酒技艺。如绵竹大曲是四川最早的名酒之一，始创于

---

① 吴零康. 四川通史卷六，清[M]. 成都：四川人民出版社，2018：470.

清康熙年间，创始人朱煜就来自陕西三元县，成都的全兴大曲始创于清乾隆时期，相传融会了山西商人带来的汾酒酿造技艺，而泸州大曲始创于清朝初年，据说也吸收了陕西西凤酒的酿酒技术[①]。可以说，清代四川酒业生产能力的大幅提升和各大名酒的出现，既是长江上游商品经济发展的产物，也是融入客籍移民带来的文化技术后获得的成果。

四、农耕文化与清代乡村聚落

清代四川的农业发展，川西、川东的差距较大。川西平原既有得天独厚的地理气候环境，又得益于秦汉以来开发建设的都江堰水利工程。历史上，灌县、郫县、崇宁、温江、新繁、新都、成都、华阳、双流等主要灌区依靠都江堰工程发达的灌溉水系，农业经济发展曾盛极一时。而在明末战乱中，因都江堰遭到严重破坏，川西平原的农业经济也遭受重创。为了快速恢复四川经济，清顺治十八年（1661年），四川巡抚佟凤彩奏准开始整修都江堰，至清雍正八年（1730年），经过数十年的恢复和建设，都江堰的灌溉面积达到76万亩之多，超过历史最高水平。清乾隆二十九年（1764年），四川总督阿尔泰总结历代治堰经验，通过深淘堰底、另开支河、上游蓄水三大治水措施取得了较大成效。清道光七年（1827年），成都水利同知强望泰在治水实践中概括出"深淘滩、低作堰"六字真言。唐宋时期形成的彭山通济堰是仅次于都江堰的又一大水利工程。清雍正年间通济堰得以批准修复，并于乾隆年间继续完成了扩建及新建工程，在彭山境内新建了28条堰渠[②]，清代成都平原的农田水利事业得以振兴，从而促进了稻作农业区的恢复和发展。

四川的山地和丘陵地区难以形成自流灌溉，清代入川移民通过修筑蓄水塘堰作为农田灌溉的主要水利设施。四川地方官吏对塘堰建设也十分重视，清乾隆十八年（1753年），四川总督黄廷桂就明令"全省勘修塘堰，引灌山田"；清道光年间，蓬州知州洪运开督民修筑堰塘达四百余座。从四川的大量地方史志记载可知，清代的塘堰建设已在四川的丘陵及部分山区逐渐普及开来。在兴修水利的同时，四川还出现了"改土为田"的活动，如叙州府"厅南大坝田数千亩，初犹土也，雍正时始开为田"；至清乾隆、嘉庆时期，这一活动达到高潮。而在"改土为田"方兴未艾之际，四川又兴起冬水田法；到清朝后期，冬水田几乎遍布整个四川盆地及其周边山地的广大乡村地区。蓄水灌溉、改土为田、冬水田建设，进一步促进了四川丘陵山地的水稻生产。

清朝前期持续不断的入川移民，不仅推动了四川农业经济的全面复苏和繁荣，四川的农耕文化也得到显著发展。分布于四川乡村的外省移民，聚族而居与世代为邻的现象极为普遍，往往一个自然村落就由一个同姓家族组成，村落名称也以姓氏和地形特征相结合的方式最为常见。四川盆地的丘陵山地多有湾、垭、坳、沟、坝等地形冠以姓氏，即有"黄家湾""李家坳""罗家坝""王家沟"等地名。这类村落虽以同姓家族为主聚族而居，但受到四川地区以小家庭为基本居住单位的传统习俗影响，加之丘陵山地分散的农耕环境的制约，其居住环境相对分散，很少形成密集成片的乡村聚落。而川西平原一带地势平缓、土地集中，乡村聚落仍以小家庭为基本居住单位的家族集聚为特色，但聚落的整体

---

① 吴零康. 四川通史卷六，清[M]. 成都：四川人民出版社，2018：472-473.
② 吴零康. 四川通史卷六，清[M]. 成都：四川人民出版社，2018：441.

空间形态则相对紧凑。居住院落虽较为集中，但受传统居住文化习俗的影响，多有各自不同的方位朝向。这类集中成片的村落，周围多有竹林环绕，灌溉沟渠从中穿过，构成川西平原的林盘聚落特色，村落名称也反映出平原地区的地形特征及聚居的主体家族，如大邑县鹤鸣乡新民村的"傅家扁""牟家扁"。而且，清代四川地区聚族而居的乡村聚落中，规模较大的家族都有各自的家族祠堂，往往形成独立的院落空间，成为乡村聚落重要的礼仪中心，这也是农耕文化特征在四川乡村聚落空间中的典型体现。

第一节 四川地理气候环境

一、四川的地理环境

四川省的地理区位介于我国陆地地势三大阶梯中的一级阶梯、二级阶梯之间。境内西部为青藏高原东南边缘及横断山脉，东部为群山环绕的四川盆地，总体地势呈西高东低的特点，海拔高低悬殊，地貌类型多样。

四川西部为川西高山高原区，是素有"世界屋脊"之称的青藏高原的一部分，平均海拔3500米左右。整个高原区地势受地壳抬升作用的影响，呈自西北向东南倾斜的态势，其北部和中部耸立有数十座海拔高度超过6000米的极高山。其中，大雪山主峰贡嘎山海拔7556米，为省内第一高峰，号称"蜀山之王"，另有阿鲁里山主峰格聂山、邛崃山主峰四姑娘山、雀儿山主峰、贡嘎雪山等，海拔高度也都在6000米以上。许多山峰终年积雪，海拔5200米以上地区现代冰川发育，景色蔚为壮观。

四川东部为我国四大盆地之一的四川盆地（图2-1-1），因其边界形态方正，又有"信封盆地"之称。盆地四周被海拔2000～3000米的山脉和高原所环绕，北面有龙门山、米仓山和大巴山，西面有邛崃山、峨眉山和大凉山，南面有大娄山，东面有巫山。其中，以北部的米仓山、西北部的龙门山和西南部的峨眉山地势较高、山体较大，龙门山主峰九顶山海拔达4969米，而峨眉山东邻成都平原，相对高差也在2500米左右。盆底地势也呈自西北向东南倾斜的特点，西北部的大邑、绵竹、江油一带海拔高度约为500～750米，中部的射洪、乐至、资阳、仁寿一带海拔高度约为400～500米，东南部的泸县、合江等河谷地区海拔高度仅220余米。

盆地又以龙泉山、华蓥山为界分为三大部分。盆地西部为成都平原，地势西北高、东南低，由岷江、湔江、石亭江、绵远河等众多河流的冲积扇区组成。在平原中心地区，冲积层厚度达200～300米，土壤肥沃，是成都平原成为全国主要农产区的重要客观条件之一。各扇形冲积区自然坡度较大，河流呈辐射状流向东、南方向。都江堰水利工程正是巧妙利用了这一自然条件，因地制宜，实现了岷江水道的整治和自流灌溉。秦汉时期即已开发和疏导的都江堰水利工程，使川西平原水系发达、沃野千里，自古"水旱从人，不知饥馑"①，成为四川最富饶的聚落文化区。

龙泉山东北起于德阳，西南直至峨眉山附近，是一条长100多公里，宽仅8～10公里的条形山脉，也是盆地西部成都平原区和中部方山丘陵区的天然分界线。龙泉山与华蓥山之间的方山丘陵，海拔高度一般在500米以下，相对高差数十米至百余米，部分丘陵间零散分布有土地肥沃的平坝，俗称坝子。古往今来，经过劳动人民的不断辛勤开垦，川中地区绝大部分丘陵山地已辟为梯田和旱土，发展成为全省最大的农业耕作区域。

华蓥山以东是川东平行岭谷区（图2-1-2），有华蓥山、铜锣山、明月山等多条由东北向西南伸延的山脉平行排列。山脉短的20余公里，长的可逾300公里，一般海拔高度在600～900米，最高的华蓥山主峰可达1700米。条状山岭之间是自然形成的坝子，土地肥沃、物产丰富，城镇及乡村聚落多顺应坝子地势呈南北走向布局。

四川盆地又是著名的紫色盆地，盆地东部及中部分别为低山丘陵与方山丘陵，地质地貌主要由紫红色砂岩

---

① （晋）常璩. 华阳国志 [M]. 北京：中华书局，1985：卷三. 蜀志.

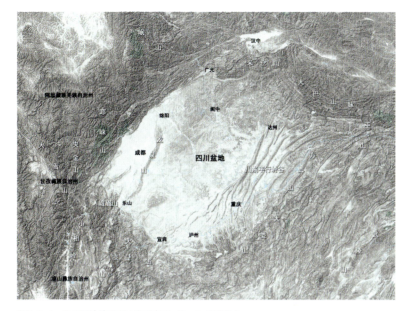

图2-1-1 四川盆地地形图（底图来源：Google地形图）

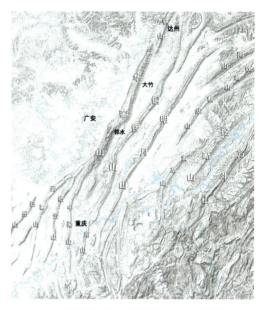

图2-1-2 川东平行岭谷区（底图来源：Google地形图）

和页岩组成。千百年来人们在城市建设和民居建设中，将砂岩用作建设材料，形成四川独具地域特色的聚落环境色彩风貌。尤其是盆地中部的安岳、乐至与重庆的大足一带，无论是祠庙会馆，还是居住建筑，都充分利用石材作为建筑结构材料，以石材加工立柱，与木材构件组合，形成石木组合的构架特色（图2-1-3~图2-1-6）。大足、安岳一带的居住建筑，甚至还出现整个建筑用石材构筑的形态。唐宋时期，四川盆地还曾普遍利用红砂石的地质地貌特征，构筑以佛教文化为特色的摩崖石刻造像。这些摩崖佛寺造像多与城乡聚落空间关系密切，如盆地中部的安岳石刻、资中北山石刻，川南的邛崃石刻、夹江石刻、乐山大佛、荣县大佛等，以及川东北的巴中石刻、川西北的广元石刻等，凸显出四川城乡聚落的宗教文化环境特色。

图2-1-3 安岳园门村石构架

图2-1-4 安岳园门村三合院的石木构架

图2-1-5 佛教寺院中的石构架

图2-1-6 南充寺院中的石木构架

二、四川的气候环境

四川全省年平均气温在-1.5~20.3℃之间，三大地形区域呈现明显不同的特征差异。四川盆地气候属于亚热带季风性湿润气候，年均气温大致在14.1~18.3℃之间，呈现东高西低、南高北低、盆底高而边缘低的特征，等温线分布呈现同心圆状。同时，气温日较差小而年较差大，冬暖夏热，云量多、晴天少，日照时间较短。川西南山地属于亚热带半湿润气候，年均气温大致在10.1~20.3℃之间，气温年差较小而日差较大，早寒午暖，四季温差不明显，云量少、晴天多，日照时间较长。川西高山高原属于高寒气候，年均气温大致在-1.5~15.4℃之间，因海拔高差大，气候立体变化明显，河谷干暖而山地冷湿，冬寒夏凉，日照充足。就全省境辖来看，年平均气温最高在川西南的攀枝花，为20.3℃，最低在川西的石渠，为-1.5℃。而极端最高气温出现在盆地东北边缘的平昌，为41.9℃，极端最低气温则出现于川西高山高原区的石渠，为-37.7℃。

四川全省年均降水总量为315.7~1732.4毫米，整体呈东南向西北递减的趋势。盆地年均降水量最多，为783.2~1130.9毫米，且盆周多于盆底，区域差异较为明显。其中盆地西缘山地最多，全省降水量最大的雅安地区，年均降水量可达1732.4毫米，素有"西蜀天漏"之称，盆东北缘和东南缘山地次之，盆中丘陵最少。盆地降雨量季节分配不均，冬季少而夏季多，80%左右的雨量均集中于夏季，有冬干、春旱、夏涝、秋绵雨的特征。川西高山高原年均降水量最少，仅为315.7~906毫米，而川西南山地年均降水量较之稍多。但总体来说，这一高原山地区域降水量都较少，干湿季节分明，全年有半数以上月份为旱季，约90%的雨量都集中于夏季。

四川盆地最显著的气候特征是湿热多雨，夏天极端气温可达40℃以上，尤其是在盆地内的江河流域，夏秋之季多雨而又闷热。为了获得居住建筑通风避雨的空间环境，四川人积累了丰富有效的营造经验，建筑屋檐多出挑深远，既可防止日晒雨淋对建筑的腐蚀破坏，又可创造通风隔热的小气候环境。无论是乡村院落还是城镇街巷，都喜欢构筑宽敞的檐廊，形成适应气候的聚落环境特色。而且，在四川盆地边缘的山地丘陵地带，乡村居住建筑还一直保持着古老的版筑墙营造方法，取材方便、经济适用，通过巧妙地组织采光通风，即可创造出冬暖夏凉的室内气候环境（图2-1-7~图2-1-10）。

图2-1-7 泸县绍坝刘家院子

图2-1-8 宜宾邓家院子

图2-1-9 合江穆村李家院子

图2-1-10 合江穆村李家院子立面

第二节　四川盆地聚落环境

一、丘陵山地的聚落环境

四川盆地东部，分布有许多条东北—西南走势的平行条状山岭，海拔多在700～800米之间，山岭之间的谷地以低丘或平坝地形构成，在地形地貌上称为坝子，海拔200～500米左右。坝子内土地肥沃，是四川重要的粮食产地，其间的农耕院落星罗棋布，往往数家宅院聚集，又有竹木环绕，具有林盘聚落的风格风貌（图2-2-1）。传统的城镇聚落多选址于坝子边缘，彼此相距数十公里，远的可至100公里左右，因此民间又有"县过县、一百八"（古制的180里即90公里）之说，反映出平行岭谷地形对城镇聚落分布的影响。

平行山岭两侧的硬砂岩常形成单面山，山脉大多具有"一山二岭一槽"或"一山三岭二槽"的地形地貌特征。背斜山岭经雨水溶蚀后多成狭长形槽谷，发育有溶洞、暗河、天池湖等。向斜谷地宽而缓，一般宽10～30公里，海拔在300～500米之间，均为砂泥岩组成，地貌上为方山丘陵或单斜丘陵。沿河地区有大小不等的平坝分布，是主要的农产区。西北部为渠江上游主要集雨区，东南部则直接汇入长江，河水溪流充沛，水力资源丰富。城镇聚落沿平行岭谷呈线性布局，呈现顺应江河流向的空间布局特色。

图2-2-1　川东丘陵山地的乡村聚落

图2-2-2 川南丘陵地区的乡村聚落

四川盆地中部地区,由于紫红色砂页岩倾角平缓,受切割后形成大片方山丘陵。丘陵坡地海拔约300~500米,坡地之间形成谷地,谷地与坡地之间的相对高度从二三十米到四五十米不等。利用丘陵坡地土层深厚的特点,多在沟谷坝地构筑层层跌落的梯田,而坡地部分则随坡就势开垦为旱地,构成(水)田和(旱)土结合的农耕土地环境。多数水田积蓄秋雨过冬,形成四川普遍盛行的冬水田。根据水资源的多寡,也有水旱田两用的情况,冬春旱田种植小麦,夏秋水田种植水稻。在梯田高处多修筑蓄水的堰塘,通过沟渠引流进行灌溉。经过世代的开荒垦殖,四川丘陵山地的土地资源得到了充分利用,随之成为四川盆地重要的粮食产地。川中丘陵山地的聚落分布相对分散,多位于沟谷水田与旱土相交的边缘地带,形成背山面田的布局形态(图2-2-2)。抑或选址于层叠的顶部山湾之处,背靠山湾、竹木环绕且视野开阔,自然环境与人工环境相结合,形成利于气候调节及洪涝灾害防治的聚落选址环境。

在盆地丘陵地带,分布着纵横交错的江河溪流,有长江和嘉陵江两条主干河流贯穿四川盆地,其他主要河流还有沱江、渠江、明月江、赤水河、巴河、州河、龙溪河等,而小河溪流更是不计其数。多数江河都可行使舟船,城镇聚落靠近江河选址布局,既可接近水源解决生产生活用水需求,又可提供方便的对外交通环境,还能满足盐茶药材等重要的农副产品运销。除了水路交通外,四川自古以来也十分注重陆路的开通。早在秦汉时期，四川就形成了纵横交错的陆路交通网络，不但沟通了城乡聚落之间的联系，还形成跨区域的通道，甚至可达东南亚地区。唐宋时期又加强了官路驿道的建设，与水路交通相互联系，依靠水陆交通要道和码头驿站，形成许多以交通运输和集市贸易为特征的城镇聚落。四川的不少场镇聚落即以驿或铺来命名，如连接成都和重庆的成渝古道上就有双凤驿、来凤驿、白市驿、邮亭铺、石桥铺等，反映出场镇聚落与交通环境的密切关联。

四川丘陵山地的传统城镇选址与江河关系极为密切。城镇聚落利用江河水系的自然山水环境，形成不同的空间布局特色。

两河交汇处。这是四川盆地临水城镇最为常见的选址布局类型。丘陵山地的江河交汇处多因长期水流冲积形成冲积平坝，地势相对平缓，土地资源较好，又是水陆交通集中之处，给城镇聚落带来便利的生产生活条件。如宜宾县的泥溪场位于泥溪河与岷江的交汇处，岷江上可通至犍为、乐山等地，下可通往宜宾而入长江，泥溪河也可行驶木船小舟，可联系后山白马场等乡村区域，汇入岷江后更方便了对外交通环境，因此泥溪场历来都是宜宾县最活跃的传统场镇聚落之一（图2-2-3）。此外，宜宾的横江场（图2-2-4）、古蔺的太平镇、广安的肖溪镇、巴中的恩阳镇、通江的毛浴镇等，也都属于两河交汇处的城镇选址布局类型。

河湾山麓处。四川丘陵山地的河道曲折迂回，河谷陡险，水流湍急，而江河宛转形成的沱湾处水流较为平缓，便于舟船停泊，是山地环境下较为理想的水陆交通转换码头。在江河沿岸，很多传统城镇聚落都选择在河湾山麓处，如江津的塘河场、合江的福宝场，都是水陆交通的转换点，尤其是沟通了与山区的连系。这样的传统场镇往往又成为重要的商业交通节点，如福宝场就是蒲江河转向贵州赤水等地便捷的盐茶交通运输驿站。通向山区的道路陡险，场镇聚落往往形成垂直等高线的爬山街道，临街店宅层层叠叠，小青瓦屋顶，白灰夹壁墙，空间层次丰富，形成独具特色的山地传统聚落风貌。

险滩要塞处。在四川丘陵山地的江河沿岸，还有一种因特殊交通环境形成的场镇聚落，即因滩险而成场。四川山地的江河溪流，水流落差较大，一些地段常常形成河滩断崖，有的是枯水季节不能行船，有的则是全年航运不通。上下河道之间的货物运输，都要在此卸载转运，四川民间称之为"搬滩"。货物的临时堆积，客货人流的往来，形成繁忙的景象，客栈货栈也因此应运而生，提供吃、住、行的店宅也随之而来，又与乡村的集

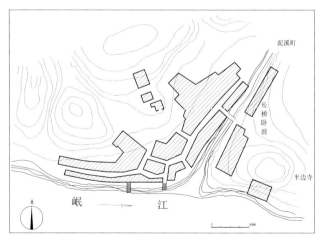

图2-2-3 两河交汇的宜宾泥溪场

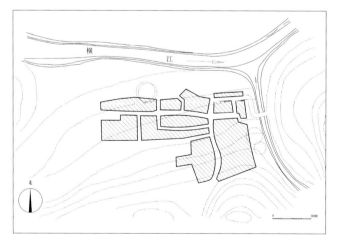

图2-2-4 两河交汇的宜宾横江场

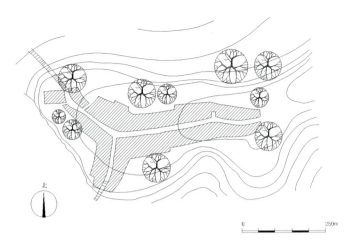

图2-2-5 山腰台地宜宾高场

市贸易相结合，逐渐发展成场镇聚落。盆地内以滩来命名的场镇也非常多，如自贡的仙滩、泸州的牛滩、合江的白沙滩等，而清代的县志中也多记载有大量以滩命名的聚落名称。滩险之地，河岸地形狭窄险要，城镇聚落的建设难度相对较大。在城镇建设中多通过筑台退台、出挑吊脚、依山靠崖等营造方法，巧妙利用空间，构成山地城镇又一独特的群体空间环境特色。

临水高台处。四川盆地内的江河虽能提供生产生活与交通之便，但江河冬夏水位变化较大，夏季暴雨带来的季节性洪水猛涨，也会给聚落安全带来极大隐患。丘陵山地江河沿岸的场镇聚落，以临江的高台布局为其显著特征。如雅安的望渔场，曾是茶马古道上的驿站，场镇坐落于周公河河岸高出水面二十余米的台地之上，一是防止夏季洪水对场镇造成威胁，二是出于防御匪患的安全需要。有的场镇早期选址也靠水较近，但因常遭水患而改变位置，如宜宾县的高场镇原在岷江河畔，因多次受到洪水淹没的影响，遂上迁至高处台地，高场的名称也由此而来（图2-2-5）。

山地场镇地形多狭窄，临街店宅往往向垂直空间发展，形成下店上宅或上店下宅的空间组合模式。上店下宅可分为靠崖式与临江式两种类型。在坡坎陡峭的山地场镇，为了争取空间，房屋依靠崖壁向下发展，这是四川山地场镇对吊脚楼空间的充分利用（图2-2-6～图2-2-9）。这类吊脚楼临街一面往往只有一楼一底，背街靠崖下吊2～3层，构筑起四五层甚至五六层的外部空间形态。而下店上宅的空间模式往往是依靠崖壁向上发展，或者临江筑台，临街建筑2～3层，建筑进深小，多不设庭院，形成独特的山地聚落空间形态。福宝古镇、罗泉古镇、太平古镇，都是充分利用山地地形创造出的特色聚落空间环境（图2-2-10、图2-2-11）。

图2-2-6 福宝古镇沿江吊脚楼

图2-2-7 福宝古镇沿江吊脚楼远景

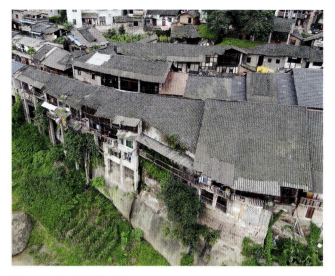

图2-2-8　白沙古镇沿江空间

图2-2-9　罗泉古镇沿江空间

图2-2-10　蒲江河边的福宝古镇爬山街

图2-2-11　赤水河边的太平古镇爬山街

四川盆地丘陵地区的乡村居住环境则比较分散，乡村宅院基本上是以小家庭为单位独居一处，父子、弟兄之间多分家，各立门户。这一乡村聚落的形态特征，既受到四川自古以来"小人薄于情礼，父子率多异居"[1]的传统风俗文化影响，同时也与盆地丘陵山地相对分散的农耕土地环境有关。而以乡村集市贸易为特色的场镇，在四川盆地极为普遍，是乡村地区的文化经济交流中心。场镇的分布距离也与乡村适宜的活动半径相契合。特别是清代四川丘陵山地的场镇，距离多为7.5～15公里，基本上能满足乡民一天往来的交流活动时间。在民国时期的《简阳县志》中，还专门分析了场市之间的空间距离，绘制有场市交通网络图[2]，十分形象地反映出四川丘陵山地场镇空间布局的规律特点。

二、川西平原的聚落环境

成都平原又名川西平原，四川地区习惯称之为"川西坝子"。狭义的川西平原仅指灌县、绵竹、罗江、金堂、新津、邛崃为边界的岷江、沱江冲积平原，长约200公里，宽约40～70公里，面积约7340平方公里，构成整个平原的主体部分，因成都位于平原中央而称之为成都平原。广义的川西平原，介于龙泉山和龙门山、邛崃山之间，北起江油，南至乐山五通桥，包括北部的绵阳、江油、安县间的涪江冲积平原，中部的岷江、沱江冲积平原，南部的青衣江、大渡河冲积平原等。三个平原之间有丘陵台地分布，行政上涵盖了成都、德阳、绵阳、乐山、眉山等地级市的四十多个县区，总面积约22900平方公里。

成都平原水利建设发达，战国时期就有李冰父子主

图2-2-12 岷江源头的都江堰宝瓶口

持修建的都江堰水利工程，位于平原西部灌县（即今都江堰市）的岷江之上（图2-2-12）。都江堰通过分水鱼嘴、飞沙堰、宝瓶口等工程，既消除了洪涝灾害隐患，又通过分流措施形成遍布成都平原的支流，构成发达的农耕灌溉体系。成都平原耕地集中连片，河渠纵横密布，农作物一年两熟或三熟，物产资源丰富，城镇聚落与乡村聚落都十分发达。古代都城成都历史悠久，文化经济发达，号称"天府之国"，在中国古代城镇建设中具有举足轻重的地位。成都也曾是益州治地，在唐宋时期的城市建设中即有"扬（州）一益（州）二"的美誉。川西平原经济发达，对外交通方便，城乡聚落较密集，县城与县城之间一般只有十余公里，场镇聚落就更加密集，往往间隔只有两三公里。

乡村聚落较之丘陵山地具有组团布局的特征，多户聚集在一起，并有竹林环绕形成组团的领地，这是成都平原地区具有特色的林盘聚落（图2-2-13、图2-2-14）。川西平原农村宅院及林木环境共同形成的田间盘状绿岛，也成为集生活、生产、生态和景观为一体的分散式复合型聚落单元。林盘的规模大小不

---

[1] （唐）魏征等. 隋书. 国子监,明万历22-23. 卷二十九. 志二十四.
[2] 民国19年《简阳县志》卷二. 舆地.

图2-2-13 川西乡村靠山的林盘聚落

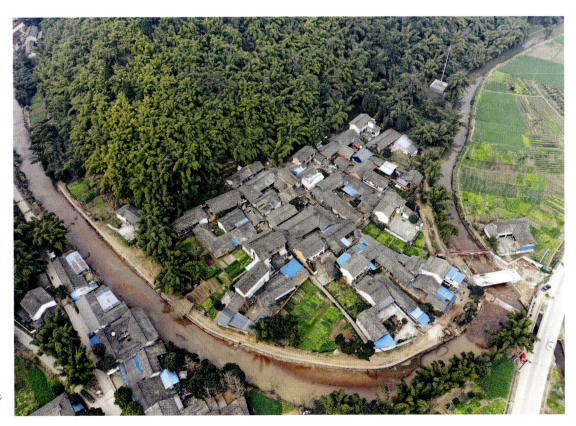

图2-2-14 川西乡村邻水的林盘聚落

一，但呈高密度的分布态势，规模小的是独户独院，常见的多三五宅院成群，规模大的也可十数户聚集。这与血缘宗亲和清代移民的家族聚居有关，不少成规模的林盘聚落都以家族姓氏命名。如川西平原西部的大邑县新民乡一带，就将林盘聚落称为"扁"，冠以姓氏称为牟家扁、杜家扁等，反映出浓郁的地域民俗文化特色。川西平原主要有岷江水系与沱江水系，若干干流、支流纵横交错，河流两岸林盘分布较多，或邻水或近水，有取水用水、交通运输等便利，河岸遍种竹木，形成风景优美的绿带，也构成丰富多彩的聚落自然环境景观。

川西聚落的建筑材料以木、竹、土、石应用最广，皆为就地取材。平原内竹类资源丰富，除生长于山林间外，乡村院落也都普遍种植。竹子不仅是制作各种生产生活用具的轻便耐用材料，也是用途广泛的建筑材料。竹材可做隔断或围护墙体，也可搭棚建屋，农家竹屋几乎全以竹材建造。麦草和稻草也成为不少乡村宅院屋面和墙身的覆盖材料，经济简朴、遮风避雨。地方传统工匠们还总结了一套有效的草屋顶覆盖技术，能较好地解决排水问题，防止材料腐蚀，经过合理维护的草屋顶可持续使用数年甚至更久。此外，川西各地都有桐树、漆树生长，盛产的桐油和土漆也是油漆装饰中广泛使用的建筑材料。

第三节　川西高原与川南山区聚落

一、西北部高原藏族聚落区

川西北高原地区为青藏高原东南缘和横断山脉的一部分，区内北部为丘状高原，地势平缓，广布沼泽，牧草繁茂，是川西高原最大的游牧区（图2-3-1），形成以藏族聚居为主的游牧聚落区。南部为高平原，丘谷相间，河流切割不深，形成高原谷地，农耕聚落环境集中在河谷地带，而谷坡地带森林茂密，聚落类型以半游牧聚落为主。游牧区牧民聚居地随放牧的时间季节变换，可灵活拆卸移动的帐篷形成居住建筑的典型特点。在水源条件方便的背风坡向建造固定的房屋，外围建木栅栏，抑或构筑牛羊等牲畜越冬防寒的棚圈，形成移动住居与固定住居相结合的空间布局模式。牧民的主要食物为牛、羊肉和奶、茶制品，牛羊皮毛、奶茶等制品通过驮运等交通方式对外进行商品交换，形成商贸聚集点，构成游牧聚落的文化经济活动中心。

以逐水草而居的游牧方式为生的藏民，夏季前往水草丰茂的夏季牧场，冬季回到背风向阳的冬季牧场，随季节变换迁徙，聚落也呈现大分散、小聚居的空间布局特征（图2-3-2）。从高原地区过渡到沿河台地，则利用较为平缓的坡地发展农业，在保留传统畜牧业的同时，形成半农半牧的生产模式（图2-3-3）。聚落建筑多沿台地边缘布局，留出耕地又靠近高山牧场，各户宅院之间的距离逐渐靠近，呈现出大聚居、小分散的形态特征。而位于小型冲积坝子以及山腰平缓坡地的藏族聚落，由于自然条件的变化及汉族农耕文化的影响，多以农业生产为主，聚落布局更显紧凑，宅院之间相邻但不相连，周边环绕耕作田地，便于日常劳作（图2-3-4）。

图2-3-1 高原雪山与牧区环境

图2-3-2 定居的藏族牧民聚落环境

图2-3-3 高原牧区聚落环境

图2-3-4 高原峡谷与聚落环境

二、高山峡谷藏羌聚落区

川西中部地区以高山平原和高山峡谷地貌为主要特征，山脉主要有岷山、巴颜喀拉山、工卡拉山、大雪山、邛崃山及沙鲁里山。区内包括阿坝州的马尔康、汶川、茂县、理县、松潘、九寨沟、金川、小金、黑水，甘孜州的康定、丹巴、九龙、雅江、乡城、巴塘、稻城等地，基本上位于金沙江、雅砻江、大渡河和岷江的中上游，海拔多在2000~4000米之间。本区域是典型的农林牧交错区，高山上有大片牧场，主要牲畜为牦牛、绵羊、山羊等，亚高山地区分布有成片的森林，经济林以苹果、梨、核桃和花椒为主，河谷地带开垦有条带状分布的耕地，种植玉米、小麦、青稞和土豆等农作物。

居住聚落主要分布在河谷地带（图2-3-5）和高半山区，民居形式以石砌平顶碉房为主（图2-3-6），而分布在林区附近的聚落，民居则多为木构坡屋顶形式。聚落结合民族地域与气候资源，创造出不同特色的民族聚落环境，尤以高耸的碉楼最具特色（图2-3-7）。

图2-3-6　兼具晾晒功能的碉房屋顶空间

图2-3-5　金川河谷的藏族聚落

图2-3-7　藏寨聚落与碉楼

碉楼是青藏高原高山峡谷地区特有的防御性建筑，其历史至少可以追溯到汉代以前。从大渡河流域到怒江流域都有分布，又以大渡河流域地区最为密集，类型最为丰富。碉楼有高碉、寨碉、家碉等不同种类，其功能除军事防御外，还具有精神象征的意义。这种历史悠久、建筑技术精湛的古老建筑，如今已受到越来越多的关注。

羌族聚落区主要包括茂县、汶川、理县和松潘的部分地区，与岷江上游干旱河谷区耦合，传统建筑则以石碉楼和石碉房为主。而藏族聚落区，根据民族文化差异和自然条件的不同，藏族聚居区内又可划分为以下几个亚区：康巴藏族聚落区、嘉绒藏族聚落区和安多藏族聚落区。

康巴藏族聚落区，包括康定、丹巴、雅江、九龙、木里、稻城等地，以藏语康巴方言为主，地处青藏高原东南缘，是青藏高原向四川盆地、云贵高原的过渡地带。自然生态环境具有高山峡谷地区的典型特征，境内雪峰高耸，河谷深邃，雪山与河谷之间的相对海拔悬殊较大。区内最高山峰是有"蜀山之王"美誉的贡嘎山，海拔7556米，谷地最低海拔为1042米，相对高差达6514米。正是由于这样的立体自然地理特征，许多地方呈现出"一山有四季，十里不同天"的立体气候带。在这一海拔高度起伏波动、气候条件垂直变化的区域内，造就了区内生物的多样性，也必然形成人们生产生活的差异性和文化的丰富性。

嘉绒藏族聚落区，包括马尔康、金川、小金、理县、汶川等地。嘉绒在藏语中的意思为"接近汉族而近溪谷"，嘉绒藏族即靠近汉族且居住于峡谷的藏族，有自己独特的语言，但使用藏文。嘉绒藏族的民族风情古朴动人，族人热情好客、能歌善舞。嘉绒藏区拥有地理文化碰撞中形成的艺术表达，既独特而又浓郁的艺术色彩装饰，体现在民居、民俗、文化等各个方面。他们的室内家具以及内外板墙上，多绘有五颜六色的花卉、鸟兽等图案；手工编织的藏毯，有着华丽的纹理与纹饰；

图2-3-8　木骨泥墙式的藏族建筑

已纳入国家非物质文化遗产保护名录的马奈锅庄，也独具嘉绒藏族的文化艺术气息。

安多藏族聚落区，包括松潘、九寨沟和黑水的部分草原地区，以安多方言为主。区域内地形起伏较为和缓，高寒湿润，草场丰富，以畜牧业为主，干旱河谷区相对较少，民居除少数石砌碉房外，大部分为木构建筑。如九寨沟地区藏族聚落的居住建筑，除了主体结构采用木构架外，建筑的内外墙体甚至建筑的屋面，都全部采用木材构筑。但建筑外观有下大上小的明显收分，并以悬山屋顶的山墙面作为正立面，整个建筑仍然具有藏式碉房的风格特征韵味（图2-3-8）。

三、川南山地汉苗聚落区

川南山区位于四川盆地向南侧云贵高原过渡的地带，南邻大娄山山脉，地形以低山、中山为主。区内江河溪流众多，主要河流有赤水河、古蔺河、永宁河、塘河等，由南向北汇入长江干流。区内属亚热带湿润气候区，冬暖夏热，日照充足，雨量充沛，农耕经济主要以旱地为主。聚落分布在低山及中山山地地带，并有民族聚落交融的特点，低山地区以汉族聚居为主，中山地区以少数民族聚居为主，尤以苗族为多。建筑以木构小青瓦坡顶为主要特色，墙体及屋面轻透、秀丽，便于通风散热。

分布于低山地区的聚落，既有集中聚居的场镇聚落，又有分散布局的乡村聚落，多位于近水或邻水的区域。或借水陆交通之便，便于发展商业贸易，或取水源充足之利，便于发展农业生产。场镇聚落多位于山脚溪河之畔，或顺河道等高线蜿蜒曲折，或依山势形成爬山街道，抑或借山头山脊上下起伏。场镇内多为一条狭窄的主街，各类祠庙会馆穿插其中，成为重要的公共空间节点，沿街建筑或吊脚、或出挑、或筑台，以适应变化的基地地形，建筑屋顶也随之叠、错、梭、拖，形成丰富的天际轮廓线景观。乡村聚落则分布于中低山各地，尤以保留在山林田间地头的众多大宅、祠堂最具特色，院落天井大小相连。受到移民文化的影响，部分村落具有家族聚居的特色，同姓家族的后人多分散居住于同一村落不远处，既保证了各自充足的生产生活资源，相对独立，又能形成有效的血缘纽带，促进家族成员间的合作互助。另外，与贵州接壤的叙永、古蔺等地，又是苗族分布较多的地区，乡村聚落多分散布局于深山老林等对外交通不便之地，建筑布局及空间形态呈现出别样的特征，体现出苗族特有的民族文化（图2-3-9）。

图2-3-9　川南叙永木格倒苗族聚落

第四节　城乡聚落环境风貌

一、气候环境与聚落风貌

（一）深出檐

四川盆地具有湿热多雨的气候环境特征，尤其是沿江地区，夏季高温闷热，相对湿度较高，室内外温差小，冬季又阴雨连绵，少有阳光照晒。因此，如何创造通风避雨的空间环境，是四川盆地传统城乡聚落营造适宜空间环境时需要考虑的重要因素。为适应这一特殊的气候环境，盆地内传统建筑多以屋檐出挑深远为特点，不论是乡村院落还是城镇店宅均是如此。而且，宅院正面多出挑两三个步架，出挑深度达两三米远，抑或增加檐柱形成宽敞的檐廊，不仅可以解决遮阳避雨的问题，而且成为活跃的生产生活空间。

（二）廊式街

在四川的传统场镇聚落中，除了伸出檐外，临街店宅还多利用檐下立柱形成宽敞连通的廊式空间，川人习惯称之为"凉厅子"，形象地反映出了檐廊的空间形态与气候环境的密切关系。场镇主街临街两侧的店铺都有檐廊连通，檐廊多进深3~4个步架，宽的甚至可达5~6个步架，街道空间与檐廊空间连为一体，形成宽大的凉厅子街（图2-4-1）。而广安的肖溪场（图2-4-2）、乐至县的薛苞场（图2-4-3）、犍为县的罗城（图2-4-4）、宜宾的越波场（图2-4-5）等，还形成了街道空间中间放宽、两头收窄的梭形平面，俗称"船形街"，更加扩大了街巷的空间尺度。气候环境的需要与商业环境的结合，构成了四川盆地独特的场镇街巷空间环境，"不湿脚可以走遍全街"的廊式街，也是传统场镇中积极的集市贸易活动场所。廊式街又与广东、广西的骑楼式街巷有所不同，它是适应四川气候环境与民风民俗环境下土生土长的聚落空间模式，而且具有悠久的历史。不过，近代的四川也有受到外来文化影响而形成的骑楼空

图2-4-1　川西成都黄龙溪廊式街

图2-4-2　川东广安肖溪场廊式街

图2-4-3 川北乐至薛苞场廊式街

图2-4-4 川南犍为县罗城廊式街

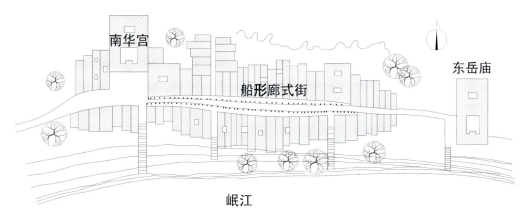

图2-4-5 宜宾越波场廊式街平面图（测绘于1984年）

间，如大竹县清河场就在传统场镇街巷的基础上改造形成骑楼式商业街。这类案例虽不多，但也反映了四川城乡经济发展以及对外文化经济交流带来的城镇风貌的发展演变。

（三）天井与抱厅

四川盆地的传统小城镇，临街店铺密集排列，家家户户临街的面宽普遍较小，一般大的多为三间，小的仅有一间或两间，面宽五间的极少。店宅的使用空间更多是沿纵深方向发展获取，形成窄面阔、大进深的天井式院落空间布局（图2-4-6）。这类天井往往开间进深都只有一间，加上四周屋檐出挑，庭院上空小如井口，故称"天井"。天井基本上以面宽一间为单位，不过也可根据实际情况形成进深或面宽两到三间的狭长形天井空间，这也是城镇聚落建筑高度集中形成的空间形态。有的店宅还在天井上空增加屋盖，通过屋顶的高低错檐组织采光通风，不但解决了湿热多雨气候环境下通风避雨的问题，而且创造了舒适的空间环境场所，这即四川民众喜闻乐见的"抱厅"空间（图2-4-7）。由于抱厅的多功能作用，其空间组合形式还广泛用于传统的客栈、书院等建筑群之中，如宜宾栈房街的客栈就普遍如此。

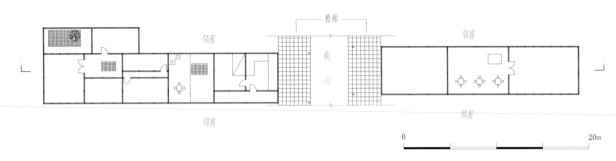

图2-4-6 廊式街与店宅空间关系图

图2-4-7 场镇的抱厅式店宅剖面示意图

二、祠庙会馆与城镇风貌

(一) 川主庙

川主崇拜源于四川地区对秦蜀郡太守李冰父子的祭祀,是以巴蜀治水文化为核心内容的民间信仰,以求川主保佑免于水旱灾害(图2-4-8)。川主信仰的祭拜场所为川主庙,因李冰被尊称为二郎神、清源妙道真君、万天川主、惠民大帝,所以川主庙的别称也很多,如川主宫、川王宫、二郎庙、清源宫、万天宫、惠民宫等(图2-4-9)。明清时期,川主逐渐发展为四川的本土乡神,尤其是清代以后,川主庙更是遍布四川的各个州县,而在巴蜀之外的川主庙则同时兼有川人会馆的功能。川主的祭祀活动分为官祭和民祭两类,都江堰每年举行的清明放水节即继承了官祭传统,民祭则主要是以庙会形式进行。每年六月二十四日李二郎诞辰以及六月二十六日李冰诞辰,四川各地都有举行川主会这一民俗传统。李冰父子因治水功绩显赫也被民间神话为"水神",因此祭祀李冰父子的川主庙也多与江河环境有关。有的地方就将庙宇修建于江河湖畔,同时具有斩蛟除妖之意,如大邑县新场镇的川王宫位于西河南岸(图2-4-10),都江堰的伏龙观则直接耸立于离堆之上。

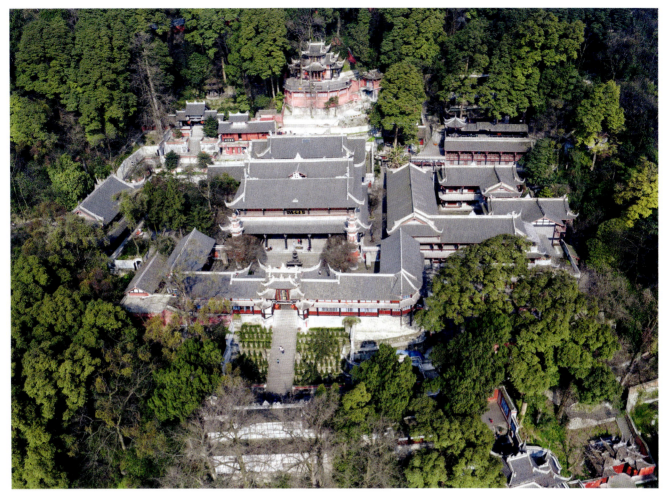

图2-4-8　都江堰工程纪念李冰父子的二王庙

图2-4-9　川南盛行的清源宫

图2-4-10　大邑县新场镇的川王宫

（二）文昌宫

以文昌信仰为特色的文昌宫，在四川的城镇聚落中十分普遍。文昌本是星名，亦称文曲星或文星，是我国古代对斗魁中六星的总称，被认为是司禄主文运的星宿，也即"文运之星""科举之神"。崇拜"文昌帝君"的文昌信仰从先秦至今，源远流长。而崇拜"梓潼帝君"的梓潼神信仰起源于东晋时期的四川梓潼县（图2-4-11），其早期与文昌信仰并无直接联系。宋理宗时封梓潼神为"忠文英武孝德仁圣王"，首次通过帝王的敕封，确定了民间信仰的梓潼神作为主宰文运科举职能之神的地位。元仁宗时又加封梓潼神为"辅元开化文昌司禄宏仁帝君"，新敕庙额"佑文成化"，以期人才辈出、文治昭宣、天下大化。至此，"梓潼帝君"与"文昌帝君"合而为一，俗称"文昌梓潼帝君"，文昌帝君崇拜也随之遍及全国。元明以后，随着科举制度的规模化和制度化，文昌帝君的祭祀也更加普遍。清代的四川不仅州县普建文昌宫，在规模较大的场镇也多有文昌宫、文昌阁或文昌祠的出现，甚至乡间书院和私塾也都供奉文昌神像或神位。文昌宫的空间形态也与四川其他祠庙会馆的形制相似，均以戏楼与大殿围合起来的庭院为基本空间模式，同其他会馆建筑群联系起来，共同构成四川城镇聚落风貌的特色。

（三）王爷庙

四川的丘陵山地之间江河纵横、水系稠密，泛舟行船成为古时重要的交通运输方式，因此传统城镇聚落的选

图2-4-11　绵阳的梓潼大庙

址布局大都与江河水系有关。而四川地形地貌复杂，江河多险滩之处，祈求水神保佑也是四川民俗信仰文化中的重要组成部分。所以，四川地区凡是靠近江河的城镇聚落，几乎都建有王爷庙，有的称为"龙王庙"，有的称为"杨泗将军庙"，但以王爷庙之称最为常见。王爷庙内通常供奉大禹、李冰、杨泗等，都与镇江治水有关。清代以后，随着四川社会经济的繁荣，王爷庙又兼有行业会馆的功用，逐渐成为水运行业从业人群的聚会议事之所，也是聚落环境中沿江河畔重要的标识性建筑群（图2-4-12）。

（四）火神庙

除了与水相关的信仰之外，四川地区还有与之相对应的火神崇拜。人们信奉火神的目的，也由初始阶段的感激火神带来益处，逐渐转向祈祷火神保佑防止火患。具体来说，清代四川火神的神职主要有两方面：光明洁净之神和家庭保护之神。《成都通览》记载有祭祀火神的《送火神疏》，即反映了火神的这两种神职，民众通过祈祷火神赐予光明和幸福的同时，也能护佑家庭免除火灾[1]。四川的传统城镇聚落中普遍建有火神庙，许多城镇往往同时设有火神庙与水神庙，如合江县的福宝古镇即是如此，在场头及场尾处分别建有王爷庙和火神庙（图2-4-13）。而有的城镇聚落中，火神与水神甚至共享一庙，同祭于一庙之中。清代的川西、川南火神庙特多，如川南的合江县的火神庙就有九座[2]，绵竹县也有东、南、西三座火神庙[3]。

（五）文庙

唐时文庙即已形成庙堂和学馆相结合的布局，将祭拜孔子与培养人才合为一体，兼具祭祀与教学的双重功能。因此，唐以来凡"县必有学，学必有庙"随之逐渐形成定式，文庙的选址布局、空间模式、功能组合等，也发展出一套完整严格的官方规定和要求。四川大部分地区丘陵山地地形复杂，文庙建筑群很难完整地遵照官方定式，往往在不违背大原则的基础上，结合实际地形环境进行适当调整，从而形成四川文庙的地域文化特色（图2-4-14~图2-4-18）。如在选址布局上，四川的文庙大多能够遵守坐北朝南的朝向模式，但有些州县由于地形地势环境限制，并未完全拘泥于此法，兴建于清嘉庆十七年（1812年）的宣汉文庙即坐东朝西，采用了适应地形环境的空间调整。四川县级以上的大中城镇，其传统聚落的整体空间形态几乎很难完整地延续下来，但如文庙一类重要的文化纪念建筑往往得以完整保留，成为城镇聚落发展演变的历史见证（图2-4-19、图2-4-20）。

图2-4-12　自贡王爷庙

图2-4-13　福宝古镇火神庙

---

[1] 傅崇矩. 成都通览（上册）[M]. 成都：巴蜀书社，1987：537.
[2] 清《合州志》卷八. 风俗.
[3] 清《绵竹县志》卷十八. 祠庙.

图2-4-14 犍为文庙总平面俯视

图2-4-15 犍为文庙棂星门与大成门

图2-4-16 犍为文庙大成门

图2-4-17 犍为文庙大成殿月台

图2-4-18 犍为文庙大成殿庭院

图2-4-19 崇州文庙与罨画池

图2-4-20 罨画池环境与景观

（六）移民会馆

清代的湖广填四川大移民中，来自全国十多个省区的移民入川定居，纷纷斥资兴建各自的同乡会馆。代表不同省区或地区的移民会馆，都有不同的祭祀对象，同乡移民汇聚于此，"以联桑梓之情，而使寄寓异地者，均不致有孤零之叹"[①]。随着四川经济的复苏繁荣，商业的发展兴盛，移民会馆逐渐凸显商业文化的特色，往往成为各大移民群体重要的行业议事场所。在四川传统城镇聚落中，会馆建筑空间尺度大，装修精致考究，既是聚落中重要的文化中心和商业中心，更是广大入川移民寄托乡思之地，在传统聚落中具有突出的文化风貌特色（图2-4-21）。

三、城镇聚落的标识性

过街楼与聚落节点标识。四川传统城镇聚落中多设有各式各样的过街楼，也是聚落环境中重要的标识性景观。传统场镇中的过街楼（图2-4-22），多位于街头巷尾或空间转折之处，往往与街巷两侧的建筑相互联系。或由街面两侧的建筑架空支撑，与内街形成围合之势，构筑起一段段相对独立的街巷空间，抑或一侧与临街建筑相连，一侧因地制宜倚靠崖壁堡坎或临水悬空吊脚，灵活适应地形完成半边街的空间转换。而在一些规模较大的城市聚落中，部分过街楼甚至与高耸的楼阁结合，成为聚落群体环境中的制高点。这种亦门亦楼的建

图2-4-21 自贡桓侯宫

---

① 民国《四川宣汉县志》卷三. 祀祠. 徐陈溟《重修禹王宫碑记》.

图2-4-22 自贡仙市古镇过街楼

筑形式，使得聚落的街道空间有开有合、隔而不断且变化有序，不仅可以满足街巷的功能划分，更能丰富街巷空间的趣味性，成为聚落环境中极具特色的空间节点。

门楼与聚落入口标识。中国的城镇聚落一直延续着传统城镇的空间格局，其显著的外部空间特征即城墙和城门的围合。四川山地的城镇也多采用这样的空间格局，同时又善于利用自然山水环境作为城镇的天然防卫屏障，许多以防卫为主的城镇聚落就选址于险要地势，与外围城墙、城门共同构筑起外部防御工事（图2-4-23）。除了标准的城门外，四川的传统城镇聚落亦善于借助城镇隘口、桥梁与城门的组合，形成独特的城镇风貌标识。清代的四川，以集市贸易为特征的场市聚落基本上不采用城墙围合的模式，但从防卫安全的角度出发，在街道两端的场口处多设置栅子门，将聚落入口与场市建

图2-4-23 松潘古城楼

图2-4-24　清河古镇栅子门　　　图2-4-25　泸县新溪栅子门　　　图2-4-26　资中铁佛场栅子门

图2-4-27　平昌县白衣古镇老街上的石牌坊

图2-4-28　开江县任市镇的陶制牌坊

筑连为一体（图2-4-24～图2-4-26）。栅子门的构筑形式多种多样，或以砖石构筑，或以版筑墙构筑，甚至以穿斗夹壁墙构筑。还有不少场镇的入口与祠庙会馆的山门直接结合起来，构成别具一格的场镇聚落入口标识。

牌坊与聚落文化环境。四川传统城镇的牌坊与牌楼也是富有特色的聚落环境标识。竖立牌坊是中国传统的文化现象，有着各种文化寓意的表达，如德政牌坊、贞节牌坊、孝子牌坊等，代表了不同的文化内涵。独立的牌坊在四川的城镇最为突出，多与城镇的入口环境结合起来，甚至与城门组合在一起。牌坊形态以石材构筑为特色，雕刻精美，浮雕、透雕、线雕应有尽有，文化艺术题材丰富，构成城镇特色的文化风貌景观（图2-4-27、图2-4-28）。

桥廊与聚落人文景观。四川山地城镇聚落与江河水系具有密切的关系，是生产、生活尤其是交通必不可少的资源环境。山地城镇的江河水系又是城镇的自然景观，人们善于将自然环境与人工环境相联系，形成城镇聚落的人文景观，构筑起山地城镇的人文环境风貌。其中，最具特色的是桥廊与城镇聚落的空间环境关系。根据材料构成的不同，四川城镇聚落的桥可以分为石桥与木桥两大类型，尤以石桥为多，从其构筑形态来看，主要可分为石拱桥和石板桥（图2-4-29～图2-4-32）。

图2-4-29 雅安上里古镇场口的石拱平桥

图2-4-30 成渝古道上的太平桥

图2-4-31 雅安上里镇的石拱桥

图2-4-32 资中罗泉古镇的子来桥

四川山地的江河水系因季节的变换,一年四季水位高差变化较大,桥面经常会遭遇短期内的洪水淹没,而石桥不怕雨水浸泡,又便于冲洗,因此在四川城镇聚落中极为常见且更具特色。在地形复杂的山区,还有悬空而设的索桥以适应险滩河流,构筑技术精湛且十分经济实用,如都江堰的索桥、巴中毛浴场的索桥等。

桥梁的建设不只是解决交通问题,而且也十分重视文化意识和文化技术的表达,甚至与民风民俗相结合。其突出的艺术表达形式是利用石材构筑石雕,以龙凤等具有民俗文化特色的题材为主,既高雅而又适应民间质朴的环境理念。如泸县城郊九曲河的龙脑桥,位于泸州至隆昌的古驿道上,桥墩上分别雕刻了麒麟、狮虎、青龙、白象等瑞兽,具有深厚的文化含义。而四川地区修建木桥则多有带屋顶覆盖的桥廊,既解决了遮风避雨的交通环境问题,又成为休闲甚至贸易交流的空间场所。因此,有的场市聚落就直接以桥来命名,如永川的双石桥和板桥,都是文化经济活跃的场市聚落。

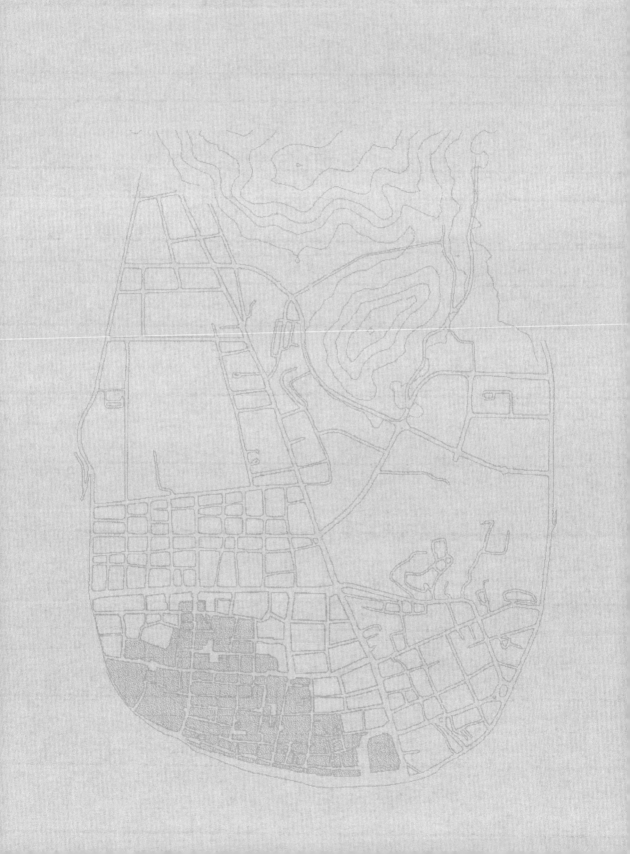

第一节　四川城镇聚落概况

一、传统城镇聚落的类型

四川的传统城镇多具有深厚的历史文化底蕴。随着历史的发展变迁，城镇的规模、形态都在发生着变化，从形制和空间形态来说，现存城镇聚落基本上都延续了明清时期的风格风貌。四川的城镇聚落大致可分为两类，即城市聚落与场镇聚落。按照城市的建制，清代四川的城市可分为府城、州城、县城等类型，其城市聚落具有中国传统城市的基本特征，即由城墙围合的外部空间形态。城墙又称城楼，顶部可以通行，四边均设有高大的城楼门，其规模形制也有着严格的要求。城市聚落的功能复杂，同时也是一个行政区域的政治、经济和文化中心。场镇则是四川地区一种特殊的城镇类型，它是适应乡村集市贸易发展起来的聚落场所，在清代时即称为"场"。随着地方行政建制的发展，一些场逐渐变更为乡或镇，因此统称为场镇。场镇以集市贸易为基本的功能特色，与乡村之间密不可分，广大乡村地区的文化商业活动都在此进行。场镇的空间形态也比较简练，商业一条街是其最基本的空间组合特征，且一般不设城墙，为了防卫安全多在街道端头设置栅子门。在特定的历史时期，一些经济发达的场镇也具有州县的管理职能，如清代资州的罗泉镇因盐业兴盛，官府就曾在此设置资州行政分署，负责周边几个县的盐政管理。

二、城市聚落与历史街区

四川的许多城市都是在府城、县城的基础上发展起来的，历史文化悠久。但随着城市的发展建设，城市的规模不断扩大，其功能和风貌也发生了很大变化。传统意义的古城形态难以完整地传承下来，只保留下一些具有历史文化特色的街区、地段和重要历史建筑，以及与传统聚落相关的历史文化环境，这也是当前传统城市聚落的普遍现状。20世纪80年代以来，四川有成都、自贡、泸州、宜宾、乐山、阆中、都江堰、会理八个城市被列为中国历史文化名城，绵阳、广元、雅安等二十多个城镇被列为省级历史文化名城，被列为历史文化街区、历史地段的数量则更多。而像阆中古城这种，传统的城市空间形态及环境都得以完整保存下来的城市聚落，实为罕见。

成都是第一批被列为中国历史文化名城的城市。在成都古城范围内，已发掘出大量古蜀时期的聚落遗址，如宝墩文化遗址、三星堆聚落遗址、金沙聚落遗址等，都是成都古蜀聚落文化的历史见证。成都的历史文化街区如宽巷子、窄巷子，都具有传统商业文化聚集区域的环境特色，重要的历史地段更是遍布成都。如反映蜀国文化的武侯祠，纪念唐代文人的杜甫草堂、望江公园薛涛井，以及帝王陵寝蜀王王建墓等，都是成都古城重要的历史文化地段，武侯祠、青羊宫、文殊院等古建筑群，均反映出清代的城市建筑风貌，而盐市口、骡马市、春熙路等街巷，都遗留有传统聚落的文化记忆。

成都的都江堰市，古名灌县、灌口镇，其得名即源于都江堰水利工程，1994年被列为第三批国家历史文化名城。作为"天府之国"的源头，都江堰水利工程更是灌县城市聚落不可分割的有机组成部分。都江堰边上纪念李冰父子的二王庙，最具都江堰工程代表意义的宝瓶口与伏龙观，沟通岷江两岸且极具地域文化技术特色的安澜索桥，以及反映灌县传统城市聚落文化习俗的城隍庙、耀奎塔等，都是灌县古城文化价值极高的历史地段。

自贡是以井盐文化经济为特色的城市聚落，其井盐历史源远流长，但直到民国时期才从富顺、荣县分离出来独立建市。虽然没有城墙围合的空间形态，但聚落环境相当独特，以盐场为核心，因山就势，形成相对分散的组团式城市聚落。随着历史变迁，盐场的功能逐渐减弱，但留下了诸多反映盐业文化的历史街区和地段。如因盐而兴的西秦会馆，曾是陕西移民的同乡会馆，自贡建市时一度成为政府驻地，现易为盐业文化博物馆，又如釜溪河畔的王爷庙，见证了自贡曾经繁荣兴盛的盐业运输发展，还有盐商富贾营建的三多寨、大安寨、永安寨等，都是具有历史文化特色的聚落环境。

三、城乡一体的场镇聚落

场镇是以乡村集市贸易活动为特色的场所，主要是清代湖广填四川大移民以来，适应乡村经济发展而形成的聚落形态。场镇的主要功能是服务乡村的商贸活动，其聚落形态既有城市聚落的商业功能特色，又有乡村聚落的文化经济特征。乡村地区的大宗土特产品，如山区栽培的中药材、盆地盛产的井盐等，都通过场镇集散销往外地，许多场镇因此成为重要的商品集散中心。对于场镇来说对外交通尤为重要，其选址布局多与水陆交通道路结合，不少场镇就是在交通驿站的基础上逐渐发展起来的。

场镇主街都是密集排列的商业店铺，居住与商贸融为一体的店宅模式是其典型特色。一部分场镇住户既在主街上经商，在附近乡村又拥有田产可以务农，尤其是一些大户人家，不仅在场镇上开设大量店铺，在场镇周边也修建不少乡村居住宅院。部分场镇甚至就是由地方大户主持建设发展起来的，或由一个大姓家族单独建设，抑或多个大姓家族合伙兴建。因此，许多场镇直接以家族姓氏命名，如广安县的肖溪场，就是清代由湖广移民而来的肖氏家族创建，邻水县的清河场，也是民国时期由国民党起义将领范绍曾主持重建，范式家族在清河场附近的乡村还另建有独立的居住宅院。

传统的场镇聚落在四川地区分布广泛，不少场镇至今还保持着完整的传统聚落形态与风格风貌，定期赶场的集市贸易活动也一直传承沿袭下来，继续发挥着传统场镇的商贸交易作用，承担着乡村地区文化经济中心的职能，极大地促进了传统场镇的保护和发展。

四、城镇聚落的区域特色

四川盆地在地形地貌上分为明显的三大区域，川西平原区（或称成都平原）、盆地丘陵区、川东平行岭谷区。结合文化特色，又可分为川西、川南、川北、川东四大文化区域，其中川东文化区包括重庆成为直辖市前的重庆大部分地区。按照新的行政区划来看，历史上的川东文化区域范围已大大缩小，川东川北的联系更显紧密。由于地理气候的差异，以及历史文化环境与社会文化环境的影响，四川盆地的城镇聚落既有共同的地域文化特征，又有不同的区域文化环境特色。

川西平原区历史文化悠久，成都古城又是古蜀国的核心区域。深厚的文化底蕴、富饶的物产资源，使得川西平原的城镇聚落分布较为密集，聚落规模较大，发展变化也快，林盘聚落的环境尤为突出，聚落的文化气息十分浓郁，凸显川西独特的文化品位。而在川西平原的边缘山地，传统聚落既有平原特色，又有独特的山水环境，河流纵横、山清水秀，具有独特的水乡聚落环境特色。

川南除丘陵山地的农耕环境外，自然资源也相当丰富，尤其是以井盐为特色的矿产资源最为集中，资中、富顺、荣县、犍为等地都是重要的井盐产地。城镇聚落的发展与独特的产业经济息息相关，如自贡就主要是因井盐产业而发展起来的城市聚落。川南地区又与云贵高原相连，许多城镇的形成即源于西南边境的重要交通贸易通道。川南还是历史上酿酒业极为繁荣的地区，因适宜的地理气候及水资源环境，形成了许多酿酒业发达的城镇。大小城镇甚至乡村地区，遍布酿酒作坊，宜宾、泸州、古蔺二郎等，都是因名酒而闻名的传统城镇聚落。此外，川南的一些城镇聚落还受到红军长征的重大历史影响，如古蔺县的太平古镇、二郎古镇，以及与四川连界的贵州习水县土城古镇等，都曾是红军四渡赤水的主战场，留下许多红色革命遗迹，其聚落环境又具有特殊的历史文化特征。

川北地区地形地貌丰富多变，既有丘陵坡地，盆地边缘又横亘有米仓山和大巴山，形成与中原相隔的自然边界，而往东的川东平行岭谷区则与现今的重庆相连。古代的川北与中原联系相当密切，剑门关即中原联系四川的重要关口，广元市、剑阁县、昭化古城都曾是川陕古通道上重要的城镇聚落，清初大移民时期又有大量移民在此聚集。在川北一带地形复杂的山地上，城镇聚落依托嘉陵江水系发展，秦汉以来形成的古驿道与水路通道交叉连接，构筑起川北地区的城乡交通网络。川北地区也曾是中国工农红军的根据地，许多城镇聚落还保留有红军时期的革命遗迹，形成具有革命历史影响的城镇聚落环境。

第二节　川西城镇聚落

一、因水利而兴的都江堰

都江堰市原名灌县，县治所在地为灌口镇，位于成都平原西北岷山山脉边缘。灌县地处古蜀族活动中心，古蜀国的建立和发展与灌县有着密不可分的关系。灌县也是一座历史文化悠久的水利名城，早在秦昭王后期，蜀守李冰即在此凿离堆穿二江，创建了举世闻名的都江堰工程。

秦至宋元时期，市域内先后设置过湔县、都安县、晏官县、汶山县、灌宁县、盘龙县、导江县、齐基县、青城（清城）县等。今市区所在地曾为湔县（三国蜀汉）、都安县（西晋、北周）、汶山县（北周）、盘龙县（唐）、灌宁县（唐）以及镇静军（唐）、永康军（北宋）、永康砦（南宋）及灌州（前后蜀）、元灌县（明）等治所（图3-2-1、图3-2-2）。1988年更名为都江堰市，1994年经国务院批准列为国家历史文化名城。

都江堰水利工程主要由鱼嘴分水堤、飞沙堰溢洪道、宝瓶口进水口三大部分以及百丈堤、人字堤等附属工程组成（图3-2-3~图3-2-5），科学地解决了江水自动分流、自动排沙、控制进水流量等问题，既消除了水灾隐患，又满足了良田灌溉。可以说，川西平原的富饶与都江堰水利工程息息相关（图3-2-6）。至1998年，都江堰水利工程的灌溉面积达66.87万公顷，灌溉区域辐射40余县。

飞沙堰位于金刚堤下游，与人字堤相距约200米，古名侍郎堰，又名中减水、减水河或平水槽，是都江堰的主体控制工程之一，用以泄洪排沙。岷江水经鱼嘴分流进入内江，经此堰平衡后再入宝瓶口，而多余的江水则自动溢过堰身回归正流。夏秋大水之际，当内江水量超过宝瓶口流量上限时，洪水至虎头岩折而向南，涌向对岸飞沙堰，夹带泥沙由堰泄出，巧妙地运用了"正面引水，侧向排沙"的科学原理。

宝瓶口是在古湔山向南延伸的虎头岩低伏处开凿出的豁口，左岸为虎头岩，右岸为离堆，中间为控制内江进水的水口，因形似瓶口而得名。宝瓶口通高约13米，底宽约17米，上宽约43米，长约80米，是内江引水的咽喉工程，与飞沙堰、人字堤共同作用以控制内江引入水量，是内江"水旱从人"的关键所在，也是确保

图3-2-1 都江堰与城镇关系图（来源：乾隆《灌县志》都江堰图）

图3-2-2 灌县县治图（来源：乾隆《灌县志》县志图）

图3-2-3 都江堰鱼嘴现状鸟瞰

图3-2-4 都江堰工程与城镇关系图

图3-2-5 都江堰工程远眺

图3-2-6 都江堰水利灌溉全图（来源：《四川历史文化名城》）

图3-2-7 纪念蜀主李冰的都江堰二王庙

成都平原用水安全的重要屏障。

　　二王庙坐落于都江堰首岷江东岸的玉垒山麓,是纪念李冰父子的专祠,因川人崇奉李冰为川祖,故而又有"川主庙"之称,清乾隆《灌县志》又记为"二郎庙"[①]。明朝末年,二王庙毁于战火,于清同治、光绪年间陆续恢复重建,民国年间再次遭遇火灾,仅存清乾隆年间所建的庙前牌楼门及戏楼,其余部分皆为民国火灾之后重修(图3-2-7~图3-2-11)。

　　二王庙是四川地区最具山地特色的纪念祠堂,整体建筑群背靠玉垒山,面向岷江水,形成坐东朝西的空间布局(图3-2-12)。从入口的山门到最后的老君殿,垂直高差近50米,建筑空间处理别具匠心,既有轴线对称的庄重性以满足纪念祠堂的秩序需求,又有转折变换的灵活性以适应复杂多变的地形环境(图3-2-13)。二王殿作为建筑群的核心部分,布局在山腰台地上,高出岷江步道上的山门20余米。山门又有上西山门和下西山门之分(图3-2-14),其中以下西山门最具特色。下西山门紧邻江岸步道,西面可与横跨岷江的安澜桥连系,进入山门后(图3-2-15)折而向北,迎面的第二道门为架空的乐楼。穿过乐楼沿垂直等高线的爬山梯道

---

① (清乾隆)灌县志. 卷之首. 图绘. 都江堰图.

图3-2-8 二王庙入口牌楼门

图3-2-9 二王庙戏楼耳房吊脚楼

图3-2-10 二王庙李冰殿

图3-2-11 二王庙戏楼内院

拾级而上，正对崖壁台地上的三官殿（图3-2-16），道路于此再次转折，南有"深淘滩，低作堰"的崖壁石刻（图3-2-17），北接爬山梯道继续向上，迎面即可仰视灵官楼。过灵官楼后进入二王殿照壁广场，折而东转拾级而上，通过梯道尽端的牌楼式山门方才进入主体殿堂院落。建筑群的入口流线组织顺应山地地形转折变化，通过多重过街楼式殿堂引导节点转换，利用路径变换将自然景观与人文景观有机融合，道路曲折迂回，殿堂层层升高，极大地强化了视觉冲击力感受。

二王庙的主要殿堂构筑在高大的台地之上，牌楼式山门依靠垂直陡峭的爬山梯道烘托出壮观的空间环境气势。同时巧妙地运用空间尺度的转换，强调宏大的内部空间环境，如爬山梯道通过小尺度的架空戏楼连接，由此穿行而过，迎面是横向展开的宏大院落空间以及主体建筑二王殿，这也是典型的小中见大的山地园林空间手法。此外，二王庙还利用不同的建筑空间组合形态组织内部空间功能，典型的手法是勾连搭的空间组织模式。勾连搭在北方的居住建筑中较为普遍运用，在巴蜀地区则主要用于祠庙会馆等建筑之中，既适应纪念建筑内部大空间的需求，又能构筑起宏大的外部空间形态。

伏龙观又名老王庙、李公庙、灌口庙、伏龙寺、李公祠等，也是纪念李冰的专祠，因李冰父子降伏孽龙的传说而得名。《宋蜀文集成》载："李冰去水患，庙留于离堆。"宋范成大《离堆行》也有："残山狼石

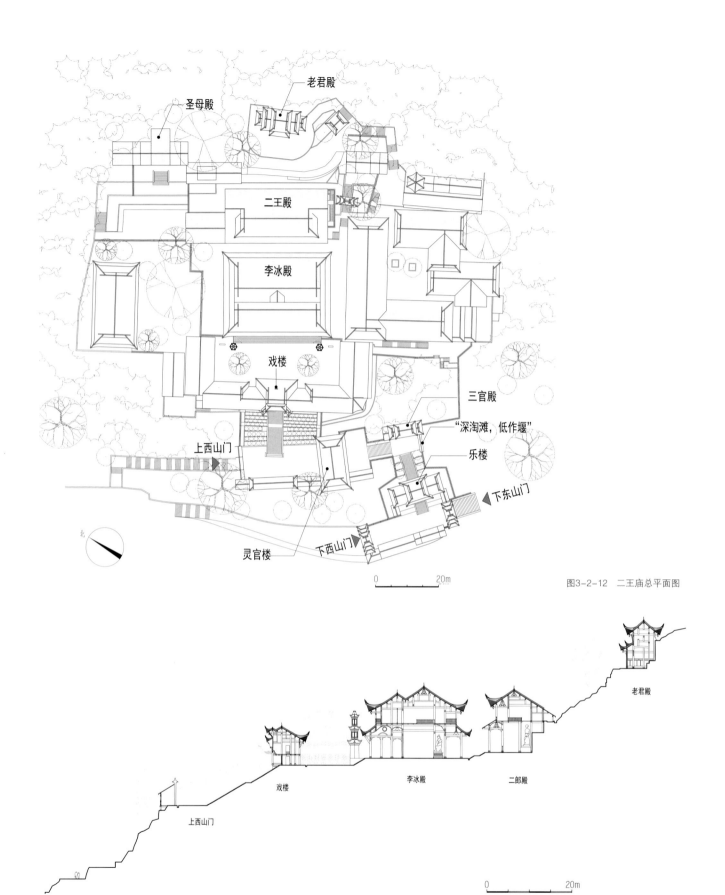

图3-2-12 二王庙总平面图

图3-2-13 二王庙剖面图

图3-2-14 二王庙上西山门

图3-2-15 二王庙下东山门

图3-2-16 二王庙三官殿

图3-2-17 二王庙步道上的题刻

双虎卧,斧迹鳞皴中凿破。潭渊油油不敢唾,下有猛龙拴铁锁。"[①]伏龙观位于宝瓶口右岸的离堆之上(图3-2-18、图3-2-19),三面悬崖,峭壁如削,高出水面20余米,合院建筑群简练大方,与崖壁组合愈显雄伟庄严,而与殿堂相连且布局自由的八边形楼阁点缀其中,又极具山地纪念园林的风貌特色。整个建筑群共三重殿宇,坐西北朝东南,依离堆山脊而建,轴线清晰,主次分明。大殿祀李冰石像,二殿祀李二郎像,三殿为重廊和殿阁组成的四合院,曲折回环。另有望江亭与观澜亭,既可登亭远望,西岭雪峰、青城秀色、古堰雄姿尽收眼底,又能俯视江水,甚为壮观。

城隍庙位于玉垒山南麓,背山面城,始建于明代,清乾隆年间重修,现存建筑则为1978年重建,由多座主殿、配殿及牌坊组成。整个建筑群坐北朝南,依山势而建,可分为上下两区,上区以城隍庙为主,下区以十殿为主。十殿位于爬山梯道两侧,左右对称、错落有序,歇山屋面飞檐起翘、别致壮观(图3-2-20、图3-2-21)。

除了水利设施、建筑组群外,古堰名桥也是都江堰聚落环境中富有特色的重要组成部分。都江堰城内渠堰纵横,自古桥梁众多,如安澜索桥、南桥、廊桥、离堆

---

① (南宋)杨万里. 杨万里范成大诗选[M]. 成都:巴蜀书社,2001:108-109.

图3-2-18 都江堰伏龙观与宝瓶口

绳桥、太平桥（今蒲柏桥）、锁龙桥（今走马桥）、将军桥（宋护城河桥）、玉带桥（原为廊桥）、五桂桥（马桑河上古桥）等，其中又以安澜索桥、南桥、离堆绳桥最为著名。安澜索桥又名"夫妻桥"，古名"珠浦桥""平事桥"，位于都江堰渠首的金刚堤之上，横跨内外二江连通两岸。明末时毁于战火，清嘉庆八年（1803年）仿照旧制重建，其时以县令吴升和邑人捐款为助。"桥长九十四丈，高七丈，宽八尺"，桥身以竹缆拉结，以木板为桥面，旁以竹索为栏，两岸行人可安渡狂澜，故取名"安澜桥"。南桥原名"凌云桥"，清时易名"普济桥"，是跨于都江堰宝瓶口下游内江之上的木桥，因战乱、洪水等原因屡遭损毁，前后经过多次修复和重建。

图3-2-19 都江堰伏龙观与离堆环境

图3-2-20 俯视都江堰城隍庙十殿

图3-2-21 都江堰城隍庙十殿

图3-2-22 洛带古镇十字街口

二、客家移民洛带镇

洛带古镇位于成都平原东郊龙泉驿境内，历史上曾是成渝古道上扼成都物资西进东出的商贸重镇（图3-2-22）。古镇历史悠久，"洛带"之名有着诸多传奇故事，且都与蜀汉三国时期有关，据咸丰县志载："相传武侯落带于此因名"[1]。关于何时将"落带"易为"洛带"虽无法考证，但也反映出传统聚落的发展演变与民俗文化之间的密切关系。清代，洛带古镇称为"镇子场"，俗名"甄子场"，隶属于简州，民国时期划归简阳县，如今则隶属于成都市龙泉驿区。

古镇地处龙泉山东麓，西侧是一望无际的成都平原，东侧有南北连绵数百里的龙泉山脉。"镇外即分栋山（龙泉山古称），周袤数百里，其路最险，乃捷径也"[2]，翻越分栋山即联系简州的捷径（图3-2-23）。从

图3-2-23 清代洛带镇与简阳的交通关系图

---

[1]（咸丰）简州志. 卷三. 地舆志. 关镇.
[2] 同上.

古镇往西，经石灵寺、赖家店、跳蹬河等地可方便地到达成都城；从东面的上场口，经清灵寺、万兴场，可至五凤溪；从清灵寺经万兴场、周家场、养马河、石桥铺，便与成渝古道的东大路相连。洛带是简阳至成都贸易通道的重要枢纽，内江的白糖，资阳的烟酒，五凤溪的盐油以及成都的粮食、油料等物资，都经由洛带运输中转，洛带也因交通兴盛而发展为重要的商业贸易集散地（图3-2-24、图3-2-25）。

洛带也是一个极具移民文化特色的传统聚落。清初以来的湖广填四川，来自全国多个省区的移民汇聚于此，尤以广东、福建一带的客家人居多。客家人聚居的洛带古镇，一直延续着异地的文化习俗，尤其是保持了浓郁的客家方言，其建筑形式也保留着客家文化特色（图3-2-26）。民国时期，客家人还在场镇内修建了文化公园，这在四川地区的传统场镇中实属少见，反映出客家聚落文化的环境氛围。

清代以来兴盛的洛带场镇一条街，长达1公里之多，较之常见的乡村场镇规模更大。这一街道空间模式一直延续至中华人民共和国成立前夕，后又逐步对街巷进行了维修和拓宽改建，至20世纪80年代，场镇规模扩大，发展为多条街巷的场镇聚落，但传统的老街空间格局基本上完整地保存下来。传统的主街分为上街和下街，又有糠市巷、北巷子、凤仪巷、槐树巷、柴市巷等老巷子与之密切相连。老街聚集了各类商业店铺，建筑功能布局采用传统的前店后宅的空间组合模式，临街店铺建筑多面阔三间，部分面阔五间（图3-2-27）。宅院进深特别大，沿轴线进深三、五个院落天井的不在少数，反映出洛带古镇的文化经济实力。街道宽度5米

图3-2-24　洛带古镇主街鸟瞰

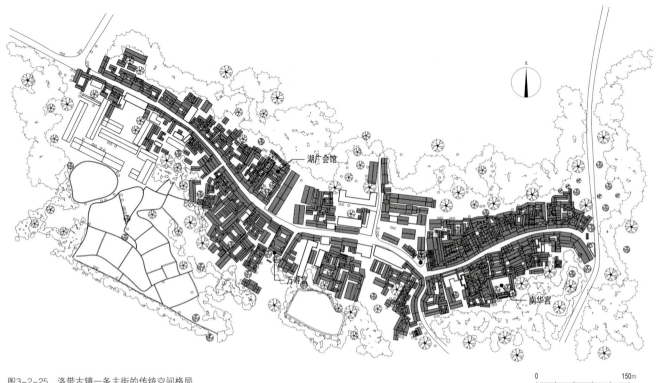

图3-2-25 洛带古镇一条主街的传统空间格局

以上，也较一般场镇的街巷尺度宽敞。穿斗木构架的店宅朴实大方，起伏变换的封火墙尤其突出。封火墙形式也十分独特，无论是祠庙会馆还是店铺住宅，都喜欢采用大尺度的弧形封火墙，既融合了移民建筑文化元素，又具有洛带的地域文化创新特色（图3-2-28、图3-2-29）。

古镇的十字街口为扩大的街心广场，广场中心遗存有文化特色浓厚的字库塔。塔采用六边形重檐楼阁式，青砖楼阁仿木构建筑风格，须弥座台基，六角攒尖顶，塔身扶壁倚柱，檐下木构挂落，比例匀称，造型精美，既是古镇的公共活动中心，又是洛带老街一道特色的文化景观（图3-2-30）。

图3-2-26 洛带传统老街与南华宫

图3-2-27 洛带古镇老街店铺

图3-2-28 洛带街巷封火墙

图3-2-29 洛带街旁的水景观

图3-2-30 洛带街心的字库塔

图3-2-31 洛带江西会馆（万寿宫）与街巷环境

场镇上最具文化特色的当属移民会馆，至今还有保存完好的江西会馆和广东会馆、湖广会馆三大主要会馆。会馆建筑在场镇街巷空间中尺度宏大，建筑装修讲究，风格风貌独特，空间轮廓线突出，成为洛带古镇的重要地标。江西会馆又名万寿宫，位于古镇上下街交汇处，兴建于清乾隆年间。平面布局坐北朝南，但由于会馆坐落于街道西南面，使得整体建筑群背向街道（图3-2-31），因此临街不设出入口而采用牌楼门式封火山墙，空间尺度特别宏大，青砖砌筑的山墙面上布满精美砖雕，在整个街巷中显得尤为突出（图3-2-32）。江西会馆还采用了大小不同的两个戏楼空间，第一进院落不设戏楼，而设在第二进院落，与正殿相对，戏楼尺度小巧，庭院装饰精致，是不对外开放的重要商业文化空间（图3-2-33）。而最南边则设置了大型戏台，对外开放，戏楼可能为后期加建，但也已形成一种特色的空间组合模式。

图3-2-32 洛带江西会馆（万寿宫）临街封火墙

图3-2-33 洛带江西会馆小戏台庭院

图3-2-34 洛带广东会馆（南华宫）

广东会馆位于上街，始建于清乾隆年间，现存建筑为民国初年重修。会馆坐北朝南，位于街道西侧，形成正殿背向街道的空间布局模式（图3-2-34），但与江西会馆不同，广东会馆正殿的西侧有入口廊道形成的侧门与街道联系（图3-2-35）。整体建筑群由三进院落组合而成，按空间布局特色可分为前后两大部分。第一部分是由戏楼、前殿与两侧厢楼组成的大型庭院空间（图3-2-36）。前殿有看戏议事的功能，又俗称看厅，两侧厢房一楼一底，开敞的二楼是看戏的厢楼，也称看厢。看厅与两侧耳房面阔七间，两侧看厢的面阔也是七间，与戏楼及耳房围合起来形成近30米见方的

图3-2-35 洛带广东会馆临街小巷入口

图3-2-36 洛带广东会馆大殿庭院

巨大庭院。第二部分是由三重大殿组成的两进院落空间。大殿空间尺度高大，两侧又有天井庭院相拥，构成一主两副的轴线空间，加之大殿两端耸立的封火墙，殿堂空间更加凸显（图3-2-37）。而且三大殿的空间组合紧凑，前、中、后殿均面阔五间，两侧皆有厢房围合，形成面阔三间的庭院空间。三大殿的空间形态又各具特色，前殿采用四川移民会馆看厅常见的卷棚屋顶，中殿为硬山屋顶，后殿则采用了三层楼阁的歇山顶。屋顶形式多样、起伏叠落，又以绿、灰、黄不同的屋面材料色彩加以渲染，构成丰富的天际轮廓线，建筑格调愈显富丽堂皇。同时，顺应三大殿堂连续起伏而又富于变化的弧形封火山墙，轮廓优美而又凸显客家建筑的风貌特色。从规模尺度、空间形态、风格风貌来说，广东会馆都别具一格，是洛带古镇突出的地域文化标志。

湖广会馆又名禹王宫，兴建于清乾隆年间，民国时期重修。会馆位于下街东侧，入口大门正对街道，整体建筑群采用坐北朝南的空间布局（图3-2-38）。纵向进深分为三进院落，第一进为标准的戏楼庭院空间，由戏台、两侧看厢及正面的看厅组成；看厅与大殿之间由横向展开的天井式院落衔接，原有看厅应为开敞式空间，如今已经封闭围合，估计为后期改建形成；第三进院落尺度较小，主要是会馆的辅助空间。会馆入口由街道经戏楼下空进入，这是巴蜀城镇会馆中常用的空间组合模式，其特别之处在于临街的正面山门采用云形封火山墙形式，建筑风格尤为独特，在四川的会馆建筑中比较少见（图3-2-39）。

三、商业集散码头元通镇

崇州市元通古镇地处川西平原与邛崃山脉过渡带的环

图3-2-37　洛带广东会馆三大殿与弧形封火墙

图3-2-38 洛带湖广会馆与街巷环境

图3-2-39 独具特色的洛带湖广会馆（禹王宫）入口山门

山平坝地区，整个古镇位于平坝之中，远眺西面和北面是起伏延绵的邛崃山脉。文锦江、味江、泊江三江在此汇于西河，流经新津龙王渡后进入岷江。西河由西北流向东南，长达2000余米的元通古镇就位于西河东北岸，历史上曾是重要的航道码头，河道两侧环绕万亩良田，农业经济发达，使之成为成都平原东北部重要的商业贸易中心（图3-2-40）。古镇有记载的历史长达1600多年，清代建场以来更是商贾云集，舟楫往来不断，镇上居民多达上千户，逢一、四、七赶场一直延续至今（图3-2-41、图3-2-42）。

元通古镇航运方便，古桥较多，保存最好的是沟通双凤街与麒麟街的石拱桥，名永利桥。规模最大的则是清光绪年间兴建的铁索桥，名汇江桥。一百多米长的桥面横跨西河东西两岸，可惜此桥遭到毁坏，如今重建的桥梁虽不见当年风貌，但历史的记忆犹存。古镇主要街道都沿江面布局，顺应河流转折变换（图3-2-43、

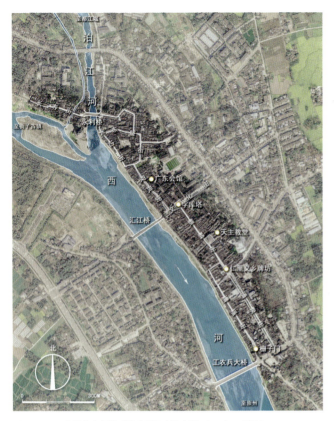

图3-2-40 元通镇空间关系示意图（底图来源：Google卫星图）

图3-2-44），有半边街、双凤街、麒麟街、玉龙街、东盛街、增福街、长寿街等。众多街巷中，麒麟街与双凤街是最主要的街道，两条街道平行于西河，在十字相交的路口转折相连，而双凤街更靠近江面。在麒麟街与双凤街转折相交的北端，有五重檐高的字库塔，为石构楼阁式建筑风格，是成都平原不少传统场镇典型的文化景观，成为川西传统场镇聚落的标志性特征。

街道遗存的重要建筑可以反映不同的时代特征，元通古镇大量的移民会馆是其移民社会特征的突出表现。古镇原有广东会馆、湖广会馆、陕西会馆、江西会馆等，现在遗存最好的是位于双凤街的广东会馆。会馆在街道的东北侧，坐东北朝西南，与西河及远处的邛崃山脉形成视觉对景关系，临街是高大的牌楼式山门，庭院两侧高耸的封火墙，在整个双凤街中显得格外突出。麒麟街的中段北侧有规模不大的天主教堂，相传昔日是通过深邃的巷道进入，如今拆除了巷道及相邻建筑，形成开敞的福音广场（图3-2-45）。其拱券式的入口门脸具

图3-2-41 元通古镇双凤街与南华宫（广东会馆）

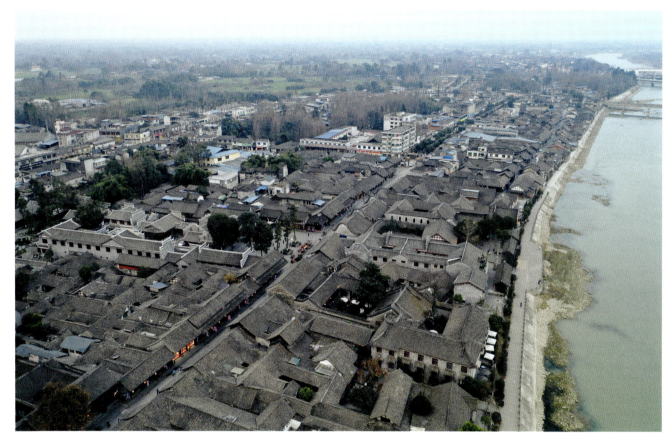

图3-2-42 元通古镇沿江俯视

图3-2-43 元通古镇与西河水系

图3-2-44 元通镇与西河堤岸

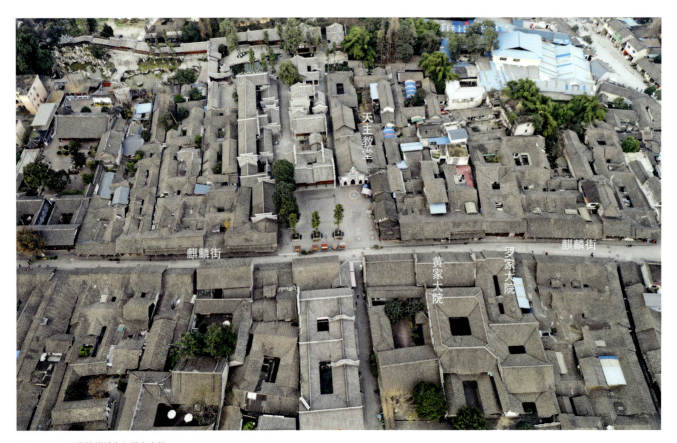
图3-2-45 元通镇麒麟街与教堂广场

有明显的外来文化特征，反映出元通较早受到的近代建筑文化影响。

古镇沿街的店宅多为天井式院落空间组合。双凤街的地段相对狭窄，店宅垂直街道进深多为一到两个天井（图3-2-46），背面临江多采用筑台的建筑手法。麒麟街地段较宽，临街店宅建筑进深较大，可达三五个天井院落，既反映出平原地区场镇与山地场镇不同的空间尺度环境，又是川西平原传统文化经济繁荣的体现。元通的店宅建筑以穿斗木构架为基本构筑特征，大户人家的店宅两侧都有厚重的封火墙（图3-2-47），形成元通街巷的基本风格特色。同时，因近代建筑文化的影响，许多大户宅院也采用砖木结构，建筑尺度高大且内部二层

图3-2-46　双凤街景

图3-2-47　麒麟街罗家大院

庭院形成走马转角楼的风格，如罗家大院、黄家大院都不同程度地反映了近代建筑的风貌特色。

古镇最有商业文化特色的是各式各样的庙会。元通有起源于明代的清明会，因繁荣的航运经济，使之声势逐渐浩大，并于清乾隆年间成为川西第一大会。清明会本名"劝农大会"，意即"清明会时节劝课农商"，目的在于促经济繁荣，保一方平安。每年清明会的持续时间可长达一个月之久，演戏娱神是最重要的文化活动，往往与赶场结合起来，形成场镇中最热闹的场面，这种富有地方特色的民俗商业文化活动至今仍在延续。

四、川西坝子边缘街子镇

街子镇历史悠久，原是五代时期的"横渠镇"，因横于味江河（今西河）河畔而得名，到明代仅留下味江河边上的一条街道，有建于清道光年间的字库塔、明代水井及唐代诗人唐求的故里。随着乡村集市贸易经济的发展，民国时期（1940年）在此设立场市，名街子场。2008年汶川大地震中，场镇受到重创，之后纳入四川省，将其震后重建规划，经过建设发展，街子古镇成为四川特色文化旅游小镇（图3-2-48）。

街子镇位于四川盆地西侧的坝子边缘，既有川西坝子的地理区位优势，又有山清水秀的山水环境资源。江城街是街子古镇的老街，街道顺应西河岸呈南北走向布局（图3-2-49），其西边和北边都是群山环抱的山峦（图3-2-50）。西侧有凤栖山和笔架山，北侧远眺是全国著名的道教圣地青城山。东南面是一望无际的川西坝子，距离川西平原中心的成都仅有60公里，北面与青城山之间的距离也不到10公里。

图3-2-48　川西坝子崇州街子镇

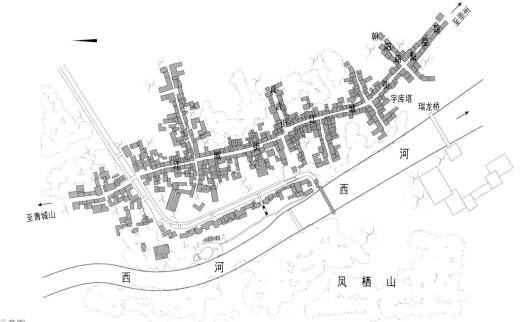

图3-2-49 街子古镇老街巷空间示意图

图3-2-50 街子古镇与山水环境格局

街子镇的水资源也十分丰富，南北走向的老街与凤栖山之间有由北向南流淌的西河（图3-2-51），河道以西紧靠陡峭挺拔的凤栖山麓，河道以东则是一马平川的平原坝子。西河水流清澈、水势平缓，堤岸不高，具有较好的亲水环境。老街北侧又有由东向西的清泉水流横穿江城街，然后转而由北向南与西河平行，再经跨河渡槽向西流淌，颇有早期横渠镇的历史韵味。西河上架有多座桥梁（图3-2-52），多采用廊桥形式解决东西两侧的交通联系，又是休闲观景的理想场所，街道旁侧的水渠之上还有数座横跨的石板桥及石拱桥。场镇山边有水，街内有水，具有川西水乡聚落的环境特色（图3-2-53）。

老街建筑多为一楼一底，临街开设各类店铺。街道空间较为宽敞，两侧遗存的传统天井院落不多，多数建筑临街，为传统坡屋顶形式，背街则穿插有砖混结构的现代楼房。整齐的临街店铺应是经过风貌整治而成，但整体环境还是保持了传统街巷的空间格局，也算是传统聚落灾后重建的一种模式（图3-2-54、图3-2-55）。

老街建筑虽然已有诸多变化，但也留下了不少历史文化古迹。除了传统民居之外，街子镇还保留有御龙桥、古码头、八角井、古县城衙门、唐公祠、光严古寺等建筑及景观遗存，成为古镇珍贵的历史文化记忆。其中最有特色的是建于清道光年间的字库塔（图3-2-56）。五重檐的楼阁式字库塔高约15米，塔身平面呈六边形，以砖石砌筑，仿木构建筑风格，屋檐出挑及砖雕门窗挂落精致细腻，整体比例细长且格外刚劲有力。这是川西一带场镇典型的文化景观，也成为街子古镇的文化标志。

古镇现在的规模发展很大，因在青城山的后山，气候凉爽而环境优美，成为川西重要的文化旅游基地，老街与新镇之间有自然耕地形成不规则的绿化隔离带，新旧之间既分隔也联系密切，街上保持较好的文化商业环境。这种对于新与旧的可持续发展关系处理，是一条值得探索的路子。

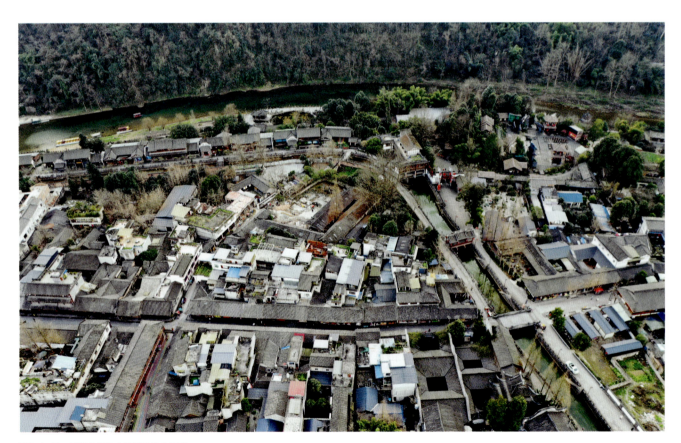

图3-2-51　街子古镇水乡城镇特色的环境

图3-2-52 街子古镇西河水岸与跨河风雨桥廊

图3-2-53 泊江街水渠风貌

图3-2-54　街子古镇江城街

图3-2-56　街子古镇五重檐的字库塔

图3-2-55 街子古镇江城老街

五、山地林区河岸望鱼乡

望鱼乡位于雅安雨城区南部周公河上游河岸，距离雅安县35公里，是因驿站交通和集市贸易发展起来的传统场镇。望鱼乡的得名在民间有不同的传说。一种是说因街道建筑坐落在河岸的台地巨石之上，南来北往的行人在此歇息，可观望周公河中的游鱼；另一种则是说因老街所处的巨石台地形如一只猫守望着河边的鱼。两种说法都反映了望鱼乡老街与地形环境有关的选址布局特色。

望鱼乡规模不大，是四川地区典型的场镇一条街模式（图3-2-57）。街道长不过300米，历史上茶楼酒馆，店铺作坊，应有尽有。场镇老街选址于依山傍水之处，坐落在周公河岸的靠山台地上，整体平行于等高线布局（图3-2-58、图3-2-59），靠近河岸又与河面形成较大的高差。由于陡峭河岸上的台地最适宜场镇老街的布局，因此场头场尾都要通过上百级爬山梯道进入老街。这是适应沿江山地地形环境的选址布局特征，既能较好地避免洪灾，又形成易守难攻的地形优势。在古代的山区场镇，这样的选址布局具有积极的意义。沿河竹林茂密，周边山峦起伏，森林资源丰富，至今仍然保持着很好的自然生态环境格局（图3-2-60）。

场镇街道与建筑的空间布局也有特色。街道平行于周公河呈南北走向。一条石板路贯穿全街（图3-2-61），沿街两侧的店宅则顺势呈东西朝向，其布局形态完全适应山地场镇的街巷空间及地形环境。街道临周公河一侧地形陡峭，场地极为有限，建筑进深不大，多不设天井院落，建筑向竖向空间发展，沿街店面一楼一底，呈下店上宅的功能布局模式。有的店宅充分利用沿河陡峭的地形特征，采用下吊的方法，形成吊脚楼空间，吊脚楼可堆放杂物，圈养牲口，临街二层，临江外部却有3~4层楼高的空间环境气势

图3-2-57　望鱼乡场镇一条街

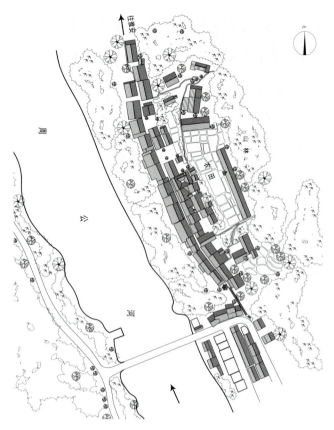

图3-2-58 望鱼乡总平面图

图3-2-60 望鱼乡旁山清水秀的自然环境

（图3-2-62）。街道靠山一侧的店铺住宅，台地相对平缓宽敞，建筑进深有向后延伸的可能（图3-2-63），采用前店后宅的功能布局模式，店铺功能与居住用房之间以院子或小天井联系，形成四川场镇典型的天井式店宅空间。场地进深受限的店宅，则采用前后建筑连檐的勾连搭式空间组合方法。

图3-2-59 周公河岸台地上的望鱼乡

图3-2-61 望鱼乡场街巷与远山的对景环境景观

图3-2-62 望鱼乡场背街的吊脚楼风格

场镇的街道不宽,街心多在3米左右,但临街两侧的建筑屋檐出挑特别深远。同时采用檐廊的外部空间形式(图3-2-64),这实际上是扩大了街道的空间尺度。大挑檐和檐廊既有遮风避雨的功能,也有商业贸易和家庭生活起居的社会功能,可谓具有多功能的空间环境特色。场镇建筑风格风貌也极具地域特色,临街店铺住宅普遍采用悬山式的小青瓦屋面,建筑的木构穿斗式构架几乎采用满堂落柱(图3-2-65)。穿斗构架墙面采用普遍采用木装板而少用竹编夹壁墙,凸显出山区因地制宜、就地取材的营造技术方法,建筑也显得更加质朴且又地域特色浓郁。

望鱼乡是自然生态环境保持得较好的传统场镇聚落

图3-2-63 望鱼乡场背街山地环境

图3-2-64 望鱼乡街巷檐廊空间环境

图3-2-65 望鱼乡场朴实的穿斗构架建筑风貌

图3-2-66 望鱼乡街巷与山地环境

之一。依山靠水的场镇，植被特别茂盛（图3-2-66），临河陡峭的坡地竹木密布，周公河的水碧绿平缓，背面的山峦古木翠竹常青，几乎没有受到任何环境污染，形成宜居的场镇聚落。场镇周边还有瓦屋山水库、周公河温泉等自然环境优美人文景观。

自然环境条件的限制，以及后期的规划建设，使得望鱼老场镇得以完整地保留下来，虽然祠堂庙宇等几乎不在，但整个传统聚落形态保持良好，场镇虽然冷清，但还有不少住户人家。新建街巷在台地下向南发展，二者既密切联系，又彼此互不干扰。但由于交通不便，场镇经济明显萧条，2013年被列入第二批中国传统村落名录后，地方政府开始重视传统聚落的保护和发展利用。

第三节　川南山地城镇聚落

一、水陆码头福宝镇

合江县福宝镇位于四川盆地南部的川黔交界处，明清时期是川盐古道上重要的水陆转运码头。流经古镇西侧的蒲江河曾是川南地区重要的漕运通道，运往贵州赤水等地的物资在此靠岸改走陆路山道，福宝也因常年的货物集散转运而逐渐发展成文化商业繁荣的场镇。

蒲江河由南向北从古镇西边穿过，福宝古镇即坐落于河岸东侧的山脊之上（图3-3-1、图3-3-2）。回龙河水环绕南北走势的山脊，由东向西急转至由北向南汇入

图3-3-1　福宝古镇背街石板路

图3-3-2　福宝古镇回龙街与山水环境

图3-3-3 福宝古镇回龙街爬山梯形成轮廓线丰富的群体风貌

蒲江河，古镇主街"回龙街"所处之地呈现三面环水之势，回龙河与蒲江河之间又有绿洲相隔形成双河半岛。如今半岛之上已新建街巷，但有回龙河相隔，使得古镇老街仍旧保持着自然生态的山水环境格局。老街坐落的狭长形山脊由北向南逐渐升高，直抵峰峦起伏的福华山，街道亦随山势垂直等高线布局（图3-3-3），与山腰平行等高线的福华山街巷相交形成丁字街（图3-3-4）。建于清道光年间的回龙桥是沟通双河半岛与回龙街的石拱桥，亦是古镇老街的主要入口标识，经回龙桥即可进入古镇保存最为完整的回龙街。垂直等高线的回龙街从北向南顺着山脊拾级而上，长约300米的街道上下起伏，前后高差50余米，是四川地区极具沿江山地特色的爬山街。

根据地形的起伏趋势，回龙街又可分为下、中、上三段不同特色的街巷空间（图3-3-5~图3-3-8）。下段部分经过一段平缓街道后，由北向南连续向上爬升，街道两侧的店宅顺着爬山街层层筑台而上。传统店宅一律使用小青瓦悬山式坡屋顶，随着地形层层升高，山墙面的穿斗构架与白灰夹壁墙层层叠叠，凸显出层次丰富的空间韵律感（图3-3-9）。中段部分是比较平缓的山脊部分，主要的祠庙会馆如禹王宫、万寿宫等多汇聚于此。较之一般店铺住宅，会馆建筑的尺度更大，街面也相对更宽，与爬山街巷形成明显的空间尺度对比，是古镇老街主要的商贸活动场所（图3-3-10）。而且会馆建筑形式多样的封火墙在山脊顶部显得格外瞩目，成为古镇的视觉中心。上段部分的街巷空间特别丰富，具有由上往下而又由下再往上的起伏变化。下坡之前可远眺山腰台地上的火神庙（图3-3-11），顺坡下行至丁字路口，通过陡峭的爬山石梯小巷即可抵达火神庙。作为古镇老街的制高点，三合院式的火神庙空间尺度虽然不大，但正面入口面向回龙街的牌楼门式封火墙却富有气势，不但具有视觉景观的控制效果，更有护佑古镇平安的文化景观效应。

在四川的传统场镇中，福宝古镇一条主街贯穿始终的空间布局形态最为典型。主街之外，往往还有若干宽约1~2米的小巷道，巷子虽窄，但作用巨大。这类巷道具有两大功能特色：一是便于日常生活的小巷，可通往河边、井边挑水洗菜等，因此又有"水巷子"之称；二是具有防火功能的"火巷子"，由两户宅院之间的封火墙夹巷而成，可起到防火救助或应急疏散的作用。随着清代集市贸易的发展，连通主街的各类小巷也为赶场的乡民提供了交易场地，发展成具有行业特色的商业点，如福宝古镇的九龙巷、刘家巷、包青巷、柴市巷、鸡市巷等，都反映出这样的空间功能特色。

囿于山脊狭窄地形条件的限制，为了有效争取和利用空间，古镇街道两侧的建筑多以筑台或吊脚的形式应对。尤其是回龙街两侧临水的店宅多为吊脚楼（图3-3-12），在极其陡峭的地形上架设长短不一的立柱支撑上部建筑，悬空吊脚的下部空间设置夹层堆放杂物，抑或饲养家禽、家畜等。临街店面多一楼一底，而背街吊脚可达三四层甚至更高，使得密集毗连的吊脚楼显得极为壮观。筑台与建筑形态结合同样可争取更多的内部空间，并且能够营造更具气势的建筑环境。万寿宫、禹王宫等会馆建筑，都采用了筑台的空间营造方法，筑台甚至高达10余米，且筑台堡坎与上部墙面合为一体，显得规模更加宏大，烘托出公共建筑的空间环境气势（图3-3-13）。此外，梭坡的建筑空间营建手法也是福宝古镇不可忽略的一大亮点（图3-3-14）。街道两侧的建筑屋面顺应地形呈不对称式构筑，临街一侧为常见的坡屋面，进深5~7个步架，而背街一侧的屋面则顺应坡势往下延伸，形成长达十几米甚至几十米的坡屋顶，内部空间层层退台，在适应地形的同时满足商业居住的功能需求。

保留的祠庙会馆之多也是福宝古镇的突出特色之一。各类祠庙会馆分布于场头、场尾及街道的中心位置，都具有相对开阔的入口空间（图3-3-15），每逢赶场、庙会或传统节气，便成为场镇中最为活跃的公

图3-3-4 福宝古镇总平面空间示意图

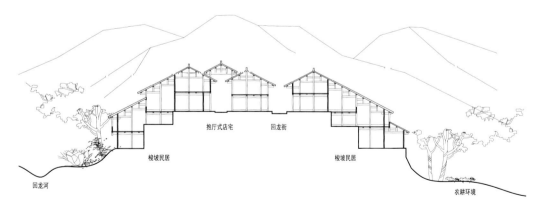

图3-3-5 福宝古镇横剖面示意图1

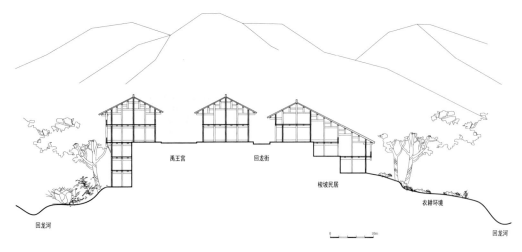

图3-3-6 福宝古镇横剖面示意图2

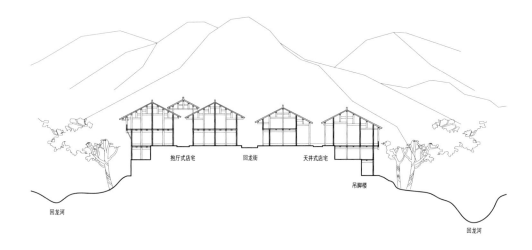

图3-3-7 福宝古镇横剖面示意图3

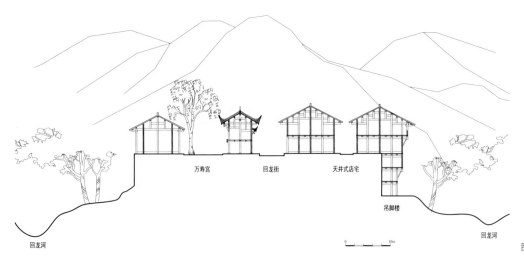

图3-3-8 福宝古镇横剖面示意图4

图3-3-9 福宝古镇爬山街形成的天际轮廓线

图3-3-10 福宝古镇回龙街的弧形封火墙店宅

图3-3-11 福宝古镇老街与带封火墙的火神庙

图3-3-12 回龙街背街砖石构筑的吊脚楼风貌

图3-3-13 回龙街背街建筑筑台与出挑风貌

图3-3-14 福宝回龙街顺应地形梭坡屋顶风貌

图3-3-15 福宝古镇禹王宫入口临街广场

图3-3-16 福宝古镇江西会馆庭院

图3-3-17 福宝古镇江西会馆戏楼

共活动空间。福宝古镇历史上兴建的各类移民会馆及纪念祠庙，如万寿宫、禹王庙、天后宫、清源宫，以及王爷庙、张爷庙、土地庙、火神庙等，作为古镇曾经繁荣热闹的商业文化场所，如今多数都还保存完好（图3-3-16、图3-3-17），见证着古镇的历史发展。

福宝古镇背山面水的山水环境格局一直延续至今，周边山峦起伏，农耕田园成片，仍然保持着与自然之间的和谐共生。扩建发展的福宝新镇有蒲江河与回龙河相隔，形成天然屏障，既互不干扰，又有必然联系，构成新老协调融洽的城镇环境。2008年福宝古镇列入第四批中国历史文化名镇名录，古镇的文化旅游产业日益兴起，可持续发展的保护理念正在形成。

二、四渡赤水的太平镇

古蔺县太平镇地处四川南部古蔺河与赤水河的交汇处，与贵州省习水县隔河相望，自古便是出川入黔的交通枢纽。先秦时期，隶属于古习国部落和夜郎国，称作"落洪口"，明代时期江西龙南县太平堡商人朱复桐定居于此，更名为"鹿平场"，后朱氏后裔易名为"太平渡"并一直沿用至今。2007年太平古镇被列为第三批中国历史文化名镇（图3-3-18、图3-3-19）。

明末清初，因川盐入黔的交通需求，太平渡设立水路交通驿站码头，加之赶场等集市贸易活动的兴起，逐渐发展为繁忙的码头场镇。同时，太平渡也积

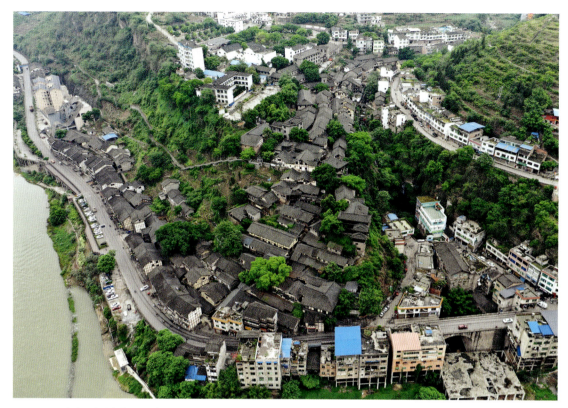

图3-3-18 赤水河边的古蔺县太平古镇

图3-3-19 太平古镇保护规划图（来源：2002年《中国工农红军长征四渡赤水纪念地保护规划设计》文本）

淀着深厚的红色文化，1935年中国工农红军"四渡赤水"，在古蔺县境内转战50余天，其中二渡赤水、四渡赤水的主要渡口就在太平渡，太平古镇成为四渡赤水的指挥中心和中国工农红军的驻地，留下了大量的红色革命遗迹。

太平古镇位于赤水河南岸、古蔺河东侧，东西走向的赤水河与南北走向的古蔺河在此交汇后转而向北。古镇坐落在东南高西北低且坡势陡险的山地上，水平长度约400米的街道，垂直高差近100米，街巷垂直等高线呈"之"字形盘旋爬升，成为极其特色的沿江山地古镇（图3-3-20）。其街巷布局与一般的爬山街不同，按照街巷的地形地貌可分为不同的上下两段。下段坡度特别陡峭的街道名为红军街，呈"之"字形转折而上，地形相当狭窄（图3-3-21）。临街两侧又平行于等高线开辟与主街垂直相连的若干巷道，店宅平行于等高线面向小巷开门，而以不同形式的山墙面向爬山街。街道宽窄随地形自由变换，筑台退台或临空吊脚，空间形态变化万千，这是在极其复杂地形下的聚落空间环境创造（图3-3-22、图3-3-23）。上段相对平缓的街道称为长征街，店铺均面向主街开门，具有一般传统商业街的空间特色，但为适应地形也在不断转折变化（图3-3-24）。在地形狭窄的地段，

图3-3-20　太平古镇陡峭的爬山街风貌

图3-3-21　太平古镇红军街

图3-3-22　太平古镇险峻的吊脚楼建筑

图3-3-23　太平古镇临街退台式吊脚楼

图3-3-24　太平古镇长征街

街道依靠崖壁，于外侧布置店铺住宅，形成半边街的空间模式（图3-3-25），而半边街内侧高处的台地经过平整又建起独居的宅院。街道外侧的店宅倚靠自然崖壁筑台或吊脚，如今多将架空的吊脚楼空间封闭围合，形成多层楼阁的外部空间形态。

古镇的外部空间环境极富山地特色（图3-3-26），尤其是街道建筑群西面垂直陡峭的山崖，数十米高的崖底又是水流湍急的沟谷，使古镇环境显得更加险峻（图3-3-27）。正是水陆码头的交通转换需求，促成了这一山地街巷聚落的群体空间营造（图3-3-28、图3-3-29）。同时，太平古镇的绿化环境也尤为显著，

如今还保留着大量古老的黄桷树，不管是场口场尾，还是街道开阔转折之处，都有古树遮阴，甚至在悬崖陡坎处都还有古树扎根或藤蔓植物蔓延，既能供行人歇脚纳凉，又能防止水土流失，具有传统山地场镇的自然生态环境特色。

太平古镇也不乏丰富的历史文化景观，除了旧时的"太平八景"，如九溪烟雨、落洪晓渡、春燕衔泥、荣盛灯火、营顶夕照、渔翁垂钓、犀牛望月、鹰石缅怀外，还有长征时期的红军总部驻地、红军临时医院、苏维埃临时银行等数十处红色文化历史遗址。如今，在长征街山腰台地上又新建了中国工农红军四渡赤水太平渡

图3-3-25 太平古镇半边街巷环境

图3-3-26 太平古镇山地建筑群

图3-3-27 太平古镇背街下沉式吊脚楼风貌

图3-3-28 太平古镇爬山街与店铺

陈列馆,在古镇的赤水河畔也建有四渡赤水纪念碑,成为重要的中国工农红军革命纪念地(图3-3-30)。

目前,太平古镇整体的历史文化环境与自然文化环境都保持良好。1958年在山顶场口平缓的场地上修建了红军四渡赤水太平渡陈列馆,与老街保持了一定的空间距离,尺度处理得当,又与环境和谐。赤水河边的沿河公路扩宽后也改善了交通环境,对外的旅游交通更加方便。近年来沿滨河道路修建了大量多层商店住宅,对历史形成的码头环境虽有一定的影响,但陡峭独立的爬山街环境仍然延续了传统城镇的风貌,基本保持了太平古镇历史风貌的真实性。

三、因盐而兴的罗泉镇

罗泉古镇位于内江市资中县城西北侧,地处资中、仁寿、威远三县交界地带,1992年被列为四川省首批历史文化名镇,于2008年被列为中国历史文化名镇。罗泉是因盐业资源发展起来的传统场镇,其盐业开发始于秦,兴于宋,至清代发展繁荣至顶峰,清官府曾在此设立资州分署管理盐政,同治时期盐井已达一千余眼,民国时期的盐业也颇具规模。如今,罗泉古镇还遗存有不少古代盐井遗址,而保存完好、独树一帜的盐神庙正是罗泉盐业发展最好的历史文化见证。

图3-3-29　太平古镇的爬山街景观环境

图3-3-30　太平古镇四渡赤水纪念碑

　　罗泉镇在清时名为罗泉井，清光绪《资州直隶州志》有载："罗泉井在州西一百二十里，两山相峡，中贯大溪，沿岸人烟稠密，井灶相连长达十里，为井盐捕州判衙门分驻之所。"[①] 古镇地处丘陵谷地，珠溪河从西南朝东北缓缓流过，古镇老街依山靠水，呈线性布局，顺应地形蜿蜒变换（图3-3-31、图3-3-32）。曾号称五里长街的老街，现今仍保留了1500余米，是现存四川古镇中最长的街道之一（图3-3-33）。街道分布于珠溪河东西两岸，东岸的街道长约300余米，地形相对开阔，主要的商业店铺和祠庙会馆在这里聚集（图3-3-34、图3-3-35），西岸的街道长达1200余米，地形相对狭窄，街道顺应地形起伏变化较大，两岸的街巷以子来古石桥连接沟通（图3-3-36）。

　　古镇传统建筑风貌至今还保存完整，穿斗式的民居建筑适应地形变化，或紧贴临街，或悬挑临河，体现出四川山地传统民居因地制宜、灵活多变的建筑空间特色（图3-3-37）。子来桥、追远桥、三十二洞桥等古桥梁，是山地传统场镇不可或缺的基础设施与景观节点。伴随着历史上繁荣的盐业发展，古镇中各类祠庙会馆争奇斗艳，有"九宫八庙一寺"之说，足以反映

---

① （清光绪）资州直隶州志. 卷三. 舆地志. 资州.

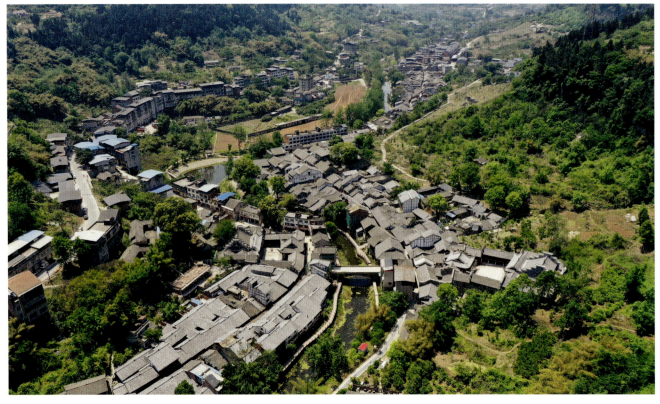

图3-3-31 珠溪河边的资中县罗泉古镇

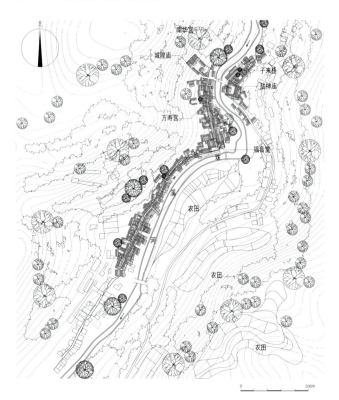

图3-3-32 罗泉古镇总平面图

曾经的兴旺景象，至今还保存有城隍庙、万寿宫、盐神庙等建筑群。

古镇最引人注目的是盐神庙（图3-3-38），始建于清雍正七年（1729年），庙内供管仲为盐神，有关羽和火神辅佐相伴左右。盐神庙坐落在珠溪河东岸老街，规模宏大，坐东南朝西北，由正殿、戏楼和两侧看厢组成巨大的四合院空间。入口从戏楼下空穿过，采用了四川地区祠庙会馆建筑典型的入口空间形态。戏台正面看厅与正殿连为一体，其间不设门窗，前后空间连通，屋面则以勾连搭的形式衔接，看厅为卷棚歇山顶，正殿为封火山墙相护的双坡顶。同时，看厅前侧十余级踏步向建筑内部退靠，不仅扩大了庭院的空间尺度，内收的踏步又可以提供更好的看戏环境，而且创造了更加高敞的厅堂空间尺度，凸显出极具山地特色的公共空间营造手法。

城隍庙一般设于县府治地，而在罗泉镇设置城隍庙，足以显示出罗泉古镇在历史发展中的重要地位。古

图3-3-33 罗泉古镇一条街与临水环境

图3-3-34 罗泉大挑檐的临街店铺

图3-3-35 罗泉老街二层式店铺

图3-3-36 珠溪河上联系两岸街巷的子来桥

图3-3-37 珠溪河边灵活架跨的独柱吊脚楼

图3-3-38 罗泉古镇的盐神庙

图3-3-39 罗泉古镇重建恢复的城隍庙

图3-3-40 罗泉古镇福音堂（罗泉会议旧址）

图3-3-41 罗泉福音堂临街入口

镇的城隍庙位于珠溪河西岸，与盐神庙隔河相望，坐西北朝东南，巨大的庭院轴线对称，依山就势层层后退升高，形成壮观的群体空间环境，其主体建筑损毁较严重，但已经过复原重修（图3-3-39）。盐神庙与城隍庙之间有子来桥相连，古桥两侧也是店铺最为密集的地方，曾是罗泉古镇最活跃的商业文化活动地段。此外，除了尚存的江西会馆万寿宫外，历史上还有南华宫、天上宫、荣禄宫、关帝庙等，反映出罗泉浓郁的移民文化环境。

罗泉的场镇主要保持清代风格，同时又有近代发展的影响。如位于西岸街巷的福音堂等，虽然仍采用传统木构架及小青瓦屋顶，但外墙则融入了拱券门窗等元素，展现出中西合璧的建筑风格，也是罗泉发展演变的时代地域特色（图3-3-40、图3-4-41）。古镇整体空间格局保存良好，尤其是优美的自然山水生态环境格局得到很好的延续（图3-3-42）。在被列为历史文化名镇后，更加受到地方政府的重视，重要历史建筑得到及时的保护修复或复原重修，临街建筑风貌也得到有效保护整治（图3-3-43），尤其重要的是古镇周边的水环境治理得到很大提升，对推动罗泉古镇的文化经济发展有着积极的意义。

图3-3-42 罗泉古镇与珠溪河山水环境

图3-3-43 罗泉老街店铺

四、因盐兴市的自贡

自贡历史发展悠久，是典型的因盐而生的城市聚落，"自贡"即因井盐盛产地自流井与贡井而得名（图3-3-44）。秦时自贡地区分属巴、蜀二郡。北周武帝时因盐业发展，境内以富世盐井为名设富世县，以大公盐井为名设公井镇，富世县和公井镇即成为今自贡地区最早因盐而设的政区建置。之后，随着城市的发展及政区的变迁，自贡走过了因盐设镇、因盐设县直至因盐设市的漫长道路，形成了以井盐文化为主体而又丰富多彩的历史文化。

自流井是继富世井、大公井之后的又一著名古盐井，相传古井遗址位于今郭家坳街火井沱沿河的一段河床浅滩之上。贡井古称"公井"，其名源于境内的大公井，明嘉靖年间改名贡井。民国初期，自流井称富荣东场，管辖凉高山、大坟堡、东岳庙、豆芽湾、郭家坳五垣，贡井称富荣西场，管辖席草田、苟氏坡、黄石坎三垣。民国28年（1939年），自流井和贡井分别从富顺县和荣县分离出来，合并建立自贡市。1986年，自贡列为第二批国家历史文化名城。

自贡亦是一个典型的山城，"半城青山半城楼"是其聚落环境的生动写照。以自流井区、贡井区为主体形成的城市聚落中，一百多个山头与城市融合交错，山体不高但山势起伏，相对高差在30～50米之间，其上覆盖有数千亩郁郁葱葱的环境保护林，创造出优美的生态植被环境。辖境内水流充沛，清溪河由北而南，荣溪河自西向东，于凤凰坝北端的双河口汇合而成釜溪河，河道曲折蜿蜒涉过沙湾、王爷庙，流经城外，转而向东南注入沱江。釜溪河自古就是自贡的盐运通道，在早期肩挑马驮的运输环境中，帆桨如织、千舟竞发的釜溪河成为盐场运销的交通命脉，极大地促进了自贡的盐业经济繁荣。

自贡的传统街区包括自流井区的中华路、新民街、汇柴口，贡井区的河街、老街，大安区的凉高山老街和大山铺街。其中，又以贡井区的老街与河街最为古老，是自贡井盐生产和城市发展的重要发祥地之一。如今，这些传统街区大都随着现代城市的发展建设而发生变化，但盐业发展的历史记忆犹存。还有一些因盐业文化经济而兴建的祠庙会馆建筑遗存至今，保存最为完好的

图3-3-44　清代自流井贡井图

图3-3-45 釜溪河畔的王爷庙、西秦会馆、桓侯宫（底图来源：Google卫星图）

主要有集中于自流井釜溪河一带的王爷庙、西秦会馆和桓侯宫，成为自贡历史文化名城的重要历史见证（图3-3-45）。

王爷庙又可称为龙王庙，因古人信奉镇江王爷能保水运平安，因此凡有江河水运的城镇聚落皆有修建。釜溪河是自贡辖境内主要的河流之一，历史上一直是自贡对外的重要盐运通道（图3-3-46）。至清道光、咸丰年间，自贡自流井区已发展为四川的主要盐场，本地盐商巨贾信奉风水，不甘财源外流，同时也为保一方平安，遂于清同治年间在龙凤山麓釜溪河畔的"石龙过江"处建王爷庙镇江。

自贡王爷庙坐落于釜溪河蜿蜒折转的沱湾山嘴之上（图3-3-47），背靠龙凤山，在中轴线上依山就势布置戏楼天街和正殿，巧妙利用地形环境，建筑重重后退升高，形成轮廓线丰富的山地建筑群体。可惜正殿在抗战期间因城市公路建设而遭拆毁，仅戏楼和两侧厢楼遗存至今（图3-3-48），但其空间形态仍不失王爷庙的宏大气势。王爷庙的平面组合采用四川地区以戏楼庭院为特色的空间模式，但又与传统戏楼下空与入口山门组合的形式有所不同。其戏楼设在垂直陡峭的釜溪河岸，高大的条石筑台与戏楼墙面融为一体（图3-3-49），使原本挺拔的戏楼显得更加宏伟壮观，颇具镇江气势。而山门则设于戏楼两侧的厢楼，通过戏楼庭院转换，进入主轴空间序列，凸显四川山地传统建筑入口空间巧妙的转折变换手法。戏楼尺度特别宏大，歇山屋顶起坡陡峻，屋脊装饰空透灵动、精巧雅致，台口木雕内涵丰富、技艺精湛，集中展现了四川清代戏楼建筑极高的技术水平与艺术特色。

图3-3-46 王爷庙码头云集的盐船

图3-3-47 釜溪河岸的王爷庙

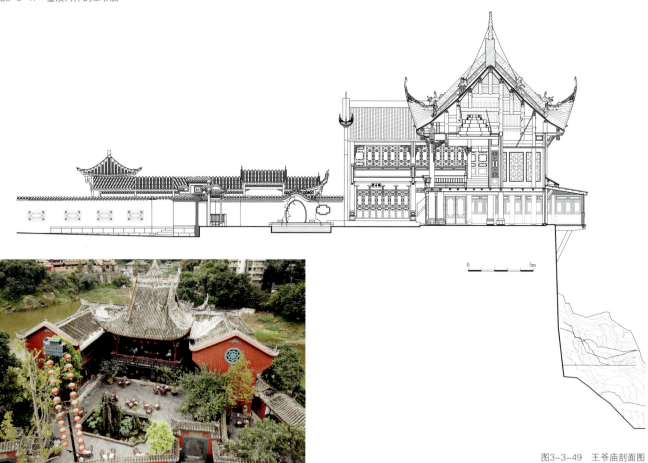

图3-3-48 王爷庙戏楼

图3-3-49 王爷庙剖面图

西秦会馆位于龙凤山北麓，由陕西籍盐商集资兴建，又名陕西会馆或陕西庙，因会馆主供关羽又有关帝庙之称。会馆始建于清乾隆元年（1736年），历时十数载方才竣工落成，清道光年间又进行了一次大规模的培修和扩建，由此形成如今的建筑群格局（图3-3-50、图3-3-51）。会馆建筑群占地3000多平方米，沿着80多米长的中轴线布置主要殿宇厅堂，周围以廊、楼、轩、阁加以环绕衔接，依龙凤山山势渐次升高，建筑设计精巧、结构繁复，是四川地区传统会馆建筑的代表之作。

西秦会馆的入口空间处理极具特色。不同于四川会馆建筑入口牌楼门与戏楼组合的常见方式，西秦会馆将牌楼门（名"武圣宫"）与楼阁式建筑结合，同背侧的戏楼空间（名"献技楼"）连为一体。临街武圣宫为七楼式牌楼门，两侧跌落的屋顶构架略微内收，具有四川地区传统八字朝门的空间韵味。其屋顶既相对独立，又与献计楼的重檐歇山顶巧妙结合，众多起翘的翼角前后上下错落有致，极大地丰富了入口空间的形态和层次。而背侧献技楼的歇山屋顶又与盔顶镶嵌，打破常规的戏楼屋顶形式，三重檐口层层叠叠，在两侧廊庑的烘托下更显气势，展现出四川地区难得一见的建筑空间组合风貌（图3-3-52、图3-3-53）。戏楼两侧厢楼的回廊中间，设有左右对称的贲鼓阁与金镛阁（图3-3-54），同样采用重檐歇山顶的戏楼空间形式，与入口献计楼相互呼应，这种两厢楼阁体量较大而又造型丰富的戏楼形式，也为西秦会馆所独有。除了宏大的空间尺度和丰富

图3-3-50　西秦会馆俯视

图3-3-51 西秦会馆正面俯视

图3-3-52 西秦会馆月台与戏楼（献技楼）

的建筑形态外（图3-3-55~图3-3-58），遍布会馆的精美木雕、石雕、彩绘和灰塑，技艺娴熟，栩栩如生，令人目不暇接。

作为自贡历史文化名城不可或缺的重要组成部分，西秦会馆建筑群很早就得到较好的保护和利用。1939年自贡设市后，西秦会馆就曾作为市政府所在地，中华人民共和国成立初期的人民政府也在此办公，一直使用至1959年才迁出。之后，西秦会馆作为市博物馆继续使用，而后又改为市盐业历史博物馆，对外开放至今。1980年，西秦会馆被列为四川省文物保护单位，并于1988年又被列为第三批全国重点文物保护单位。

图3-3-53　西秦会馆献技楼（主戏楼）

图3-3-54　西秦会馆贲鼓楼

图3-3-55　西秦会馆参天奎阁

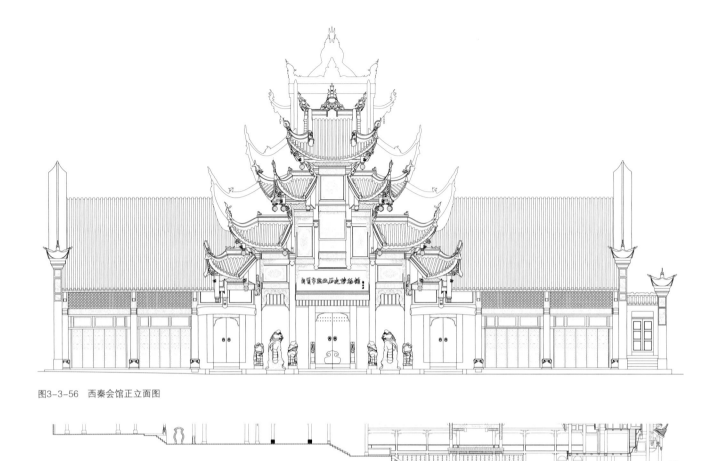

图3-3-56 西秦会馆正立面图

图3-3-57 西秦会馆纵剖面图

武圣宫大门　　献技楼　　　　贡鼓阁　　　　大丈夫抱厅　参天奎阁　　中殿　　　　　正殿

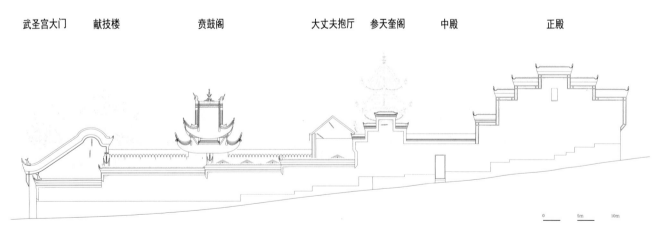

图3-3-58 西秦会馆侧立面图

桓侯宫位于自贡市中心的中华路口，与附近的西秦会馆、王爷庙鼎足而立，构成自贡老城重要的会馆建筑群（图3-3-59）。桓侯宫又可称为张爷庙或张飞庙，"桓侯"即三国时期蜀国名将张飞的谥号。相传张飞在四川阆中被部下所害，古人为纪念张飞的功绩在阆中修建祠庙，得名桓侯祠。明清时期张爷庙为屠宰帮的行业会馆，在四川的大小城镇中十分常见。自贡桓侯宫即始建于清乾隆年间，咸丰年间遭火患焚毁，现存建筑群为同治年间重建（图3-3-60～图3-3-62）。

自贡桓侯宫是一组典型的山地祠庙建筑群，依山而建，门楼巍峨。整体建筑群坐北偏西朝南偏东，采用院落空间布局，并利用地形依轴线秩序层层抬高，依次设有山门、戏楼、看厅和正殿，正殿两侧为赏戏的看厢。建筑入口为砖石砌筑的五楼式牌楼门（图3-3-63），砖雕与石雕结合，装饰精美，又与两侧围墙连为一体，高出正面街道约3米，气势宏大。牌楼门坐落于高大的条石筑台之上，当心间以20余级石砌踏步与街道连接，拾级而上经入口山门，通过戏楼下空即可进入戏楼庭院。戏楼院坝高出戏楼下空地坪2米左右，以横向通长的踏步上下联系，而轴线尽端的正殿与看厅又高出戏楼院坝约3米，正殿之后的背街又抬高近2米。整个建筑群虽规模不大，但前后高差十余米，既尊重自然地形合理地进行建筑高差处理，又通过台地巧妙解决了前后街巷的垂直交通联系。而且地形高差的充分利用，还很好地满足了戏楼院坝、正殿及戏台的视觉景观需要，凸显了建筑功能空间的主从关系。

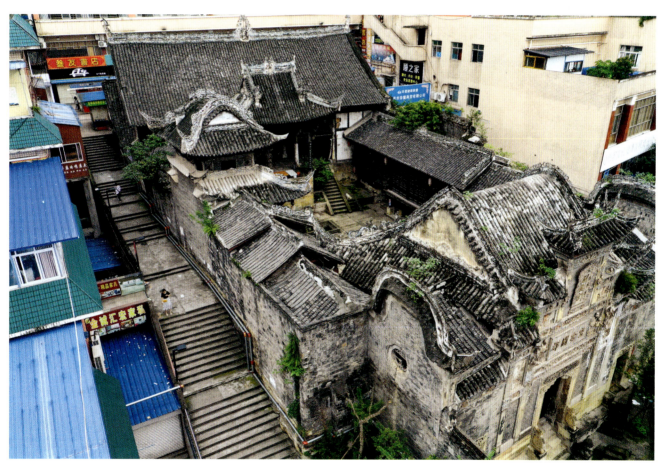

图3-3-59 桓侯宫（张爷庙）

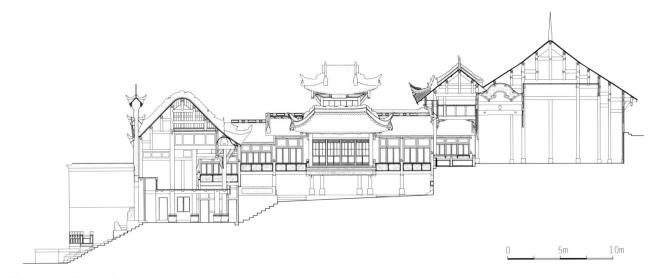

图3-3-60　桓侯宫剖面图

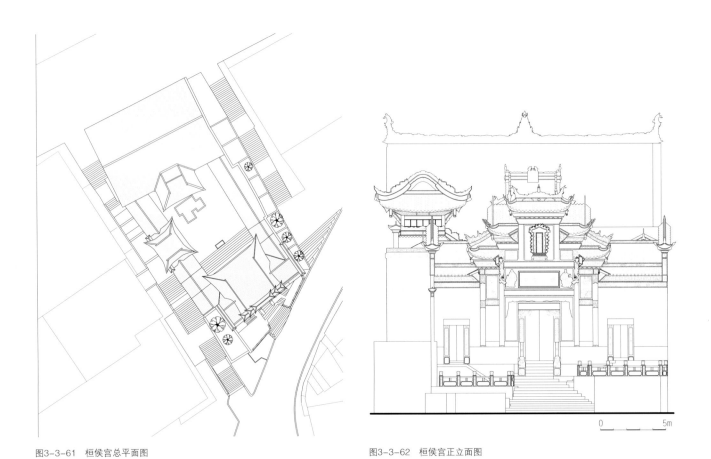

图3-3-61　桓侯宫总平面图

图3-3-62　桓侯宫正立面图

图3-3-63 桓侯宫正立面照片

桓侯宫在空间形态处理上也有其独到之处。整个会馆建筑群虽采用了合院式的空间布局，但为了与前后巷空间和谐，正殿与戏楼的方位朝向并非完全一致，因此形成长短不一的两侧厢房。厢房中段采用楼阁的处理方式，既有功能需要的考量，也可打破厢房冗长单调的空间形态。更为独特的是正殿前侧的看戏月台，仅当心间突出而并未采用通廊看厅的手法，在院落空间相对局促的条件下，既解决了看戏的功能需要，丰富了正殿的空间形态，又增加了院落的使用空间。桓侯宫于1985年即被列为自贡市级文物保护单位，2013年又被列为第七批全国重点文物保护单位，为其保护与传承提供了法律保障。

五、水运码头仙市古镇

仙市古镇地处自贡市沿滩区北部的釜溪河畔（图3-3-64），前临釜溪河，后有玛瑙山、官山及黄金山合围。古镇旧名"仙滩"，因盐井河（今釜溪河）流经此地出现长长的岩石滩涂，每逢冬季枯水季节，滩长水浅，盐船无法通行须经人力转运，俗称"搬滩"。盐茶货物的堆积与搬滩劳作的繁忙，使得客栈货栈应运而生，集市贸易随之兴起。至清康熙年间，社会趋于稳定，盐业经济愈加兴盛，由于特殊的商业交通环境，古镇得以进一步发展繁荣。

图3-3-64 仙市古镇总平面图

历史上古镇水陆交通方便，流经古镇西侧的釜溪河，上可达盐都自贡古城，下可经富顺县釜溪口汇入沱江，曾是自贡井盐离岸出川的黄金水道。古镇沿釜溪河岸有上、中、下三个码头（图3-3-65）。上码头直通河街子，曾是盐运的主要码头，中码头是古镇生产生活所需物品的运输码头。自贡盐业贸易鼎盛时期，满载食盐的船只从上码头驶离，然后满载采购的物资运回中码头。下码头为客运渡口，现在仍有摆渡木船穿梭往来，是沟通河岸两侧的重要水上通道。

古镇主要由正街、半边街、河街子以及沿釜溪河岸发展起来的新河街组成四街一巷的街巷布局（图3-3-66~图3-3-68）。半边街是古镇最有特色的文化商业街巷，街道面向釜溪河，背面平行等高线倚靠玛瑙山，南北向的街道一端连接正街，一端连接河街子，由天上宫和南华宫两座会馆建筑分隔成明显的三段。如今，历史上的半边街已经拓展成两面店宅围合的内街，以满足城镇发展建设的需求。其中甚为巧妙之处，是将南华宫和天上宫围合封闭的院落厢房改造成

图3-3-65 釜溪河畔的仙市古镇与水码头

图3-3-66 仙市古镇半边街、新河街与正街的空间关系

中国传统聚落保护研究丛书　四川聚落／第三章　四川的传统城镇聚落

图3-3-67 垂直釜溪河的仙市古镇正街

图3-3-68 仙市古镇半边街

过街楼形式，将会馆的戏楼庭院与街道连通（图3-3-69、图3-3-70），使内部庭院构成开放的文化商业公共空间，既反映了城镇空间的发展演变过程，也构成了仙市古镇空间营造的一大特点。正街垂直于釜溪河畔，沿着两山相交的谷地延伸，是连接摆渡码头的重要陆路通道，其石板铺地相对于半边街来说亦更加宽敞，两侧店铺密集毗连。店宅多一楼一底，小青瓦屋面出檐深远，出檐木构挑枋简朴大方，提供了较好的遮风避雨环境，成为赶场商业贸易活动的主要街道。

历史上，仙市古镇曾是陈氏家族居住较为集中的场镇，至今都还有保存完好的陈家祠堂。祠堂为轴线对称的两进院落，坐落于正街与半边街相交的核心位置，前门开敞的入口空间正对釜溪河。第一进院落两侧不设厢房，以封火墙围合，进深不大，构成横向展开的狭长天井式院落，完整地展现出面阔五间的穿堂。穿堂之后是主体院落空间，面阔三间的拜堂与两侧厢房围合成方形院落，拜堂开敞不设门窗，与庭院空间融为一体，具有浓郁的礼仪气氛。

古镇亦具有浓厚的移民文化特色，曾有南华宫、天上宫、万寿宫、禹王宫、川主庙等多个会馆建筑聚集，现在保存完好的尚有南华宫和天上宫（图3-3-71～图3-3-74）。南华宫兴建于清咸丰末年，系广东籍人集资修建，天上宫兴建于清道光年间，是福建籍盐商的同乡会馆，而江西会馆原为江西盐商所建，如今仅留下山神庙一座。相对于店铺宅院，祠庙会馆的尺度更加宏大，且装饰装修亦更为讲究，建筑形象在古镇中十分显著。同时，移民会馆建筑不同程度地受到原乡文化的影响，又与地方建筑融汇创新，从而形成新的地域建筑风貌特色。如天上宫与南华宫，建筑空间高敞，都有弧度较大的弧形封火山墙，既与湖广地区的猫拱背山墙有着渊源关系，但又代表着不同地域的移民文化，整体风貌形态又相当统一，都带有浓郁的川南建筑风貌，成为仙市古镇最为突出的聚落景观。

仙市古镇整体风貌大体延续了清代的场镇特色，空间形态保存基本完好，又有良好的自然山水环境。而且古镇老街的商业文化至今仍兴盛繁荣，加之古镇在四川盐运史上具有的历史价值和文化意义，已于2007年列入中国历史文化名镇的保护名录。

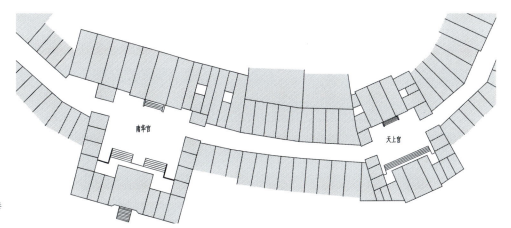

图3-3-69 仙市古镇祠庙会馆与街巷空间关系

图3-3-70 仙市古镇半边街与会馆建筑形成的过街楼

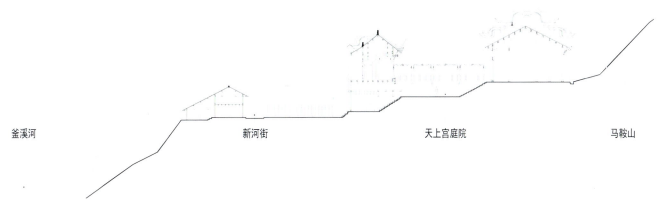

图3-3-71 仙市古镇天上宫剖面示意图

图3-3-72 仙市古镇天上宫与街巷的空间关系

图3-3-73 仙市古镇南华宫与半边街

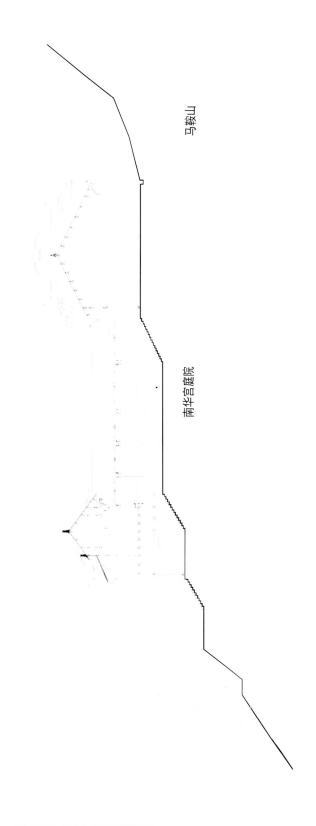

图3-3-74 仙市古镇南华宫剖面图

六、驿站集市尧坝镇

尧坝是因古道驿站与集市贸易结合而形成的传统场镇，地处四川与贵州的交界地带，曾是川黔古道上的驿站。在清朝前期湖广填四川大移民后，尧坝周边乡村地区的文化经济得到快速发展，于清嘉庆年间在此设立了尧坝场。尧坝场东面10公里的先市镇位于四川与贵州分界的赤水河边，川南一带的大宗产品经由尧坝场运至先市码头，进而销往贵州赤水等地。古镇所处位置属于四川盆地边缘浅丘地貌，其间分布着坝子平川，水土肥沃，农耕资源环境十分优越。古镇老街即位于坝子边缘的浅丘坡地之上，大致呈由东南向—西北走向，顺应坡地环境呈线形的自由伸展（图3-3-75）。街道中部背靠缓缓起伏的九龙聚宝山，成为尧坝环境的制高点，山丘两侧梯田环绕，加之西面数百米宽的平坝良田，共同构成古镇的农耕文化环境（图3-3-76）。线形展开的主街长600余米，街道两侧店铺密集毗连（图3-3-77），茶馆、酒馆、客栈、货栈，加工作坊一应俱全。现在仍然有十天三次的定期赶场，每逢场期，街道两侧人群攒动、人声鼎沸，延续着历史上的文化商业特色。

古镇石板铺筑的传统老街保存完整，石板的铺砌方式纵横组合，构成简朴大方的图案肌理，雨水的排放巧妙地组织在石板覆盖的暗沟之中。场口、场尾曾设立栅子门，如今已不复存在，但有建于清嘉庆年间的进士牌坊竖立于老街南侧的入口处。清代的牌坊竖立于场口，古牌坊为三楼四柱三开间式，由当地的红砂石砌筑而成，作为标榜功名的纪念牌坊，不仅记录了地方名人李跃龙的功德，同时也成为尧坝古镇入口的重要文化标志。

场镇建筑采用前店后宅作为基本的空间组合模式，窄面阔、大进深的店宅，前后以小天井联系，有的甚至

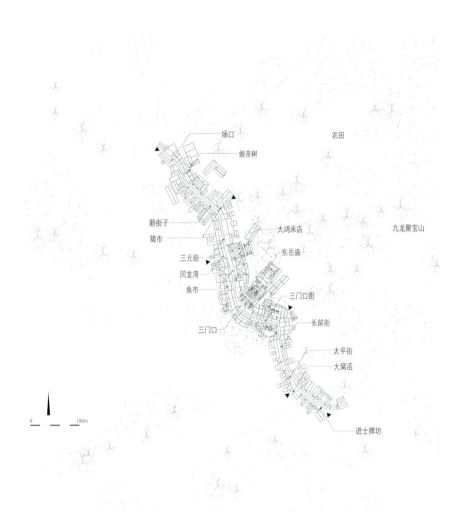

图3-3-75 尧坝古镇总平面示意图

图3-3-77 尧坝古镇长前街与三门口街

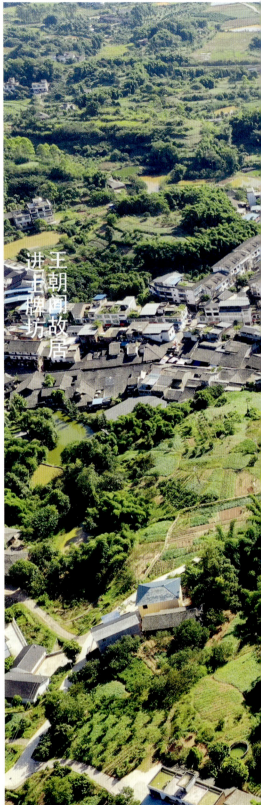

图3-3-76　古驿道上的尧坝古镇

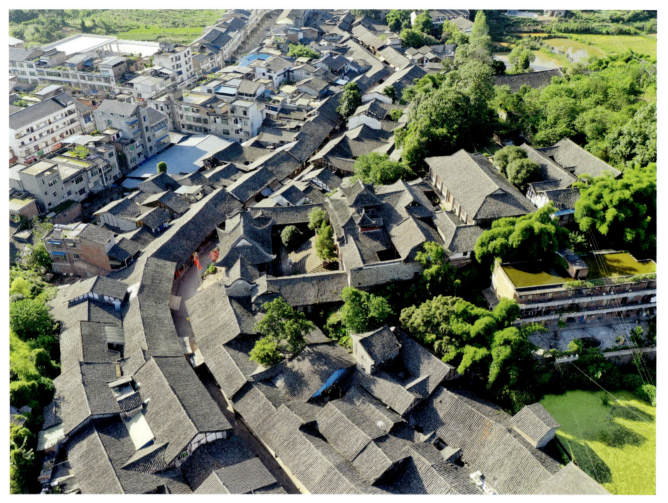

图3-3-78 尧坝古镇老街与东岳庙

前后构架毗连，仅以屋顶檐口高低错置来组织采光通风，反映出场镇商业贸易繁荣、用地紧凑而形成的空间布局特点。店宅以面阔三间的居多，面阔五间的多为场上的大户人家所有，他们在场市附近既有耕地用于农业生产，又在场镇中坐拥店铺从事商业经营。沿街店宅铺面基本上为一楼一底，屋顶形式整齐划一，反映出民居营建中明显的和谐意识。店铺的檐口挑枋根小头大，是巴蜀地域特色的牛角挑形式，简朴大方且实用美观。

如今尧坝的祠庙会馆已不多见，仅位于尧坝老街中部的东岳庙保存较好，整体建筑群依托九龙聚宝山的山势，成为场镇的视觉景观中心，构成老街丰富的空间轮廓线（图3-3-78、图3-3-79）。东岳庙始于泰山信仰，隋唐时期全国各地就已兴起东岳庙的建设，明朝初年纳入官方祠祀系统，清代承袭明制，凡立州县，几乎均建置有东岳庙。清代四川南部的部分场镇，如宜宾的越波场、李庄场等，都建有东岳庙。不过，像尧坝古镇这样规模巨大，同时囊括张爷庙、火圣庙、城隍庙、魁星楼、韦陀殿、东皇殿、孔子庙等殿堂，融合佛教思想、儒家思想、道教思想不同民俗信仰为一体的东岳庙却较为少见，突出反映了尧坝古镇历史上独特的文化经济地位。

尧坝东岳庙兴建于明万历年间，清代进行过多次维

图3-3-79 尧坝古镇东岳庙局部

修和重建，现存建筑具有明显的清代中晚期风格，总面积达3000余平方米，于1993年被列为泸州市级文物保护单位。整体建筑群坐东北朝西南，背靠九龙聚宝山，面向街道，为轴线对称的多重院落，依山势层层退台、逐级爬升。临街戏楼的入口大门稍往后退，沿数级台阶拾级而上，戏楼高耸的红墙青瓦显得尤为壮观（图3-3-80）。从戏楼下方低矮的空间进入正殿庭院，只见高耸的正殿坐落在陡峭的二十余级台阶之上，烘托出极强的威严震慑之感（图3-3-81）。大殿两侧厢房围合，面向入口处的传统戏台（图3-3-82），殿堂前侧的石砌踏步正

图3-3-80 尧坝老街与东岳庙

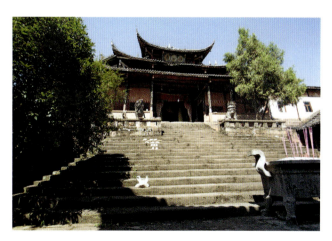

图3-3-81 尧坝古镇东岳庙正殿

是观戏视角最为理想的台坐。三重檐的歇山式殿堂翼角起翘甚高，两侧耳房配以四角攒尖顶，屋顶造型的空间层次格外丰富，作为场镇制高点具有突出的标识作用。

尧坝古镇除了街巷作坊、店铺庙宇外（图3-3-83～图3-3-85），在场头场尾还保留一些大户人家的居住宅院，较之一般店宅，其规模尺度更大，宅院的装修也更为讲究。如老街北侧建于清中叶的周家大院，为一组两进院落的店宅建筑，第一进院落临街面阔三间，居中设门厅，两侧为对外店铺，设置柜台（图3-3-86）。穿过门厅进入即天井，而与一般开敞的天井院落不同，其上空有屋顶覆盖，但屋面四周高出天井周边屋檐，可满足室内采光通风，又不受日晒雨淋的困扰（图3-3-87）。四川地区称这种院落空间形式为"抱厅"，抑或"凉亭子"，不仅避免了气候环境的干扰，而且增加了室内的实用功能空间。建于清代末期的王家大院（著名艺术家王朝闻的旧居），位于老街南端石牌坊下东侧，临街入口亦设置店铺对外经营，背街庭院闹中取静，营造出明显不同的空间氛围（图3-3-88～图3-3-90）。

大鸿米店位于尧坝老街中段，建于清嘉庆年间，由武进士李跃龙所建，大型的木构四合院原是酿酒作

图3-3-82　尧坝古镇东岳庙戏台

图3-3-83　尧坝古镇老街

图3-3-84　尧坝老街的店铺

图3-3-85　店铺挑楼与大屋檐出挑

图3-3-86 周家大院与尧坝老街

图3-3-87 周家大院天井院落

图3-3-88 王朝闻旧居内院

图3-3-89 王朝闻故居与牌坊入口

图3-3-90 尧坝场口牌坊与大户宅院

图3-3-91 农耕环境的薛苞古镇

坊，曾是尧坝最大的糟房。临街铺面顺应地形筑台而建，面阔五间，中间三开间为开敞铺面，由十余级条石踏步与街面连接，店铺二层出挑阳台，格外突出显眼。店铺内部的庭院空间，面阔三间，进深两间，分为上下两台，均有开敞的檐廊环绕，空间尤为敞亮。庭院中两棵古树遮阴，营造出典雅闲适的空间环境特色。

尧坝古镇老街保存完好，东面九龙聚宝山与农耕环境，还保持着传统的空间格局，是古镇生态环境保护的亮点。但古镇西面的尧坝新街，紧靠老街平行布局，新街与老街之间缺少必要的空间隔离，使得场镇外部的农耕环境不复再现。

七、田园环境薛苞古镇

薛苞古镇位于乐至县城西北部劳动镇北侧，是一个规模不大的乡村场镇。据《乐至县志》记载："《裴志》云：治西四十里，相传唐孝子薛苞居此，盖镇以人称也"[①]，薛苞镇之名由此而来。古镇始建于明代，明末毁于战火，清咸丰年间建场，民国时更名复兴场，1935年改为复兴乡，1958年改为复兴公社，1959年更名劳动公社，今隶属劳动镇，又名劳动镇老街。

现存薛苞古镇老街仅有200余米长，一条主街依山靠水，呈西北—东南走向，东北侧倚靠浅丘山峦，西南侧是大片农耕稻田（图3-3-91、图3-3-92）。蜿蜒曲

---

① （清）乐至县志. 卷十. 古迹.

图3-3-92 薛苞古镇总平面图

图3-3-94 薛苞古镇廊式街

折的羊叉河呈"S"形穿过其间,将劳动镇一分为二,北侧是薛苞古镇老街,南侧是后期发展的劳动镇新区,南北两侧的古街和新区以劳动桥连在一起。新老场镇在空间上相互联系,但又互不干扰,反映出历史发展的演变规律,为传统场镇街巷保护创造了良好的环境条件。古镇周边竹林环绕,家庭农耕式的庭院与稻田连成一片,具有浓郁的乡村聚落环境特色(图3-3-93)。

老街上有陈毅元帅父亲曾开设的茶铺,西侧不远处还有陈家祠堂和陈毅故居,体现出场镇经商与乡村耕种相结合的聚落经济生产环境特征。此外,老街上还曾有会馆、戏楼、城隍庙等,现在大多都已毁坏,仅剩街头巷尾的数棵黄葛古树见证着古镇的发展历史。不过街巷空间仍保存完好,尤其是两侧附带檐廊的廊式一条街,具有巴蜀湿热多雨地区的场镇空间环境特色(图3-3-94)。老街的石板道路也还保持着传统的铺砌图案肌理,街道两边的檐廊宽约3米,檐廊下的木装板铺面和柜台都还保持着传统场镇的风貌,反映出典型的集市贸易场镇空间特色。目前,薛苞古镇尚未纳入官方的保护名录,场镇居民也大量外迁,传统店宅多有闲置破败之势,亟须相关部门介入,推进古镇保护工作。

图3-3-93 薛苞古镇背街的农耕宅院环境

八、抗战后方李庄古镇

李庄镇隶属于宜宾市翠屏区，位于长江南岸李庄坝，是金沙江与岷江汇入长江后的第一个传统场镇，素有"万里长江第一镇"的美誉。古镇从梁代大同六年（公元540年）设六同郡起，至今已有近1500年的历史，到清咸丰年间，李庄已成为南溪县规模最大的场镇。李庄具有历史价值的文物建筑甚多，旋螺殿和中国营造学社旧址已被列为全国重点文物保护单位，禹王宫、东岳庙、张家祠、栗峰山庄被列为四川省文物保护单位，另有市级文物保护单位8处，历史建筑近40处。2005年，李庄被列入第二批中国历史文化名镇名录。

抗战时期，中央研究院、南京博物院、同济大学、北京大学文科研究所、金陵大学文科研究所、中国地理研究所大地测量组、中国营造学社等著名学府、科研单位、学术机构内迁至李庄达五六年之久，全国知名专家学者李济、傅斯年、陶孟如、吴定良、梁思成、林徽因、童第周、梁思永、劳干等云集李庄，使之成为抗战时期与成都、昆明、重庆齐名的四大抗战文化中心之一。

如今，李庄保存下来的传统街巷尚有文星街、麻柳街、沙子街、小春市街、广福寺街、席子巷等，主要集中于古镇东段（图3-3-95～图3-3-97）。其中最具历史特色的是席子巷，街道约2米宽，密集毗连的临街店铺二层均出挑楼，加之出挑深远的屋檐，街道上空犹如一线天（图3-3-98～图3-3-101），与之相对，街面简朴大方的石板铺地显得更加宽敞，这也是古镇尚存且保

图3-3-95　李庄古镇传统街巷空间分析图

图3-3-96 李庄古镇老街巷

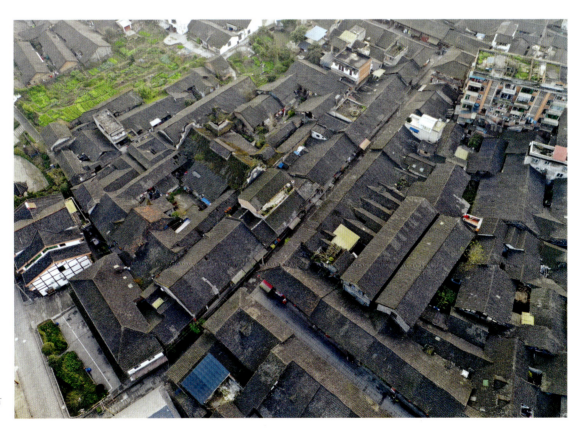

图3-3-97 李庄古镇南华宫街巷

图3-3-98 李庄老街

图3-3-99 李庄席子巷

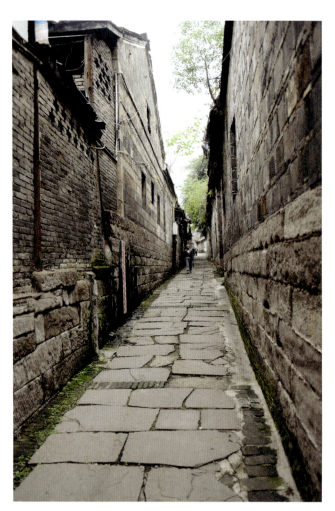
图3-3-100 李庄小巷子

图3-3-101 李庄席子巷街景

留较好的早期商业街的传统风貌。

清代的李庄商业文化繁荣，也不乏浓郁的移民社会特色，有"九宫十八庙"之说，以形容其祠庙会馆之多。现在保存完整的尚有建于清道光年间的湖广会馆禹王宫和福建会馆天上宫，广东会馆南华宫虽主体空间格局保存较好，但其他部分已受到不同程度的损毁。除此之外，还有东岳庙（图3-3-102～图3-3-104）、王爷庙等祠庙建筑，但王爷庙大部分损坏仅存基地遗址，现已着手准备修复。这些规模较大的祠庙会馆都占据着古镇的重要位置，除天上宫外，其他主要祠庙会馆和家族祠堂都位于临江一侧面向长江，从东到西分别有南华宫、禹王宫、王爷庙（已毁）、张家祠、东岳庙。

南华宫是广东移民所建的会馆，位于原来的下河街（今为滨江路中段），始建于清乾隆年间，光绪二十二年（1896年）重建，宣统二年（1910年）又进行整修。南华宫也是李庄规模较大的会馆建筑，其空间组合中的戏台与禹王宫和天上宫都有相似之处，正殿分前后大殿，如今后大殿已经毁坏无存，但前后殿两侧厢房的二层还保存完整。抗战时期，南华宫曾经作为同济大学理学院的教学用房，2019年仍处于废弃状态，不过已被列入核心保护区内，并被纳入保护修复计划之中。

禹王宫位于滨江路，建于清道光十一年（1831年），是湖广籍移民入川所建的会馆，由山门、戏楼、前殿和后殿三进院落组成（图3-3-105）。牌楼式的山门高大宏伟，歇山屋顶檐下由如意斗栱支撑，入口的三个门洞中轴对称（图3-3-106）。通过牌楼门洞后是横向展开的天井式院落，迎面为歇山屋顶的戏楼。从戏台下空穿过进入巨大的中心庭院，正面是看戏和结社议事的前殿，坐落在须弥座台基上的正殿面阔五间，两侧的厢房也面阔五间，与戏楼围合成方正的院落空间。穿过前殿又是横向展开的院落，后殿面阔三间，两侧厢房为二层楼式的重檐楼阁（图3-3-107），四边

图3-3-102 李庄东岳庙

图3-3-103 李庄东岳庙庭院

图3-3-104 李庄东岳庙正殿

图3-3-105 李庄禹王宫（现为慧光寺）

图3-3-106 李庄禹王宫入口牌楼门

图3-3-107 李庄禹王宫后殿庭院

形的攒尖顶屋面高耸突出。1940年迁至李庄的同济大学校本部曾设立在此，1992年改为佛教寺庙并得名慧光寺。

天上宫为福建移民会馆，建于清道光年间，由三进院落组合而成（图3-3-108），但建筑处理又有自己的独特之处。正面入口采用七楼式牌楼山门（图3-3-109），砖砌墙体并附有精致的砖雕图案，两侧八字封火山墙围合，更具有民俗文化意义。正殿分前后大殿（图3-3-110），前有面阔五间的方正庭院，而面阔五间的后大殿，其居中的三间前后凸出，形成方方正正的歇山屋顶且高出两侧耳房，起到强化大殿核心空间的作用。1998年天上宫改为佛教寺院，更名玉佛寺。

图3-3-108　李庄天上宫俯视图

图3-3-109　李庄天上宫入口牌楼门

图3-3-110　李庄天上宫戏楼庭院

张家祠堂建于清道光十九年（1839年）（图3-3-111），因李庄张氏家族人口较多，祠堂的建立也反映了场镇宗族社会的特点。祠堂为两进院落的大型合院建筑，第一进院落内种植高大乔木，第二进院落为主要厅堂，轴线对称，四周檐廊环绕，凸显祠堂的庄严肃穆。抗战时期，中央博物院筹备处及3000多箱国宝文物在此保存，现已开辟为李庄抗战社科普及基地。

旋螺殿位于李庄镇南约2000米的石牛山上，建于明万历二十四年（1596年），又名文昌宫（图3-3-112），2006年被列为第六批全国重点文物保护单位。旋螺殿采用八边形平面，三重檐攒尖屋顶，是四川遗存少有的明代楼阁式建筑，主体结构尤其是斗栱形制都保持明代风格（图3-3-113）。20世纪40年代，中国营造学社卢绳先生曾主持过旋螺殿的测绘，并发表于《中国营造学社汇刊》。中国营造学社旧址位于李庄镇西南面500米左右的上坝村月亮田，周边沿长江坝子有大量良田好土，乡村院落星星点点地分布其间。旧址为坐东北朝西南的数个相连小院，建筑外观面阔五间，内部是横向展开的狭长形院落（图3-3-114），采用穿斗构架及小青瓦屋面，整体风格简朴（图3-3-115、图3-3-116），20世纪40年代作为中国营造学社的办公处和居住地，梁思成、林徽因、刘敦桢、陈明达、刘致平、莫宗江、罗哲文、叶仲玑等中国建筑史学界的众多前辈曾在此工作、学习和生活，为中国建筑史学研究作出了重大贡献。

李庄古镇历史悠久，其最具影响的发展阶段则要数抗战时期，许多祠庙会馆和宅第院落都成为抗战期间重要的科研工作与学术研究的场所。目前这些重要建筑都得到了重视和保护，并且重点保护并修复了滨江路段，文化旅游也发展得十分活跃，但东部老街以及南华宫的保护力度都还相对薄弱，应该采取更加有效的措施加强保护。

图3-3-111　李庄张家祠堂

图3-3-112　李庄旋螺殿

图3-3-113　李庄旋螺殿内景

图3-3-114 李庄中国营造学社旧址

图3-3-115 营造学社内庭院1

图3-3-116 营造学社内庭院2

九、船形街市罗城镇

罗城古镇位于乐山市犍为县东北部，地处铁山北麓，始建于明崇祯年间，清同治年间重修，于1992年列为省级历史文化名镇。如今的罗城镇新老街道连成一片（图3-3-117），规模较大，镇的南面是罗城老街。现存老街长400余米，以廊式一条街为其显著特色，根据不同的街道空间组合特征又可分为东、西两段。东段街道长约150米，街道平面呈梭形布局，中间宽而两头窄，故又有"山顶一只船""云中一把梭"的美称（图3-3-118、图3-3-119）。其最具特色之处在于街道中间最宽处架设的戏台，街道两侧可从戏台下空穿行。戏台一般都与祠庙会馆庭院组合，而罗城的戏台却独立出来置于街心（图3-3-120、图3-3-121），反映了巴蜀清代中晚期祠庙会馆以商业娱乐活动为主的发展背景特色。街道两侧的廊式空间也可提供更好的看戏娱乐和商业交易环境（图3-3-122、图3-3-123）。

老街西段也是廊式街，但两侧檐廊向街心靠拢而没有中间开敞的街面（图3-3-124），檐廊与街道已融为一体，因此檐廊特别宽敞，单边宽度可达6~7米（图3-3-125），两面街廊结合可达十余米。而两侧街廊的地形高差有1米之多，街廊檐口之间形成高差，可组织采光通风（图3-3-126），同时檐廊上空也局部铺设透明玻璃亮瓦，使得街廊空间更显敞亮。街廊上空，店铺二层多向外延伸，出挑1米左右的挑楼，不但争取了更多的使用空间，而且创造了富于变化的檐廊空间形态（图3-3-127），这种空间处理手法与川东的肖溪古镇如出一辙，反映出巴蜀地域特色的传统建筑风格。

罗城古镇同时也具有清代移民的文化环境特色，典型的会馆建筑如南华宫、禹王宫、万寿宫等，都曾出现在罗城古镇的历史舞台之上，可惜现今仅存建筑遗址，但仍能看出会馆与场镇的空间关系。目前保存较好的是

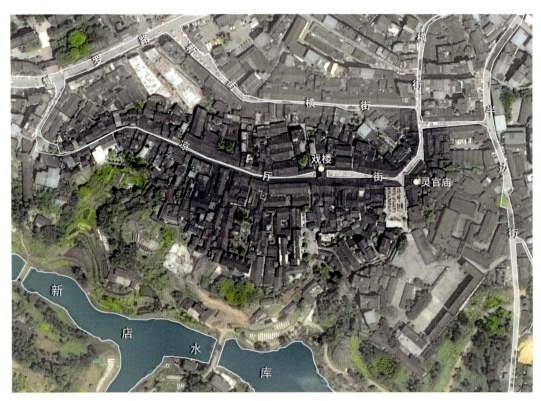

图3-3-117 罗城古镇空间关系示意图（底图来源：Google卫星图）

图3-3-118 罗城古镇船形街俯视

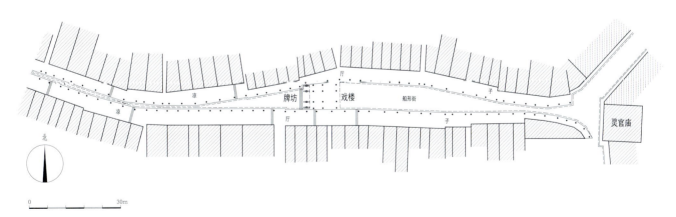

图3-3-119 罗城古镇凉厅街示意图

图3-3-120 罗城船形街与戏台

图3-3-121 罗城古镇戏楼与灵官庙俯视图

图3-3-122 罗城镇廊式街与街心戏台

图3-3-123 罗城廊式街与灵官庙对景

图3-3-124 罗城古镇船形廊式街端部

图3-3-125 罗城镇宽大的檐廊

图3-3-126 罗城高低错台的廊式街

图3-3-127 罗城老街檐廊与出挑楼阁

祠庙建筑灵官庙，位于船形街的东端场口，与街道中心的戏楼形成对景，遥相呼应，共同构成老街的传统商业文化中心，也是罗城古镇最有特色的历史文化见证。

罗城老街至今还保留着赶场这一传统的文化习俗，商业买卖、喝茶饮酒，加之棋牌娱乐使商业文化活动得以持续发展。老街内部的整体空间形态亦还保持着浓厚的传统文化特色，老街南侧与水库沟渠相连，保留了较好的农耕文化环境。但老街北侧因罗城新镇的不断扩展，使得新老部分连成一片，具有农耕文化特色的外部空间环境已被侵蚀破坏，难以辨别。

第四节　川北、川东城镇聚落

一、山水环抱阆中古城

阆中古城位于四川盆地北部,是四川保留最完整的古城镇聚落,于1986年被列为第二批中国历史文化名城(图3-4-1)。古城历史悠久,自秦置阆中县以来一直是郡县府治地,清代时期为保宁府治地,辖巴州、剑州,领阆中、苍溪、南部、广元、昭化、通江、南江七县。清顺治五年(1648年),设四川巡抚衙门,直至康熙四年(1665年),保宁府作为四川行政中心长达17年。

阆中古城北面是大巴山脉,东、南、西三面为延伸的剑门山脉,两大山脉在此交汇于嘉陵江,江水绕城宛转迂回长达十余公里,形成三面环水、四面环山的冲积平坝。坝子北有连绵起伏的蟠龙山枕靠,东西南有嘉陵江环抱,隔江又有势如屏障的锦屏山相望,自然山水资源丰富,农耕土地辽阔肥沃,为城镇聚落选址提供了极佳的环境格局和自然资源条件(图3-4-2)。正如北宋《太平寰宇记》所载:"其山四合于郡,故曰阆中"[1],从阆中的得名也可反映出其城镇选址布局的空间形态特征。1898年,英国女探险家伊莎贝拉·伯德到访阆中时,在日记中写道:"保宁府建在肥沃的冲积层上,三面被河的弯道所包围,庙宇的屋顶和城楼耸立在密集的绿林和粉红色桃花的薄雾中,孔雀绿的嘉陵江水作为前景,渐渐融入了蓝色的薄雾,这个重要城市的第一眼真是魅力无限。"[2]

对外交通也是城镇聚落选址布局及其发展演变的重要因素。嘉陵江由北向南贯穿四川盆地,多数河段均可通航,自古就有舟楫之利,是连接剑南东川和巴南诸州、沟通巴蜀与关中之间的重要交通航线。在唐代,嘉陵江"水走阆、果,由阆、果而去,适夔、峡焉"[3],剑南东川及果、阆二州大批井盐、重绢、巴锦,以及柑橘、药材等土特产品都要通过嘉陵江进行运输。巴蜀与关中历来关系密切,但横亘在四川盆地北面的米仓山和大巴山,以及关中平原南面的秦岭山脉,却成为两地之间的交通屏障。正是东源出于秦岭的嘉陵江穿过米仓山,在四川盆地北缘切开一道豁口,为巴蜀与关中之间的交通开辟了一条天然通道。唐代梓州到利州的东川路,即经阆州阆中溯嘉陵江水路而上,经苍溪、葭萌,在利州益昌与金牛道会合。中唐以后这条四川盆地中部通往关中的大道逐渐成为驿路,文化商贸交通更加方便。阆中古城位于嘉陵江中游地段,得益于嘉陵江良好的对外交通地理优势,遂成为重要的经济、文化及军事要地。古城三面环水,为了沟通城镇的对外交通,古人曾在嘉陵江上构建浮桥。据文献记载,浮桥建于明成化八年(1472年),冬架夏拆,岁以为常,也有学者根据碑刻考证,推测浮桥可能建于更早的北宋后期。清朝末年仍是进入阆中古城的交通要道[4],这大概是巴蜀地区最早使用浮桥作为过江交通工具的城镇聚落。

阆中地处河湾平坝,整个古城坐北朝南,以东西、南北向的十字交叉大街为主干沿东西两侧展开,呈棋盘式方格网布局(图3-4-3)。街道南北宽,东西窄,大街直、小巷曲,大小相连、路路皆通,形成完备的街巷网络。依照风水格局,其南向主街以锦屏山为对景,而其他街巷多与蟠龙、伞盖、玉台等远山朝对(图3-4-4、图3-4-5)。同时,街巷布局也反映出传统城

---

[1] (北宋)乐史. 太平寰宇记[M]. 北京:商务印书馆,1936.
[2] (英)伊莎贝拉·伯德. 1898:一个英国女人眼中的中国[M]. 武汉:湖北人民出版社,2007:212.
[3] (宋)王象之. 舆地记胜. 卷百八十四·风俗兴胜[M]. 中华书局出版社,1992.
[4] 英国女探险家伊莎贝拉·博德记载:"过若干船只连接的长达120多米长的浮桥后,终于进入了保宁府城区"。转引自 王萌著. 守望吾土吾乡——国家历史文化名城阆中[M]. 宁夏:宁夏人民出版社,2010:14.

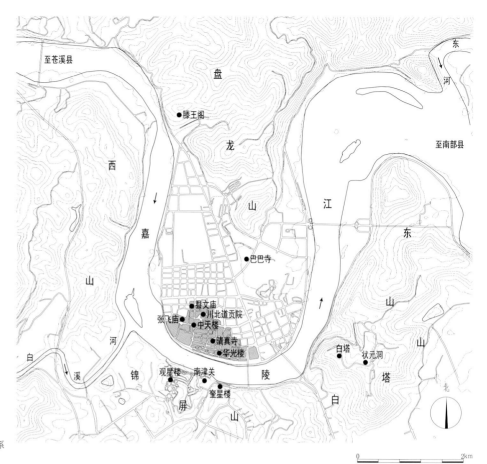

图3-4-2 阆中古城空间环境关系示意图

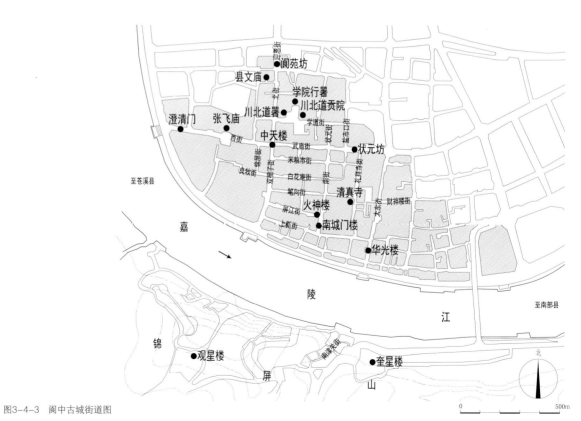

图3-4-3 阆中古城街道图

图3-4-1 阆中古城俯视图

图3-4-4 阆中古城与嘉陵江南岸翠屏山及南津关

图3-4-5 从华光楼眺望江对岸南津关与锦屏山

图3-4-6 阆中古城上华街

图3-4-7 阆中古城临街传统建筑

图3-4-8 阆中古城临街檐廊

镇布局的空间秩序，呈现了"古人营建执法……前朝后市，左宗庙，右社稷。都城然，郡国何独不然"[①]的营建思想。古城中的道台府衙、文庙、张飞庙等重要建筑均坐北朝南，且位于古城偏北的中心位置，展现了古代城镇的礼仪空间格局。

古城街巷的建筑多为一楼一底，以传统四合院和小天井为组合特征（图3-4-6～图3-4-8）。在大片低矮的小青瓦屋面中城镇高耸的楼阁尤为显眼，其中最为突出的是中天楼与华光楼（图3-4-9～图3-4-11）。中天楼是阆中古城街巷的核心，位于东西南北交叉的十

---

① （咸丰）阆中县志·卷一·城池.

图3-4-9 阆中古城华光楼与上华街下华街

图3-4-10 阆中古城华光楼

图3-4-11 阆中古城重建的中天楼

字街口，楼的东侧是武庙街，西侧是西街，往西100余米有汉桓侯庙，南侧是双栅子街，往南直通嘉陵江岸，北侧是北街，往北250余米在街道西侧有文庙。相传中天楼始建于唐代，毁于民国时期，如今的中天楼重建于2006年。坐落于十字街口的中天楼又名四牌楼，朝向四面八方次第展开，因此也称为"阆中风水第一楼"（图3-4-12）。

华光楼相传为滕王李元婴所建的南楼旧址，明以前称作南楼，清以后改称华光楼。此楼曾几经火焚，现存建筑为清同治六年（1867年）重建，并于1983年进行了全面维修。华光楼位于上华街与下华街之间，顺街道向南直通嘉陵江码头，与江对岸的南津关古渡口相对，是巴蜀地区传统城镇典型的过街式楼阁。华光楼为方形平面，条石砌筑的台座高达5米，有拱券形的门洞南北贯通上下华街。台座之上三重檐的楼阁式建筑，面阔三间，高三层，绿色琉璃瓦覆盖的歇山式屋顶高耸突出，与锦屏山、南津关、浮桥共同构成阆中古城入口的标志性景观。

阆中古城还保存了大量历史建筑（图3-4-13、图3-4-14），其中，全国重点文物保护单位有桓侯祠、滕王阁、观音寺、巴巴寺、川北道贡院，省级文物保护单位除华光楼、永安寺大殿、五龙庙外，还有邵家湾墓群、文笔塔、石室观摩崖造像、雷神洞摩崖造像、牛王洞摩崖造像、红四方面军总政治部旧址等。

川北道贡院又称考棚，是古时科举应试的考场（图3-4-15）。清朝初年，阆中代行四川临时省会十余

图3-4-12　阆中古城中心中天楼十字街

图3-4-13 阆中古城川北道署庭院

图3-4-14 阆中古城川北道署大门

图3-4-15 阆中古城清代四川贡院

图3-4-16 阆中古城贡院中的游廊

年，在此举行四川省乡试四科，直至四川省会迁移成都。贡院位于古城学道街，三进院落的四合院坐北朝南，第一进、第二进院落的两侧厢房用作考室，按人分隔设置号房。贡院大门至第二进院落的庭院中心设有十字交叉的开敞式走廊，南北与厅堂相连，东西与厢房沟通，并与庭院周边的檐廊联系起来。开敞的走廊两侧设美人靠通长座椅，是不受风雨阻拦的休息等候场所，有巴蜀地区凉亭子的空间特色。十字游廊将庭院分隔成四个天井式空间，其内有高大的乔木覆盖，凸显巴蜀院落的园林空间特色（图3-4-16）。

桓侯祠俗称张飞庙，为纪念蜀汉名将张飞所建。三国时张飞任巴西太守，章武元年（公元221年）刘备伐东吴，张飞率师相从，途中被部将所杀，谥号桓侯，葬于阆中。桓侯祠位于中天楼以西的西街北面，历史上屡遭火患，现存建筑为明清时期重建，20世纪80年代经全面维修后形成现有的空间格局。整体建筑群坐北朝南，由轴线对称的四进院落组成，中心轴线上依次为山门、敌万楼、大殿、后殿、墓亭、桓侯墓。通过山门入口迎面是敌万楼，两端与牌楼门组合，围合成横向院落空间。敌万楼以张飞力敌万人而得名，为重檐歇山的楼阁式建筑，底层面阔三间，二层面阔一间，尤显稳重壮观（图3-4-17）。第二进院落正面是清同治年间重修

图3-4-17 阆中桓侯祠敌万楼

图3-4-18 阆中桓侯祠墓亭

的大殿，面阔五间，歇山式屋顶，大殿两端均采用具有园林特色的圆形月门，东西厢房面阔五间带宽敞檐廊，整个庭院空间显得开朗宏阔，庭院中心的两行古柏对齐大殿当心间，凸显空间环境的纪念意义。第三进、第四进院落的空间处理与前两进院落迥然不同。第三进院落是面阔三间的后殿，第四进院落则是张飞墓亭，东西两侧均不设厢房而以漏空墙垣围合，当心间都有宽大的廊式敞厅与前后建筑相连，具有传统工字厅的特色，形似巴蜀地域建筑的抱厅模式（图3-4-18）。墓亭后是桓侯墓，封土呈椭圆形，尺度巨大，别具气势，庙内现存二十余块碑匾，具有重要的历史文化价值。

嘉陵江南岸有锦屏山，又名马鞍山、宝鞍山，它不仅是阆中古城的风水案山，同时又是古城极佳的观景点。正如南宋诗人陆游的诗句所说，"城中飞阁连危亭，处处轩窗临锦屏。涉江亲到锦屏上，却望城郭如丹青"[①]。山上原有杜陵祠、阆峰亭等，明时增修望江楼及景杜、揽秀、翠云、长啸、振衣、阆南六亭，清代先后建起吕祖殿、八仙洞、飞仙楼、太白楼、邱祖殿、观音殿、三贤祠、武侯祠、静应祠、瞰碧亭、惠泉亭等，其后多所替废。如今锦屏山的景点如杜少陵祠、陆放翁祠、纯阳洞、飞仙阁、八仙洞、观星楼等均为20世纪80年代重建。

古城南岸东部的塔山有建于明末的白塔，八边形平面，共13层，高约29米，砖砌叠涩密檐，塔身简洁，四面开窗，从下到上收分较大而显得挺拔刚劲，因此又有文笔塔之称。塔心有踏步盘旋而上，登顶可极目四望，一览阆中城郭风光。古城北面的蟠龙山南麓，有清康熙二十八年（1689年）所建的巴巴寺，为伊斯兰教来我国传教的祖师华哲·阿卜董拉希的墓地，"巴巴"即阿拉伯语"祖先""祖师"之意。寺中古木参天，翠竹如云，各类砖雕、建筑、园林既反映出浓郁的伊斯兰教建筑艺术风格，又具有独特的中国传统建筑地域特色。

古城北侧玉台山有滕王阁，又称滕王亭，为唐高祖之子滕王李元婴镇守阆中时所建，清以来同玉台观一道合称滕王阁。古代的滕王阁已毁，仅存部分台基，但还遗存有唐宋时期的摩崖题刻以及明代邵元善所书的杜甫

---

① （南宋）陆游《游锦屏山谒少陵祠堂》。

图3-4-19 阆中古城唐代滕王阁（现代重修）

滕王亭子诗等，最有历史价值的要数保存基本完好的唐代石塔。石塔通高8余米，四方形塔基，梅花形须弥座，覆钵形塔身，正中刻有佛龛一尊，塔刹基为圆形莲瓣石盘，上有石雕八力士托举六方形刹身，刹身各方开一龛门，门内刻一坐佛。如今的滕王阁为20世纪80年代兴建，主体建筑岿然屹立于屋台之上，登楼南望，可尽览锦屏山之景（图3-4-19）。

二、河畔山头——恩阳镇

恩阳古镇位于四川东北部巴中市的恩阳河畔，历史文化悠久，曾长期作为县治地，近代时建立四川行省川陕革命区恩阳县，留下许多红军时期的革命遗迹。古镇坐落于之字河与恩阳河的交汇处，凸显出巴蜀地区传统山地城镇选址最为普遍的地形地貌特征（图3-4-20）。

古镇的选址布局充分尊重自然地形地貌，同时又创造出独特的城镇空间环境。首先，古镇选址于之字河与恩阳河交汇的半岛地带，形成相对宽敞平缓的空间场所。半岛中部又有缓缓起伏的坡地，形成周边低中间高的浅丘地形，古镇的主要街道平行等高线环绕山头布局，次街小巷又垂直主街顺应地形起伏跌落，整体呈现环山式的网状空间形态，这亦是规模较大的山地场镇的空间组织特色（图3-4-21）。其次，是半边街的布局形态。所谓半边街，是指街道仅一侧营建房屋，而另一侧多为陡峭的坡地或江河堤岸，因适应狭窄的地形而成。若地形极为陡峭狭窄时，半边街建筑则多采用架空吊脚的形式争取使用空间，街道内侧是不宜建房的陡坡。在城镇的不断扩展中，恩阳古镇半边街曾经的临江

图3-4-20 巴中恩阳古镇全景

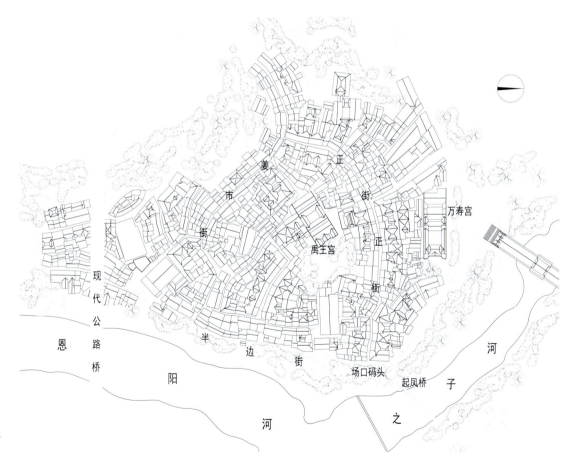

图3-4-21 巴中恩阳古镇总平面图

吊脚楼特色亦逐渐消失，也反映出城镇空间的形成与发展演变过程。第三个突出的特色则是爬山街。为了防止季节交替可能引起的洪水冲击，沿江山地城镇选址位置通常较高，入口码头与街道由此形成高差，往往通过爬山梯道来联系码头街巷，梯道两侧则布置店宅，形成垂直等高线的爬山街。恩阳古镇朝向之字河的入口码头就形成与正街相连的爬山街，穿斗构架与白灰夹壁山墙随爬山街层叠起伏，空间层次丰富，构成古镇又一突出的山地建筑空间营造特色（图3-4-22～图3-4-25）。

入口码头是沿江传统城镇的外部空间环境特色，作为水陆交通的汇集口岸，多选择水流平缓的河湾以便舟船停泊，并架设桥梁解决岸上交通。恩阳古镇之字河与恩阳河的交汇处，至今仍保留着一座老石板桥（图3-4-26），名为起凤桥。桥面由两块2米长、40厘米厚的石板并列拼合，通过十多个石砌桥墩连接，形成宽约

图3-4-23　恩阳古镇入口爬山街

图3-4-22　恩阳镇老街风貌

图3-4-24 恩阳古镇码头入口的爬山街

图3-4-25 恩阳古镇老街风貌（正街）

2米、长约30米的桥梁沟通两岸。相传该石桥建于清朝中期，围绕此桥流传着诸多传奇的民俗文化故事，成为古镇一道独特靓丽的文化景观。

明清时期，巴蜀的许多传统城镇都有"九宫十八庙"之说，恩阳古镇同样不乏移民社会的特色，如今还遗存了禹王宫、万寿宫、龙母宫、三圣宫等移民会馆。各类会馆在城镇的整体空间尺度中尤为突出，建筑风格也呈现出本土文化与移民文化的融合特色，形成城镇聚落独特的建筑文化标识。其中，禹王宫位于环形街的山头之上，成为聚落的中心和制高点，修复后的万寿宫位于古镇北面的入口处，四面封火墙围合，高大的牌楼门配上精美的雕刻，加上开敞的入口空间环境，形象突出、标识显著（图3-4-27）。除了同乡或行业聚会以外，会馆更是开放性的商业文化空间，各类会馆在庙会活动、传统佳节期间对百姓开放，成为传统城镇中最活跃的商业文化与社会文化活动的空间场所。

巴蜀传统场镇的经济特点，是其服务于乡村的集市贸易以及对外的物资交易活动，突出的表现形式就是赶场。乡村的农贸产品定期在场镇上销售，乡民在这里换得所需的生产工具及必要的生活用品。恩阳古镇同样发挥着联系城乡文化经济的纽带作用，而且为适应集市贸易活动的空间需求，古镇很多街巷按行业成街并以行业特色来命名，如姜市街、油坊街都是具有地域特色的行业街道。

恩阳古镇的主要街巷现在还保持着清代的传统建筑风貌，街道的石板铺地肌理完整，两侧的店铺以挑楼为主要特征，木装板门和店铺柜台简朴、素雅又不失精致（图3-4-28）。临街店铺作坊多面阔三间，前店后宅，院落天井式的空间组合都保持着传统的风貌特色（图3-4-29～图3-4-32）。沿江部分亦保持着传统的园林绿化格局，更加彰显了古镇的历史文化风韵（图3-4-33）。同时，城镇新区的发展与古镇相对隔离，未对古镇原始风貌造成大的破坏，这也是恩阳古镇保护的成功之处。

图3-4-26 恩阳古镇码头之字河上的起凤桥

图3-4-28 恩阳古镇街巷风貌

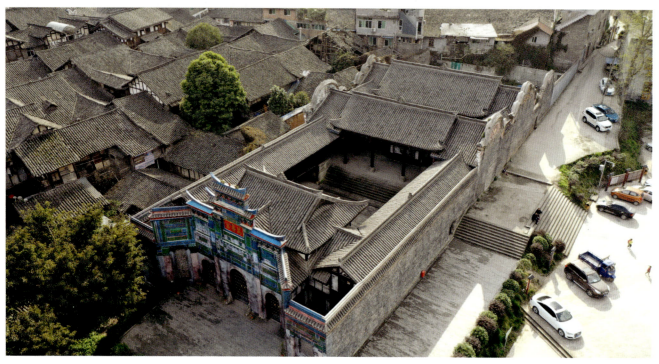
图3-4-27 恩阳古镇修复后的万寿宫

图3-4-29 恩阳古镇正街上的胡家大院

图3-4-30 恩阳镇胡家大院四合院

图3-4-31 恩阳镇胡家大院庭院

图3-4-32 恩阳镇胡家大院庭院爬坡廊道

图3-4-33 恩阳古镇街巷俯视

三、因寺而兴——白衣镇

白衣镇位于巴中市平昌县南部，是在明代白衣庵寺庙的基础上发展起来的传统场镇。据史料记载，"明神宗万历十二年（1584年）建白衣庵，明末清初蜀地荒芜，政府推行招垦，闽、粤、赣、楚之民移入境后，纷纷建会馆立寺庙，围绕庙宇续建民房兴起集镇"，清时白衣庵场隶属达县管辖，至民国35年（1946年）划归平昌县。

古镇坐落于巴河西岸地势平坦的坝子边缘，土地肥沃，良田万顷，且巴河又可行船，对外交通方便（图3-4-34～图3-4-36）。清时吴氏家族移民至此，开荒种田，遂在白衣庵附近定居下来，逐渐形成具有特色的家族聚落。据民国时期《达县县志》记载，清代早期的赶场活动是在附近蒙溪河的龙门场进行，嘉庆年间迁至白衣庵，龙门场因此废弃，白衣庵由此发展成为场市聚落。这一变迁也反映了白衣庵从农耕聚落到场镇聚落的演变过程。自从白衣庵兴起场市以

图3-4-35 白衣古镇早期总平面图

图3-4-34 白衣古镇背山环境

图3-4-36 白衣古镇与巴河水

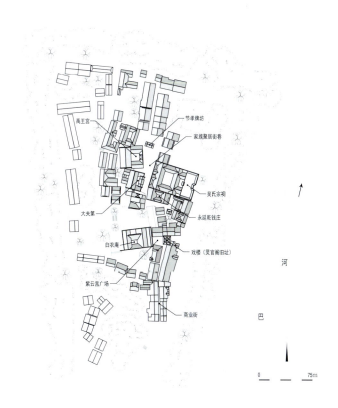

图3-4-37 白衣古镇总平面图

后，商贸文化活动逐渐兴旺，至民国时期，商业店铺已多达一百余间，并且形成了二五八定期赶场的场市活动规律。

白衣场历经变迁，现存场镇主街长约300米（图3-4-37），规模不大却独具特色，尤以祠庙祭祀、家族聚居与商业贸易三大功能融合最为显著。场镇主街顺应河道呈南北走向布局，位于街巷中心位置的白衣庵，即场镇聚落的核心组成部分，将场镇主街划分为明显的南北两段，形成不同的街巷功能特色。

白衣庵以北的街巷以居住功能为主，街道两侧基本上是吴氏家族的宅院。其中具有代表性的宅院有吴氏宗祠、大夫第（图3-4-38）、吴家老院子以及吴家开设的永延乾钱庄等，街心处还有反映家族文化特色的节孝牌坊，吴家宅院几乎占满北边的半条街道。临街建筑多面阔三开间或五开间，平面以庭院空间为基本特征，建筑尺度高大并普遍构筑封火山墙，更具空间环境气势，形成与一般商业街区不同的建筑风貌。街巷空间组合也自由灵活，强调居住院落的空间环境，甚至入口也不须面

图3-4-38 白衣镇临街大夫第

图3-4-39 白衣镇老街店铺

图3-4-40 白衣镇临街店铺

向街道。如位于街道东侧的吴氏宗祠，正面入口面向巴河，而以后院面向街道，强调居住环境特色而非街巷的商业空间环境。由此可见，北街应是在居住形态的基础上发展演变而来。

白衣庵以南的街道宽4~5米，两侧密集毗连的店宅布局整齐，临街店铺有面阔三间的，也有面阔一间或两间的，面宽小、进深大，这也是四川传统场镇商业主街典型的空间布局特征。临街店宅普遍为一楼一底，前店后宅或下店上宅是其基本的空间功能模式（图3-4-39）。为适应四川地区湿热多雨的气候环境，店宅的屋檐出挑深远，并采用挑枋和斜撑结合的支撑形式，凸显简朴的地方风格。店铺的门面也以木构柜台与活动木装板为基本装饰，既素雅大方，又统一和谐，具有清代场镇商业街的风格特色（图3-4-40）。

街心处的白衣庵是场镇最早形成的建筑群体（图3-4-41~图3-4-43）。整个建筑群坐西朝东，大殿山门与正对的灵官阁戏台之间围合成巨大的庭院空间，将南北街道有机地联系起来。寺庙庭院空间同时成为街道

图3-4-41 白衣古镇紫云宫广场

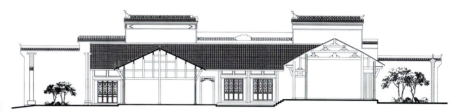

图3-4-42 白衣庵平面图、剖面图

图3-4-43 白衣庵与灵官阁庭院

图3-4-44 白衣古镇老街开敞戏楼

图3-4-45 白衣古镇集中廊式街

的中心广场,是为适应商业文化发展需求而对祠庙空间的功能调整,类似的街巷空间改变形式在四川的传统场镇中较为普遍。白衣庵庭院广场与街巷空间的连接方式又别具一格,南段的商业街直接与寺庙广场相连,开敞的街道正对灵官阁戏台(图3-4-44),街巷视觉景观畅通,与广场构成和谐的整体。北段的居住街巷则需通过白衣庵大殿的前廊空间,抬梁构架的廊下空间宽6~7米,犹如传统的廊式街道(图3-4-45)。从北街通过廊式街,由殿前牌楼门转折进入街心广场再与商业街联系,空间变化极为丰富,也是白衣场镇独具魅力的街巷空间环境特色。

场镇北街的吴氏宗祠是白衣场规模最大的院落群(图3-4-46)。祠堂并未采用坐北朝南的传统布局方式,而是结合地形环境坐西朝东面向巴河,对岸又有重

图3-4-46 白衣古镇吴家祠堂

图3-4-47　白衣古镇吴家祠堂八字门

叠起伏的山峦，具有良好的人文视觉景观。祠堂整体布局对称，由四进院落组成。第一进院落通过八字朝门进入（图3-4-47），封火墙围合的庭院横向展开，展现出第二道朝门的宏大气势。从第二道朝门进入第二进院落，为一主两副横向展开的三个院落空间，居中为三开间庭院，两侧是辅助的天井空间，大小主次分明，显示出轴线空间的重要性。第三进是祠堂正殿的前院空间，正殿和两侧厢房均面阔五间，院落空间宽敞，烘托出祠堂主体空间的庄重性，同时又能体现吴氏家族的文化经济地位（图3-4-48）。

白衣古镇的传统空间格局得以完整地保存下来，得益于早期新老场镇分离的规划建设思想。白衣新镇的发展移至巴河南岸，并在巴河上架设桥梁连通南北两岸，新老场镇之间在空间上既有分离又有联系。而且白衣古镇的保护意识也形成较早，在2004年就已邀请相关设计单位进行了前期保护规划，2014年又开展了保护性实施建设。整个古镇的外部空间保护较好，山清水秀的自然环境格局，以及背街小巷的自然环境景观的处理都颇具特色（图3-4-49~图3-4-54）。2014年列为中国历史文化名镇，白衣社区也已被列入中国传统村落名录。

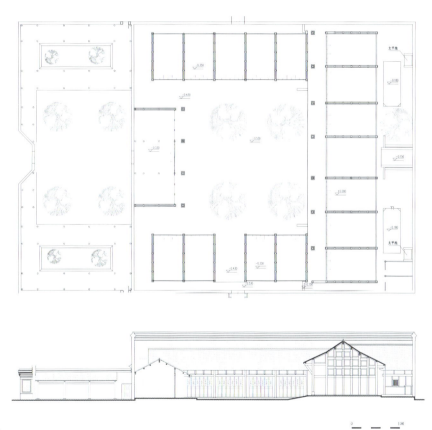

图3-4-48　吴氏宗祠平面图、剖面图

图3-4-49　白衣古镇牌坊

图3-4-50　白衣古镇残存戏台

图3-4-51　白衣镇封火墙街巷

图3-4-52　白衣镇寺庙封火墙

图3-4-53　白衣镇吴氏祠堂庭院

图3-4-54　白衣镇背街环境

四、交通要冲——毛浴镇

毛浴古镇位于巴中市通江县东北部，旧名龙舌镇，是通江县目前保存较为完整的古镇之一。古镇地形环境险要，又扼县东、县北的水陆交通要冲，明、清两代皆为川东北军事重镇，也曾是通江县内商业文化最为繁荣的水码头之一。明末时期即已兴起场市，民国初年置乡，毛浴场遂成为乡公所的治地。1933~1935年曾建立中共赤江县苏维埃政府，中华人民共和国成立后为毛浴乡人民政府驻地。如今古镇上仍保留有明末副总府、清初守备署旧址、红四方面军全军政治工作会议会场、赤江县苏维埃政府遗址等诸多历史文化遗迹。

古镇选址于十分独特的狭长半岛形地貌之上，半岛顺应地势南北长500余米，平均宽度70米左右，大致成梭形，北端最宽处近100米，南端最窄处不足30米（图3-4-55、图3-4-56）。半岛西侧是通江县境内的主要河流大通江河，

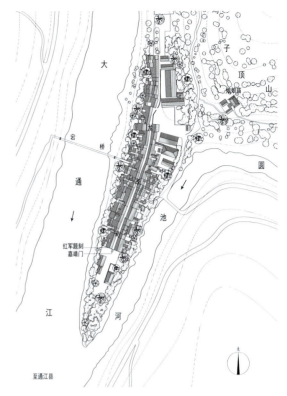

图3-4-56 毛浴古镇总平面图

图3-4-55 两河交汇的毛浴古镇

图3-4-57 俯视毛浴古镇一条街

东侧自东向西流淌的圆池河在此折而向南，几乎与南北向的大通江河平行，并于半岛南端汇入通江。狭长的半岛犹如细长的舌头，因此旧称"龙舌坝"，其状又如蛇形，又名"龙蛇镇"。龙舌坝三面环水，北端与鸡子顶山相连，山脊海拔800余米，与龙舌坝形成500余米的高差，东西两侧隔河相望又有高山围合，地形条件优越，具有易守难攻之势。

古镇老街采用了清代以来巴蜀地区典型的场镇一条街空间布局模式（图3-4-57）。由于地形狭窄，街道店铺住宅的进深都不大，前店后宅的建筑前后毗连，类似勾连搭的空间处理手法，地形较宽的地段也有小天井的庭院组合。临街店铺一楼一底，且临街一侧不设挑楼挑台，外观立面自下而上连为一体，显得十分高敞。穿斗构架与下部木装板铺面及上部白灰夹壁墙搭配衔接，经济适用而又朴素大方。屋面檐口出挑多为两个步架，可提供较好的遮风避雨条件，出挑构造亦采用双重挑枋出挑的形式，结构稳定合理又具有浓郁的地域建筑风格。

为了适应现代交通发展的需要，险峻的半岛西侧架起了横跨大通江河两岸的索桥，东侧圆池河上亦架设了桥梁供车辆通行。对外交通联系方便又不受过往车辆的干扰，使得古镇老街至今保持着淳朴的风格风貌，同时形成毛浴古镇独特的景观环境（图3-4-58）。古镇北端鸡子顶山的山腰台地上又有佛教寺庙"娘娘庙"，可居高临下俯视毛浴场，也是场镇重要的文化景观（图3-4-59）。场镇北场口以大块石材砌筑而成的栅子门墙上，还保留有红军时期凿刻的革命标语，尤为醒目，此外，老街的砖砌围墙、河边码头的岩石等处，也都布满红军时期的革命标语，凸显出场镇的红色革命文化环境氛围（图3-4-60、图3-4-61）。

得益于紧凑独立的地形环境，古镇基本上没有受到外界不良环境的干扰，虽然经济发展不比旧时，已出现明显萧条迹象，但老街至今还延续着传统的定期赶场活动，古镇的生活氛围还算闲适宁静（图3-4-62）。而且自然生态环境良好，距离通江县城仅有十余公里，具有开展文化旅游的条件。整个场镇也因保持了传统的聚落环境特色，已于2019年被列入第七批中国历史文化名镇名录。

图3-4-58 毛浴镇与大通江河山水环境

图3-4-59 毛浴镇背山上的娘娘庙

图3-4-60　毛浴镇街道

图3-4-61　毛浴古镇场口与红军题刻标语

图3-4-62　毛浴镇老街环境

五、江湾沟谷——沿口古镇

沿口古镇位于广安市武胜县旧城区，原名封山镇，清时改名为沿口镇，曾是武胜县治地，20世纪80年代因避洪水而另择高地建设武胜新城。古镇地处嘉陵江畔（图3-4-63、图3-3-64），嘉陵江流经此处蜿蜒迂回形成沱湾。沿岸有南北走向的谷地，东西两侧山峦在北边合围形成狭长的口袋形沟谷，其间有溪流从北向南汇入嘉陵江。

沿口古镇的主要街巷沿着溪流两侧布局（图3-4-65），沟谷以西地势狭窄，有半边街依山面水直抵江边（图3-4-66）。不过如今的半边街两侧都挤满店宅，半边街之名应是最初形成的街道

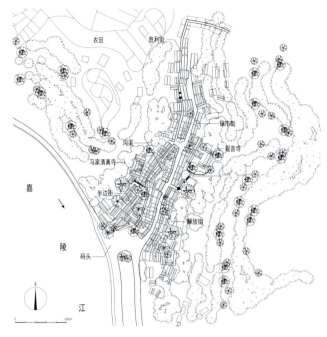

图3-4-64　沿口古镇总平面图

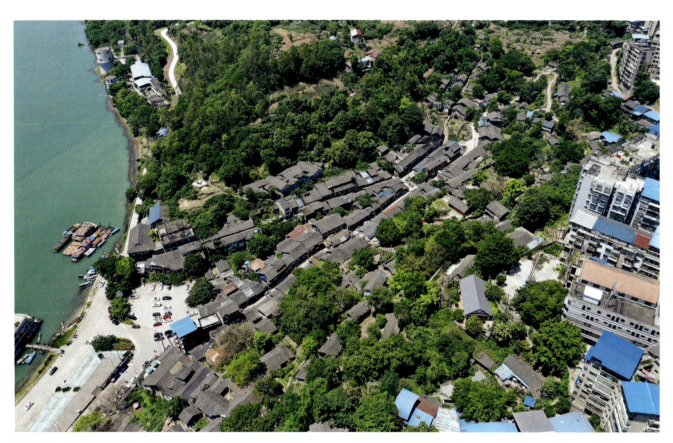

图3-4-63　武胜县沿口古镇

图3-4-65 沿口古镇俯视图

图3-4-66 沿口古镇半边街与爬山街

图3-4-67 沿口古镇的半边街（现已发展为内街式风貌）

图3-4-68 沿口古镇爬山街建筑风貌

图3-4-69 沿口古镇半边街靠崖台地上的民居

形态（图3-4-67）。从半边街东侧临溪建筑的浅小进深以及架空吊脚的处理方式（图3-4-68），即可反映出街巷历史演变的空间关系。街道的店宅形态古朴，木构用材讲究，梁柱粗壮硕大，铺面木构装板与柜台都保持着传统的风格风貌。与半边街北端相连的是胜利街，一直沿着爬山梯道由南向北而后折转向东，是历史上联系码头的陆路通道（图3-4-69、图3-4-70）。爬山梯道或靠崖而建，抑或悬于崖壁之上，梯道内倚峭壁外临陡崖，更像半边街的空间模式。

沟谷以东地势较宽又相对平缓，顺溪流有一条长约500米的街道，分上街、下街两段。下段解放街的街面相对较宽，二层楼的店宅建筑尺度高耸，较之半边街的建设年代稍晚（图3-4-71）。与解放街相通的上段为锅市街，从街名即可生动地反映出传统场镇街市的行业特色。锅市街东侧靠山的店宅建筑保存相对完整，西侧的建筑则断断续续，因遭到不同时期的毁坏或拆除而显得街面不够完整。

沿口古镇也是嘉陵江中下游规模最大的回民聚集之地，主要聚居于古镇最早形成的半边街一带，因此又称半边街为回民街。清初大移民中来自湖广的马氏家族和黄氏家族迁移至此，并建有马家清真寺和黄家清真寺，如今仍保存完好。其中，马家清真寺位于半边街背山的山腰台地上（图3-4-72），主体建筑坐西朝东，由于地形特别陡峭，整个建筑群平行等高线沿中轴线向南北横向展开。中心轴线上是牌楼门和大殿组成的主体院落空间，南北两侧的厢房、侧殿各由东西两进天井组合而成，整体构成一院落四天井的空间形式。清真寺从平面布局到外部形态处理都可以说是适应山地营造的典型案例。平面布局看似左右对称，实际上为适应地形采用了北宽南窄的梯形平面形式。中心轴线上虽有标准的牌楼门入口标识，但因地坪高差筑有垂直的石砌堡坎，改从半边街通过爬山梯道，绕至清真寺侧面平台经由侧殿进入，体现出山地场镇建筑群巧妙的入口处理技巧。

图3-4-70 沿口古镇与嘉陵江湾码头环境

图3-4-71 沿口镇解放路

图3-4-72 沿口镇半边街上的马家清真寺

图3-4-73　沿口镇观音寺（原会馆建筑遗址）

古镇上还有一座佛教寺庙观音寺（图3-4-73），相传始建于明永乐年间，清康熙年间重建，于2001年从武胜县龙庭乡迁移至此，为异地保护建设的文物建筑。观音寺位于解放街东面靠山的台地上，视野开阔且具有良好的人文景观控制效应。建筑群坐东南朝西北，分别布局在不同标高的两重台地上，下层为面阔三间的歇山顶大殿，上层为面阔五间的宽敞三合院，上下台地之间有梯道相连。由于是在会馆建筑的遗址上重建，从布局上还能看出会馆建筑的庭院空间特色。下层台地堡坎尚有一段垂直爬山梯道可通过小巷联系解放街，应是原有会馆的正面入口。如今的观音寺入口利用解放街的背街小巷从南面一侧的山门进入，入口路径更具山地环境特色。

沿口古镇几经历史变迁，聚落兴衰变化较大。平行沟谷和溪流的街巷整体风貌得以保存，有东西两侧的自然山林绿化隔离，新旧城镇之间互不干扰，古镇的自然生态环境格局也保存较好。但昔日清澈的溪流没有得到治理，雨污混流造成严重的污染现象，最有特色的半边街也已人去楼空，许多建筑渐成危房。如何保护古镇促成可持续发展面临着极大考验，武胜地方政府曾多次开展保护规划，尚待实施。

六、渠江河边——肖溪镇

肖溪古镇位于广安市东北部的渠江河西岸，相传清康熙年间，湖广籍肖姓人家移民于此落户定居、设店经商，逐渐发展成集市贸易场镇。肖溪场的形成得益于两方面因素：其一，是因为地处广安与渠县的交接地带，渠江河对岸即渠县辖境，清代时期这里曾是广安县东北部重要的驿道望花道，肖溪即从渠县过江进入广安境内的水陆码头；其二，是因为渠江水在此回转形成巨大的沱湾，不仅便于停泊，而且沱湾沿岸具有大片的良田好土，农耕环境极佳，也是肖氏家族入川时选择扎根于此更为重要的原因（图3-4-74）。

场镇兴建于清康熙年间，民国4年（1915年）因遭匪劫掠纵火，原有大部分建筑均被烧毁。十年之后，民国政府在此设置肖家溪乡，由当地士绅林功亭、杨乾山等人率众于废墟之上重建场镇（图3-4-75、图3-4-76）。经过二十余年的建设，肖溪场得以全面恢复，新建场镇街面也较昔日扩宽许多。街道两侧临街店铺前，设置有宽敞的廊道，宽4～5米，为集市商贸活动提供了更大的方便，乡民赶场时的商业贸易活动多在廊下进行。因廊式街不受日晒雨淋，通风凉爽，人们又习惯称之为"凉亭子"，这是适应四川地区湿热多雨气候环境形成的场镇空间形态，地域特色浓郁，在四川盆地的传统场镇中十分普遍。

肖溪的廊式街长约500余米，石板铺砌的街道，中心宽而两头逐渐收窄，形成梭形的空间形态，因此又有"船形街"之称（图3-4-77、图3-4-78）。这种富有特色的街道空间形态能更好地适应商业文化的活动规律，同时，街道中部扩宽犹如扩大的街心广场，也与民国时期传统场镇改造规划的指导思想有关。类似的梭形街道还有川南岷江边上的越波场，一个在东，一个在南，都具有相似的空间形态，反映出传统场镇街巷适应自然气

图3-4-74　渠江河边的广安肖溪镇

图3-4-75 肖溪场镇平面图

图3-4-76 肖溪镇老街空间环境关系示意图（底图来源：Google卫星图）

图3-4-77 肖溪场镇廊式街剖面示意图

图3-4-78 肖溪镇街巷与院落屋顶空间

候环境和商业文化环境的空间特色。

廊式街采用抬梁式构架，处理极为简练（图3-4-79、图3-4-80）。进深3~4个步架的檐廊，屋顶与两侧店铺的屋顶连通，内侧店铺空间相对较高，设一楼一底，外侧檐廊部分空间较低则为单层。沿街檐廊屋架连续通透，空间层次特别丰富，同时为了有效利用空间，店铺二层靠近檐廊一侧多局部出挑，使廊下空间形态富于变化。檐廊与街面之间设有高数十厘米的台阶，街心处有踏

图3-4-79 肖溪镇廊式街

图3-4-80 肖溪廊式街商业环境

步与檐廊相连,这也是考虑防洪排水而形成的空间技术特点。

廊式老街的北侧有响水溪汇入东侧的渠江,老街正好处于两水相交的地形环境之中。街上曾有王爷庙、文昌宫、禹王宫等祠庙会馆。王爷庙位于老街的南端场口,曾是肖溪热闹的水码头,老街北端响水溪对岸的西北山头有文昌宫,可惜都在20世纪80年代后期拆毁。北端场口有建于清道光年间的石拱桥,名维新桥,是场镇对外的交通出入口。过桥后接爬山街巷,爬山街旁尚有禹王宫保存至今,反映出古镇早期的湖广移民文化特色。爬山街一侧另有后期新建的民国街,街道较廊式街宽阔,建筑尺度也相对较大,反映出不同时代街巷的建筑风格(图3-4-81)。老街南端的西面有钟家岩爬山坡道,历史上曾是与广安方向联系的陆路通道。

在廊式老街的东北约3公里处,有历史文化悠久的冲相寺,晋朝时称为灵山,梁周时称为药寺,隋开皇八年(公元588年),流江郡守袁君赐名"冲相寺"。冲相寺坐北朝南面向渠江沱湾,现存寺庙为清代建筑风格,但寺庙背侧崖壁上尚保存有大量隋唐时期的摩崖造像,成为肖溪古镇重要的历史人文景观(图3-4-82)。

肖溪古镇是四川清初大移民后逐渐形成的典型传统场镇,建筑空间也极富时代地域特色,至今仍保持着原生态的农耕环境。肖溪新镇位于老街南侧的台地之上,新镇和老镇之间既有地势高差,彼此相互隔离,又有道路相通,上下联系方便(图3-4-84)。在新镇不断发展扩大的同时,古镇老街的建筑及环境风貌还能得到有效保护,可以说,这应是新旧场镇之间关系处理较好的一个案例。

图3-4-81 肖溪民国新街与维新桥及禹王宫场口桥头的空间关系

图3-4-82 肖溪镇冲相寺

图3-4-83 从新镇俯视肖溪船形廊式老街

图3-4-84 肖溪镇新老场镇联系的爬山街

第一节　四川盆地乡村聚落概况

一、乡村聚落的类型特征

农耕特色的乡村聚落。在四川的乡村聚落中，以农耕环境为特色的宅院具有大集中、小分散的分布特征。所谓大集中，是指清代以来形成的以家族聚集为特征的自然村落，往往以自然地形地貌为聚落的环境边界聚集而居。这类聚落多结合自然地形与家族姓氏形成聚落名称，如湾、坳、坝、垭等自然地形上形成了张家湾、李家坳、郭家坝等地名。在这些垮坳之中汇集有大量的农耕土地，是聚落民众祖祖辈辈开拓形成的生产生存环境。所谓小分散，是指湾坳之类的聚落环境由若干大小不同的小地形特征组成，因此大家族以下又以小家庭为基本单位分散于各个小地形环境之中。这种相对分散的聚落居住环境与传统小农经济的耕作生产模式密切相关，反映出丘陵山地农耕聚落的环境特色。在土地肥沃的川西平原，农耕居住环境相对集中，但仍以大家族聚集而居、小家庭各自独立为基本特色，形成集中成片的家族聚落，如大邑县鹤鸣镇新民村的傅家扁、牟家扁等即如此。

乡村的庄园式聚落。所谓庄园式聚落，主要是指乡村地区大户人家的居住宅院。其居住形态与一般的乡村宅院有所不同，最为突出的空间形态特征在于，多数庄园式院落都有高大厚重的围墙围合，还有防卫瞭望的碉楼与围墙连接，具有城堡的典型功能特征。规模小的庄园就一家几代同堂，规模大的有同族的几家或十几家聚集，又以家庭为单位相对独立，庄园则由多组院落空间组合而成。而规模更大的家族还可形成若干组庄园式宅院，进而组成更大的庄园式聚落。这类庄园式宅院的屋主往往都是富庶的地方大户，占有大量的农田土地，并以农田出租或生产经营为经济来源。有的豪门大户除了经营田产之外，又在从事对外商业贸易，经济实力更为壮观，其庄园式宅院不仅规模巨大，建筑质量、建筑装饰、建筑用材等都极为讲究。其宅院的功能也更加丰富多样，如具有民俗文化特色的戏楼、具有宗教信仰特色的佛堂、具有文化休闲特色的园林等，反映出与一般乡村聚落截然不同的文化经济特征。

传统的寨堡式聚落。在形态特征上，寨堡是利用险峻地形环境构筑起的防卫型聚落。根据寨堡的聚集性质及规模，又可分为家寨、家族型寨堡、军事防御型寨堡。家寨主要是为防止匪盗骚扰而形成的寨子，这类寨堡往往与原有老宅相距不远，选址在险峻的地形上构筑起具有防卫特色的居住宅院，从而形成两套不同的居住系统。家族型寨堡，是一个大家族聚集的聚落环境，同族同姓的家族聚集在一起，往往形成几十户甚至上百户的聚落规模。这类寨堡既有居住环境，也有一定规模的生产环境，而且多选址于易守难攻的山地环境之中，并构筑有寨墙、碉楼、炮台等防卫设施，如隆昌县的云顶寨是早期移民入川后构筑的防卫型聚落。军事防御型寨堡，则是指四川历史上为防止长期匪患及战乱而形成的具有寨墙、寨门等防卫设施的居住聚落。此外，四川地区还有一类寨堡属于以军事防御和进攻为主要功能的军事城堡，尚未纳入本次传统聚落的研究范围之内。清代四川寨堡的大规模修筑主要始于清嘉庆年间，而后咸丰年间的李蓝造事则将寨堡的修筑活动推至高潮。这类寨堡多规模巨大，居住环境既可以是同姓家族聚居，也可是一定区域内的杂姓聚居。寨堡内一般兼具生产生活功能，规模巨大的甚至还具有集市贸易的场镇功能，更具城乡结合的聚落环境特色。

二、乡村聚落的宅院选址布局

四川盆地丘陵山地的乡村聚落,是以小家庭为生产生活的基本单元聚集而成,乡村宅院也多采用相对独立分散的选址布局方式。这与分散的农耕地形地貌环境有关,也受到传统农耕家庭生产生活习俗的影响。"人大要分家、树大要分叉",这一谚语生动地反映了四川地区典型的传统文化习俗。在丘陵山地环境下,不占良田好土,最大限度地保护土地资源,是乡村宅院最核心的选址布局宗旨。而适应地形地貌环境,充分利用自然山水形势,因地制宜地组织空间,是乡村宅院最基本的选址布局原则。其最突出的选址布局特征是山水田林相傍的聚落环境,或背山面水,或依山靠田,或林田环绕,最理想的莫过于后有山林庇护、前临河流溪涧,不过在山地环境下更多的则是面向水田或人工修筑的塘堰(图4-1-1)。

生态环境与选址布局。乡村聚落中,宅院选址布局最基本的需求是日照充分、防风排涝。四川乡村的建房屋基尤以三方围合的"埫埫屋基"地形最为典型,并尽量采用坐北朝南的方位朝向。埫埫屋基之处,有自然形成或人工种植的竹木环绕,可改善宅院周边的环境小气候,形成防风避雨的宜居环境,又有固土保水之效,防止水土流失,保障屋基环境安全。同时,靠山面田的乡村宅院多选择山埫台地,与迎面的稻田形成高差,或与稻田之间构筑沟渠相隔,既可排涝泄洪,又可引水灌溉,成为四川乡村聚落重要的基础设施。

资源环境与选址布局。乡村宅院的选址布局与用水环境息息相关,不管是生活用水,还是生产用水,都极大地影响着屋基的选择。四川地区水资源丰富,丘陵山地的乡村宅院可靠近山边利用山涧清泉,也可发掘地下水资源挖井取水。有的水井就掘于宅院之中,形成独家独户的用水环境,抑或多个家庭共享同一水井资源,形成数家乡村宅院聚拢的布局之势。竹材亦是四川乡村重要的经济林木,更是乡村生产生活必不可少的资源材料。乡村宅院的周边多有竹木环绕,除了生态环境的考量外,更有直接的经济实用价值,如家庭生活所用的撮

图4-1-1 背山面田的乡村院落

图4-1-2 带廊的曲尺形院落与开敞的院坝

三、乡村聚落的院落空间环境

中国传统建筑以院落为基本的空间组合特色。院落的空间组合形态不但有南北地域的差别，在城乡之间也存在不同的空间组合特色。四川丘陵山地的乡村宅院，平面形态有"一"字形、曲尺形、三合院、四合院等，而又以乡村三合院最为典型。乡村宅院的基本特征，就在于都设有开敞宽阔的院落，乡村地区习称为"院坝"，这也是适应乡村生产生活环境而产生的结果。院坝地坪多用大块石板铺砌，抑或利用三合土夯筑拍平，甚至直接借助天然岩石形成坝子。

所谓开敞的院落，则是指无论"一"字形、曲尺形或三合院，其院坝都是一面开敞或三面开敞，基本上不设围墙（图4-1-2）。尤其是四川乡村地区俗称的"撮箕口"三合院，十分形象地反映了这一开敞院落的空间环境特色（图4-1-3）。而四川丘陵山地湿热多雨，盛夏收获季节经常有阵雨出现，雨水来得快，走得也快，素有"东边日出西边雨"之说。稻谷、小麦、玉米、豆子等粮食作物，多晾晒于铺设的晒席之上，以适应夏季阵雨的气候环境，便于快速、及时抢收。乡村宅院的屋檐出挑都特别深远，且多数都带有宽敞的檐廊，这一檐下空间既可遮风避雨，又是绝佳的临时储藏之处，反映了适应乡村生产生活的建筑空间环境特色（图4-1-4、图4-1-5）。

四、乡村聚落的文化经济中心

四川盆地丘陵山地的乡村聚落虽然分散，但普遍都建有家族特色的宗祠，亦称为祠堂。在清代湖广填四川的大移民活动中，不少移民都是随着各自的大家族举家迁移入川后定居于此。他们垦荒造田，代代相传，血缘宗亲成为文化经济的联系纽带，而这一联系纽带的具体空间载体是建造的各个家族祠堂。在分散的乡村居住环境中，家族祠堂就是聚落的文化经济中心和核心的精神

箕、筲箕、竹席，农业生产所用的晒席、箩筐、背篓，等等，都可以就地取材实现生活生产的自给自足。竹木又是良好的建筑材料，乡村宅院的竹编夹壁墙及草屋顶的材料构架，都可用竹材加工制成。

人文环境与选址布局。自然生态环境与文化生态环境相结合，是乡村宅院选址布局的人文环境特点。如"塆塆屋基"这一理想的乡村宅院选址布局模式，其独特的空间形态又被形象地称为"太师椅"，既有良好的自然生态环境适应生产生活，又有丰富的民俗文化内涵，可满足人们对理想生活的追求和向往。水资源也是聚落生活中不可缺少的环境要素，历来对水井的构筑就尤为重视，不仅营造了舒适的水口环境，还发展出许多与水井有关的传说，借以烘托出神秘的气氛保护水资源，反映出朴素的民俗文化诉求。有的聚落直接以井命名，如犍为县的金水井是一个传统的场镇聚落，而以凉水井、深水井来命名的乡村聚落更是常见，凸显出水井在乡村聚落人文环境中的重要地位。另外，四川地区常见的竹木资源，同样反映出独特的人文环境特色。在比较讲究的乡村宅院周围，除了常见的毛竹、慈竹外，还种植了诸多观赏性竹类，如紫竹、斑竹、罗汉竹等。一些居住宅院也直接以竹命名，如竹林屋基、大竹林院子、斑竹林院子、楠竹林院子等，具有浓郁的乡土聚落文化景观特色。

图4-1-3 开敞的三合院（撮箕口）空间形态

图4-1-4 农耕院落的廊下空间

图4-1-5 院落空间的农作物加工环境

图4-1-6　叙永观音阁刘氏宗祠

空间。清代时四川的家族祠堂遍布广大乡村地区，以姓氏命名的家族祠堂随处可见，如彭家祠堂、李家祠堂、刘家祠堂、陈家祠堂、张家祠堂等，数不胜数。家族祠堂作为一个家族的文化象征，多以大型院落为其空间组合特色（图4-1-6）。祠堂院落或独立于乡村田野，或依附于场镇周围，抑或直接建于场镇街巷之中，反映了城乡一体的聚落空间环境特色。

第二节　四川的农耕乡村聚落

一、邛崃平乐花楸村

花楸村位于邛崃市平乐镇的花楸山，地处邛崃西部山区，最高海拔约1000米。花楸山具有两大自然资源优势：一是竹林资源丰富，竹林面积达13000余亩，有"十里竹海"之称，早在清代就已利用竹木资源造纸；二是气候温和，冬无严寒，夏无酷暑，地理及气候条件适宜种茶，清朝时期就因"花楸贡茶"而闻名，并有康熙御封的"天下第一圃"之美名。如今花楸村的聚落和建筑都还保持着原生态的环境特色，具有极高的保护和利用价值，已于2012年列入第一批中国传统村落名录。

天然丰富的竹木资源和人工开拓的茶树资源，加之良好的气候环境，都为宜人的聚落居住及生产环境提供了条件。花楸村的传统院落分布在海拔约700米高的台地上，沿着地形大致呈分散式布局，同时根据地形环境形成数组相对集中的院落群空间。其中保存最为完好的是东北侧以李家大院为代表的院落建筑群（图4-2-1~图4-2-3）。各个院落顺应地形呈东偏南朝向，前低后高，前面是起伏连片的竹海，后面是大面积平缓的山头以及层层叠叠的茶园，构成以农耕经济作物为特色的聚落环境。

图4-2-1 花楸山李家大院与茶园环境

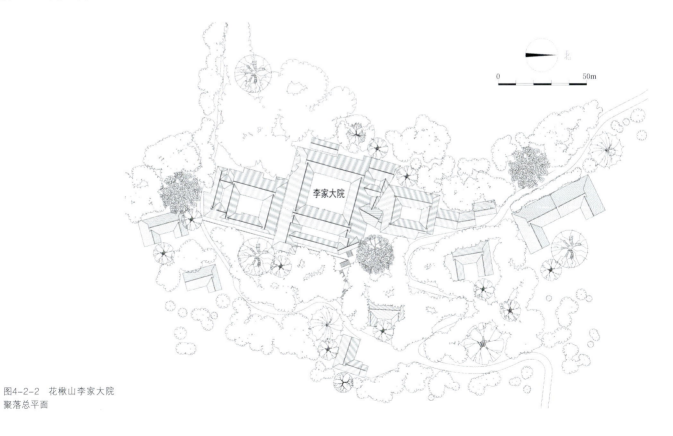

图4-2-2 花楸山李家大院
聚落总平面

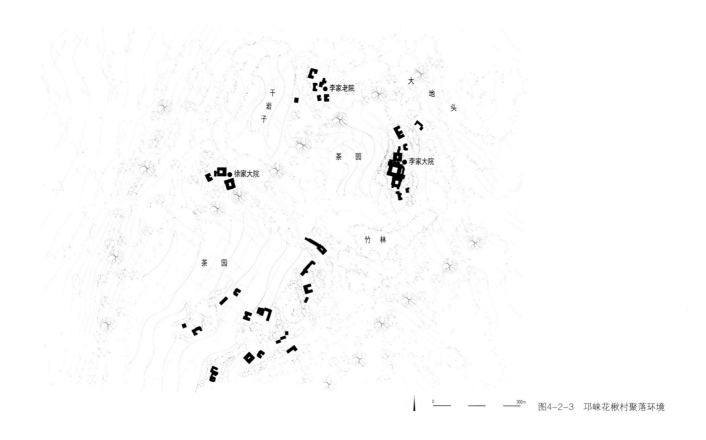

图4-2-3 邛崃花楸村聚落环境

　　花楸山宅院的规模大小不同，大的由七八个天井组成，小的则只有一两个天井或者完全开敞形成不带天井的宅院。宅院类型丰富，根据使用需求可随宜选择四合院、三合院、曲尺形宅院以及"一"字形宅院，在一定程度上反映了聚落环境中的社会经济关系。保存最好的李家大院位于聚落的核心位置，背面依托茶山而正面俯瞰竹海，构筑在红砂石砌筑的台地之上（图4-2-4、图4-2-5）。宅院主体由前后两进院落构成，前院为横向展开的狭长天井院落，面阔五间而进深一间。从东北角两层台阶经由转折45°的入口朝门即可进入前院，大门的转折变换既适应了台地地形条件的限制，更有传统宅院选址的空间格局考量（图4-2-6）。穿过前院当心间的过厅，则进入第二进院落。正面是堂屋和耳房，面阔五间，堂屋开间宽达6米，居中的香火处还有光绪亲赐的"皇恩宠锡"御匾。中心院落空间宽敞，面阔五间，进深三间，加之檐廊环绕，可以很好地凸显空间环境气势，既有屋主对空间精神的需求，更有生产生活的功能需要。据李家后人所述，巨大的院落空间可铺放48张竹席，用于晾晒收获的茶叶等经济作物，反映出了农耕院落空间的经济生产特征（图4-2-7）。

　　中心两进院落按照传统的礼仪习俗强调对称，讲究长幼尊卑秩序，但又适应山地环境创造出变化的空间环境。同时，利用西北角突起的地形构筑两进天井式院落，作为厨房或仓储的辅助空间，通过堂屋正面的檐廊与天井庭院连接。院落正面的东南角，则利用台地高差将厢房局部向外延伸，形成架空的吊脚楼，上层可增加居住空间，吊层可置放农具杂物，而且靠堡坎一侧留出下穿通道，又可满足交通需要，在山地环境下最大限度地利用空间（图4-2-8、图4-2-9）。整个宅院建筑均采用四川地区传统的穿斗构架，以质量上等的柏木或杂木为主要构件材料，建筑全部采用木装板墙而非造价低廉的白灰夹壁墙，门窗装饰雕刻精美，体现出了富足人家的审美价值观。

图4-2-4 花楸山李家大院

图4-2-5 花楸山李家大院剖面示意图

图4-2-6　李家大院前院入口空间

图4-2-7　李家大院石板铺筑的院坝

图4-2-8　院落台地与架空通道1

图4-2-9　院落台地与架空通道2

二、巴中通江梨园坝村

梨园坝村是通江县泥溪乡西北部的一个传统村落，地处川东北的大巴山深处，以中山地形为主，海拔高度在600~800米之间。村落位于北坎山与案山东西相向形成的沟谷坝子之上，东侧案山坡势陡峭，不宜建房居住，西侧坡地起伏变换，形成三层台地，由东往西逐渐升高，分别聚集了三组相对集中的居住群落（图4-2-10、图4-2-11）。台地之间有200米左右的高差，顶层台地之上的山势更加陡险，山头顶峰海拔达1300余米。梨园坝是以马氏家族的血缘关系为纽带聚居的村落，其得名据传最早源于村内流淌的马家河。马家河由北向南流经村落，几经折转，形状酷似传统农具"犁"，遂以"犁辕"命名，后因村内梨树满布，而"犁辕"谐音"梨园"，故易名梨园坝，马家河也易名梨园河。

梨园河是梨园坝村的主要河流，河床宽10~15米，位于两山相向形成的沟谷坝底，靠近西侧台地的边缘。河道以东至案山脚下有南北狭长的平坝，是梨园村民历经数百年辛苦开垦经营而成的良田好土。河道以西的台地之上，则是村民集中生产生活的聚落组群（图4-2-12、图4-2-13）。河岸两侧台地不高，有一座古朴的石板桥连接东西两岸，成为聚落与生产环境以及对

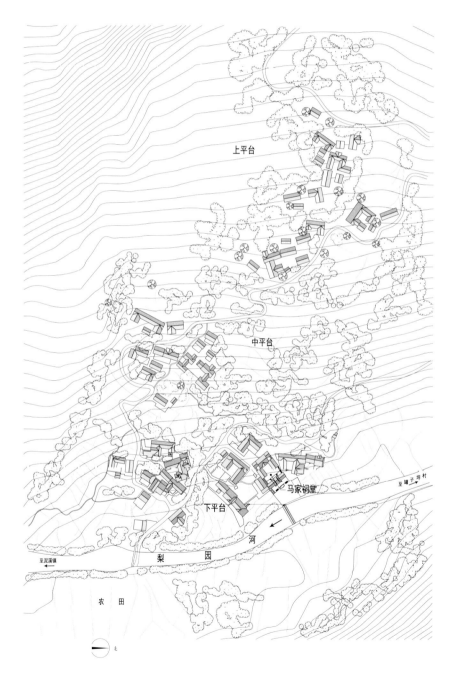

图4-2-10　通江梨园坝村总平面图

图4-2-11 通江县梨园坝村

图4-2-12　梨园坝长院子组团

图4-2-13　梨园坝祠堂院子组团

图4-2-14 梨园坝"一"字形民居

图4-2-15 梨园坝合院式民居

图4-2-16 梨园坝民居的筑台与吊脚空间

图4-2-17 梨园坝村主任院子厢房的吊脚筑台

外交通的重要联系。往西的上两层台地有顺坡开垦的层层旱土，种植小麦、玉米等农作物，而坝底平坦且水资源丰富，主要种植水稻提供聚落生存所需的主要粮食资源。山地环境对外交往相对不便，而山地环境中的土地资源就更加宝贵，因此梨园坝村聚族而居的生产生活方式与川中浅丘地带分散居住的村落形态相比，呈现明显不同的差异特征。

在长期自给自足、相对封闭的农业生产活动中，马氏后人一直延续着耕读传家的文化传统，使梨园坝成为一个重视传统礼仪的家族聚落，并以家族祠堂作为聚落的核心精神空间。靠近河岸的台地之上有马家祠堂，相传始建于清嘉庆年间，之后遭到人为破坏，仅遗存两尊石狮和部分柱础柱石，近期经过复原重建后基本保持了原有风貌。祠堂坐西南朝东北，由正殿、耳房、厢房和戏楼围合形成纵向长方形的院落空间。正面开辟广场，由廊桥跨过马家河，迎面是良田和案山作为对景，环境景观优美，空间格局俱佳。

梨园坝的居住宅院主要有三合院、曲尺形和"一"字形几种平面形式（图4-2-14、图4-2-15），建筑平行等高线布置且都有各自的院坝空间，凸显出四川山地典型的农耕院落布局特色。院落朝向顺应地形地势而定，但在条件允许的情况下尽量朝南偏移，以获取较好的日照通风环境，同时满足传统院落布局的民俗文化需求。建筑的构筑充分尊重自然地形，避免大挖大填，通过筑台、吊脚等空间营造手段来适应地势的变化（图4-2-16、图4-2-17）。宅院周边种植竹木，既能营造遮阳蔽日的居住环境，又能满足生产生活资源的物质需求。村落内古树名木也十分丰富，尤其是村口处的一对古银杏树，相传已有400余年的历史，当地村民称之为父子守望树，成为梨园村落极其重要的历史人文景观资源。

目前梨园坝村尚较好地保持了传统聚落的整体风貌，但空心化现象严重，基本上只有留守老人照看家屋，破损现象亦日益严重。2014年梨园坝村被列入第三批中国传统村落名录后，地方政府部门也开始重视村落的保护。当前，如何使梨园村的保护与可持续的文化经济发展有机结合起来，是值得进一步探索的问题。

三、通江县学堂山村

学堂山村位于巴中市通江县城东北部的沙溪镇境内，地处四川盆地北侧边缘的中山地带，海拔高度约为600~900米。学堂山原名凤鸣山，后改名富贵山，中华人民共和国成立以后因建学堂而易为此名。据碑考，学堂山村始于明朝，其时蔡氏祖先自湖广麻城孝感辗转流徙，迁于此地定居后蔡氏后裔陆续汇聚，逐渐发展为上千人聚居的传统村落。村落境内的蔡家沟、蔡家梁、上蔡沟等与蔡氏家族相关的地名，以及东面与三品寨村交界的高处，由蔡氏族人集资兴建的三品古寨等，都反映出学堂山村典型的以血缘关系为纽带聚居的聚落特征（图4-2-18、图4-2-19）。

学堂山村坐落在坡势平缓宽阔的台地地形之上，背靠缓缓起伏的学堂山，周边有大片开阔的良田好土，山涧溪流顺势蜿蜒而下，农耕资源十分丰富。村落东、西、北三面沟谷围绕，周边连绵的山体形成环护之势，可阻挡冬日凛冽的寒风，创造出舒适的环境小气候。村落之内，同宗同姓的族人多三五成组、聚在一处，形成数家或十数家相邻的院落组团分散各处，少有单家独户零散分布，最大限度地减少农地占用。居住群落均顺应地势，靠山面田、错落有致，掩映于绿树丛林之中，方位朝向自由灵活、因地制宜，并未拘泥于传统坐北朝南的择址定式。

民居宅院形态丰富、类型多样，既有"一"字形、曲尺形，也有三合院、四合院以及多种组合模式，尤以合院形式居多。建筑的空间形态与地形环境有机融合，利用筑台、吊脚等处理方式适应不同的地形条件（图4-2-20），或形成带"腰栏子"（即吊脚楼栏杆）的厢房吊脚楼，抑或以长短坡屋顶顺应地势高差跌落。院落空间作为重要的生产生活场所，宽敞向阳，地面多以大块青石板铺设，图案肌理强调居中的通道，烘托出堂屋空间的礼仪性和秩序感。院坝周围多以进深两步的檐廊环绕，除堂屋空间内外通高外，堂屋两侧次间及厢房部分的檐廊二层则可根据使用需要封闭围合，从而形成骑楼式的廊下空间，极富地方特色。如今，村内仍然保留有数十座穿斗木结构院落，其中最具代表性的有建于清代的蔡家院落群，如岭上院子、底院子、老院子、后头院子，以及杨家大院子、舒正龙院子。

蔡家院落群以位于上蔡沟的数组院落最具特色，包括底院子、后头院子和老院子等，主要为四合院形式（图4-2-21）。院落之间紧密连接，南倚郁郁葱葱的山林，北迎层层而下的田土，东西两侧溪沟相临，生产、生活环境较为优越。各组院落大体上都采用坐南朝北的布局方式，同时又根据各自的地势环境和对景需要灵活调整，偏向东北或西北一侧。其中，蔡家底院子采用四合院布局，堂屋东侧根据地形横向延伸形成曲尺形院落，开敞的院坝因地制宜，以不规则的三角形适应地形（图4-2-22）。正院入口设置龙门（亦称栅子门），与四川常见的山地合院门厅不同，底院子的前堂正中一

图4-2-18 通江县学堂山村蔡家沟院子

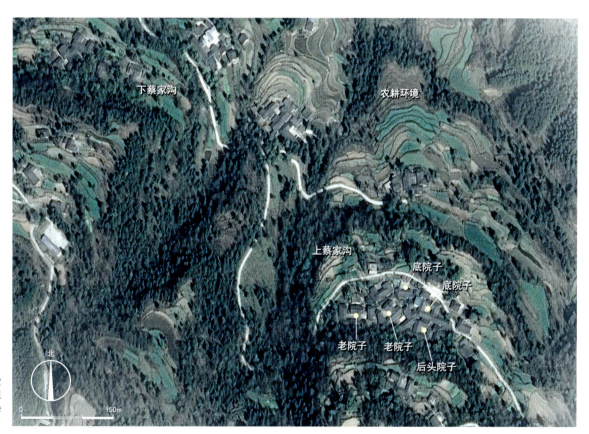

图4-2-19 学堂山村聚落群（底图来源：Google卫星图）

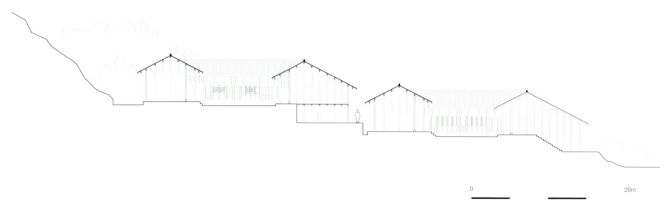

图4-2-20 蔡家大院剖面示意图

图4-2-21 学堂山村蔡家院子组团

间敞开，形成豁口，由砌筑的石阶联系进出院坝，地方特色尤为显著（图4-2-23）。院落外廊柱础造型独特、雕刻精美，阶沿石侧面亦布满各式富有传统民俗文化内涵的雕刻，显示出钟鸣鼎食之家的富贵荣华。后头院子位于底院子北面地势略高的南侧（图4-2-24），也呈合院式布局，院子以东附一狭长的小天井，以西则为一曲尺形院坝，建筑组群根据地势和使用需求呈现有机拓展之势（图4-2-25）。另外几组蔡家老院子则位于底院子西侧，或坐南朝北，抑或坐东南朝西北，分别对向远处开敞的沟谷之地。

杨家大院位于村落西侧，原为蔡氏族人房产，后因杨氏迁居于此购得房屋后方才易主杨家。整体院落亦呈四合院布局，坐东南朝西北，内院周围由通高的檐廊环绕，更显敞亮（图4-2-26）。院坝的铺地石板尺度硕大，阶沿石及柱础雕刻精美，柱枋构件浑圆敦厚，颇有古韵遗风。杨家大院最具特色之处在于入口的空间处

图4-2-22 蔡家底院子

图4-2-23 蔡家底院子龙门

图4-2-24 蔡家底院子与后头院子

图4-2-25 蔡家后头院子

图4-2-26 学堂山村杨家院子

图4-2-27 学堂山村舒家院子

理。大门入口两侧筑台，以延伸一间的厢房相挟，形成三面围合的收紧之势，门屋则利用前长后短的坡屋面适应层层下跌的退台地形，巧妙转换衔接地形高差。石梯道从室外引至室内，再通过门厅继续延伸进入内院，空间收放有序、层层递进，既适应了山地复杂的地形环境，又营造出建筑轴线的空间气势。

舒家院子位于学堂山村南侧的舒家坟，整体采用了坐南朝北的合院式组合布局，呈横向并列展开之势，但院落组合模式与蔡家院子及杨家院子又略有不同（图4-2-27）。院落入口处也采用了豁口式的龙门处理方式，强化入口空间，由石砌台阶拾级而上连接院坝。龙门两侧建筑横跨上下两层台地，下层架空吊脚，用于牲畜圈养及杂物堆放，上层衔接厢房、连通外廊，围合院坝。吊脚楼平齐院坝地坪处，又可根据需要设置外廊，使得建筑空间层次更为丰富。

除了保存完好的聚落格局、自然环境以及大量传统建筑群外，村落中的古桥、古碑、古墓、古寨、古井等历史文化遗存比比皆是，富有地方传统特色的雕刻工艺、民俗歌谣、节日祭祀等非物质文化遗产也十分丰富。而且，历史上红四方面军总医院曾于1934年迁至沙溪王坪，在通南巴各地设立的七个分院中，第一分院就设于学堂山村的蔡家大院，也为学堂山村的历史发展增添了革命文化内涵。这些物质的、非物质的文化遗存，共同构筑起学堂山村独特的聚落文化环境。2019年，学堂山村正式列入第五批中国传统村落名录，既肯定了学堂山村重要的历史文化价值，也为村落今后的保护和发展提供了有效的政策保障。

四、泸州合江穆村

穆村位于泸州市合江县福宝镇南部山区，早期因穆姓家族聚居而得此名，2015年列入中国传统村落名录（图4-2-28、图4-2-29）。村落位于东西南三面环山的高谷台地，台地东西宽约1000米，南北长约

图4-2-28 穆村碉楼民居

图4-2-29 穆村传统院落空间分布图

2000余米，形成由南向北逐步放宽的带状地形。沿沟谷向南延伸，即是与贵州交界的石虎关，曾是川黔边塞要地，由此即可进入贵州境内。古时的穆村有川盐进入贵州的盐马古道穿越而过，境内农耕环境和商业交通环境相结合，共同构成穆村聚落选址布局的重要影响因素。

穆村所处地形整体呈东高西低之势，东边是平缓的台地，海拔高500米左右，西边往下是险峻的沟谷，海拔在300~400米之间，再往东西两侧延伸则是陡峭的山地，海拔高度达1000米左右。南北狭长的台地之上布满肥田沃土，西侧平缓的台地为适宜种植稻谷的水田，东侧靠近山脚的缓坡则为种植玉米、小麦及蔬菜、瓜果的旱土。因地处山地，溪流较少，水田常年蓄水，并且密集分布有蓄水水塘以保障生产生活用水之需。

台地之上至今还保留有十余组传统的乡村院落，但多数宅院因后期加建或改建已发生较大的变化。目前原始风貌保持较好的院落建筑群尚有楼房头的两处大院以及刘坪的一处大院，均由李姓家族兴建于清末年间。其中，楼房头的楼房院子和横房院子，均呈背山面田之势（图4-2-30、图4-2-31），适应地形环境坐东朝西，而刘坪的李家院子则正对两山相对的沟谷豁口（图4-2-32），整体院落坐北偏东而朝南偏西，灵活调整为靠山靠田之势，反映出四川山地建筑适应地形环境的选址布局特点。

穆村的乡村宅院有三大显著特点。一是开敞通达的院落空间。楼房院子由四合院和曲尺院两组院落空间组成，院坝都以本地红砂石铺砌而成，北边的曲尺院开敞不设围墙，南边的合院宽阔不种花草，需兼作收获季节的粮食谷物晒场。横房院子除了内部的数个院落外，建筑外围还有多个开敞的石砌院坝，应是为了满足分家之后每家每户的生产加工场地之需。二是高耸封闭的土筑碉楼（图4-2-33）。因穆村地处山区而又紧邻古道，历史上匪患尤多，碉楼主要用于瞭望观察及防抢防盗之用，当地人习称为"亭子"。其平面呈方形布局，宽窄随宜，除了防卫功能外，还可兼作居室满足日常生活所需。三是随处可见的土墙房子。楼房院子的四合院采用木构穿斗构架夹壁墙，但外围墙体及碉楼部分均用版筑土墙（图4-2-34）。横房院子及刘坪李家大院的围护墙和内部隔墙以及碉楼基本上全部采用版筑土墙，冬暖夏凉且有更好的防卫安全性能。虽地处植被丰富的深山密林之处，却未采用木构而普遍以土筑墙，凸显出川南建筑的风俗文化和构筑技术优势。

目前，楼房院子、横房院子与刘坪院子的传统建筑风貌基本保持完好，但都已经出现不同程度的改建和毁坏。楼房院子四合院的入口当心间朝门已毁，横房院子最具特色的堂屋空间已遭拆除。而刘坪院子的入口门厅也已垮塌，堂屋部分已遭改建，四角碉楼除一座被拆除外，其余三座均被改建降层。更为突出的问题则是人走屋空，原住民外迁，保护传承面临着巨大困境。2016年被列为中国传统村落之后，地方政府正在采取措施寻求保护和发展之路。

五、广安邻水麻河村

麻河村位于广安市邻水县以南六公里的丘陵地区。邻水县境内有华蓥山、铜罗山、明月山三条山脉背斜平行排列，形成"三山两槽"的地形地貌，深丘、浅丘、台地、平坝兼而有之，麻河村一带即属于浅丘地貌，因有麻河溪从村内流过而得名。麻河村的丘陵山地中有许多自然山湾，清代湖广填四川大移民时期，来自湖北、湖南一带的移民到此定居，不同的山湾聚集着不同姓氏的家族。其中相邻较近的有黄氏家族和聂氏家族，以地形特征和家族姓氏结合，称之为黄家湾、聂家湾（图4-2-35）。

黄氏家族来自湖北孝感一带，移民入川后一直都有

图4-2-30 穆村楼房院子

图4-2-31 穆村横房子院落环境

图4-2-32 穆村刘坪李家大院子聚落环境

图4-2-33 穆村刘坪李家大院碉楼

图4-2-34 穆村版筑墙三合院

家谱记载,世代相传至今已有20代。黄家湾地处平行岭谷的丘陵山地,地势东南高西北低,建筑群主要集中在地势较高的东南一侧(图4-2-36)。聚落中最突出的位置有黄氏家族祠堂,选址布局于山腰台地之上,整体坐东南朝西北,台地周边有麻河溪环绕而过,祠堂就坐落在东高西低且依山面水的半岛之上(图4-2-37)。黄氏祠堂的空间布局和一般的院落空间不同,中轴线上前后四栋建筑并列,构成三进院落的基本空间格局(图4-2-38)。前后建筑相距很近,入口门厅及过厅连为一体,形成小天井,后侧两座厅堂相互独立且不设厢房,以院墙或敞廊围合。四栋建筑中,前面两栋窄,后面两栋宽,前侧门厅和过厅面阔三间,后侧下厅和上厅面阔五间,这样的空间排列,既能适应地形条件的限制,又可突出厅堂空间的重要性。据黄氏家族的前辈介绍,这种布局俗称"四重堂",具有四世同堂的文化隐喻(图4-2-39)。

祠堂周边是黄氏家族不同时期发展起来的居住宅院,适应地形的空间处理比较自由,以突出庄重对称的

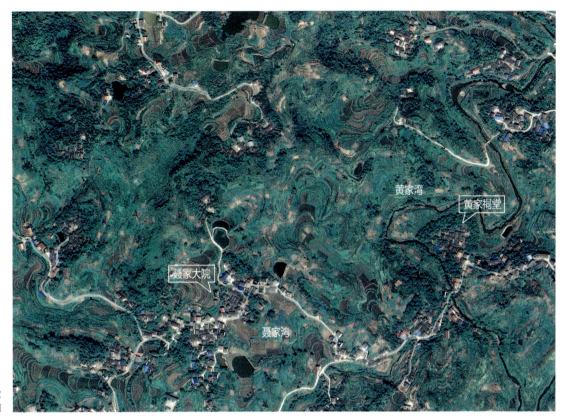

图4-2-35 麻河村黄家湾与聂家湾空间关系图

图4-2-36 麻河村黄家湾聚落环境

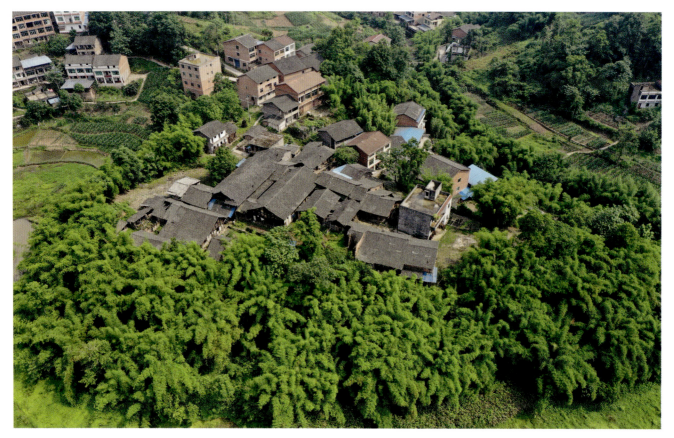

图4-2-37 麻河村黄家湾祠堂与宅院

图4-2-38 麻河村黄家湾祠堂宅院

图4-2-39 麻河村黄家祠堂中轴空间秩序

祠堂中心。其空间营造既有顺应地形自然延长的梭坡屋面,不用天井则可争取更多的内部使用空间,同时又大量采用吊脚的构筑方式,利用吊脚楼下空间堆放杂物或者用作牲畜圈棚。祠堂前面还有宽阔的坝子,可供族人聚集或晾晒谷物。聚落建筑群周边均有茂密的竹林环绕,台地之下是大片旱土,外侧有竹木成荫的麻河溪水环绕,麻河对岸又有大片农耕稻田。这些肥沃的田土是黄氏家族几百年来辛勤开垦经营的结果,同时构成了山地农耕聚落生存的物质环境。

与黄家湾紧密相连的是南面的聂家湾,现有聂姓人家五十余户聚居于此,居住者也是清代早期从湖北移民而来。聂家湾地形宛转变化丰富,形成多个小田垮,居住宅院依山面田比较分散,布局并未拘泥于绝对的坐北朝南,主要根据农耕地形与传统的空间环境综合而定(图4-2-40)。现存最大的居住院落是聂家老院子,靠近聂家湾的东南侧,是一组由八个天井组成的院落空间(图4-2-41)。宅院布局坐东南朝西北,分为中轴和左右对称的三列轴线。中轴上两进院落有入口大门、过厅和正厅堂屋,两侧厢房各有两个天井,是以居住为主的空间环境,厢房背侧又各有开口朝外的三合院。宅院主入口大门构筑在高大的台地之上,面阔五间,居中的当心间设门,横向展开的门屋两端又各有厢楼向外延伸,与大门围合构成巨大的三合院空间。如今部分厢房已经拆毁,但仍然能够看出农耕院落的空间环境特色。

麻河村现存的院落建筑以黄家祠堂最为古老,建筑用材也特别考究(图4-2-42)。大木构架的梁柱硕大,抬梁立柱的直径达40厘米,而山墙穿斗构架的柱径也不小于25厘米,尺度远大于常见的穿斗立柱,且大木材料构件全用优质柏木。抬梁驼峰造型尤显古朴粗犷,门窗浮雕装板整体雕刻而成,雕刻题材及内容极富深刻的民俗内涵。目前整个建筑群保存基本完好,但已不同程度地受到腐蚀甚至人为破坏。2019年列入第五批中国传统村落名录后,保护建设已纳入地方政府的议事日程。

六、广安邻水汤坝丘村

汤坝丘村位于广安市邻水县城东北冷家乡,属于川东褶皱平行岭谷低山丘陵区。据《邻水县地名录》记载,汤坝丘原名"汤粑丘",因此地有一块形如汤粑的小田而得名[①]。村子坐落于万峰山东北—西南走向的岩溶槽谷之中,沟谷平坝与两边山地高差200米左右,山上森林植被茂密、古木参天,山脚又有潺潺的清泉流水,是理想的乡村农耕居住环境(图4-2-43)。在狭长的带状地形上,村民开垦种植的良田沃土长达2公里之多,沟谷两侧的山脚或山腰台地上分布着一户户相对独立的农家宅院(图4-2-44)。

---

① 四川省邻水县地名工作领导小组. 四川省邻水县地名录[M]. 广安:四川省邻水县地名领导小组编印,1985.

图4-2-40 麻河村聂家湾

图4-2-41 麻河村聂家大院

图4-2-42 麻河村黄家祠堂室内构架

相传汤坝丘的住户系明末清初湖广填四川时，由湖南、广东等地移民而来，其居住宅院多以家族姓氏结合地形地貌特征来命名，如龙家湾、奈家湾、吴家湾、下龙家湾、黄家湾、谭家湾、林家湾等，反映出山地特色的聚落环境特征（图4-2-45）。传统院落布局背靠大山，面向田地，建筑朝向完全顺应地形，既有南北向，也有东西向，可根据空间方位对朝向进行相应调整。现存较好的传统建筑有四合院和三合院（图4-2-46、图4-2-47），更多的则是"一"字、曲尺形及组合式宅院（图4-2-48）。为适应农耕生产环境，家家户户都有开敞的院坝，地面以青石或三合土铺筑而成，收获季节时用作晾晒粮食谷物的晒坝，平时又是家人纳凉、休闲的生活场所（图4-2-49、图4-2-50）。

图4-2-43 沟谷中的汤坝丘聚落

汤坝丘的宅院建筑是川东典型的穿斗木构装板墙形式，多采用两坡水的挑山屋顶，房屋进深视其功能的不同，有五柱式、七柱式或九柱式的穿斗构架之分，同时又有满柱落地或隔柱落地的形式，凸显了浓郁的地方构筑技术特色。后期也有用土墙或砖墙进行修复或改扩建的构筑方式，反映出构筑材料随历史发展不断演变的特点。汤坝丘村因其特殊的历史文化背景、良好的农耕经济环境以及较为完整的传统聚落空间形态，已于2013年列入第一批四川省传统村落名录，为保护建设奠定了较好的政策保障基础。

图4-2-44 沿沟谷分布的汤坝丘传统村落

图4-2-45 汤坝丘蒋家湾

图4-2-46 汤坝丘三合院1

图4-2-47　汤坝丘台地三合院2

图4-2-48　汤坝丘组合式院落

图4-2-49　汤坝丘民居院坝与吊脚楼

图4-2-50　汤坝丘开敞的院落环境

七、泸州叙永朝阳村

朝阳村位于叙永县东北部大石镇,地处四川盆地和云贵高原过渡地带的低山浅丘地区。东、南面为大娄山西段北侧余脉,北面为盆地边缘中、低山区,形成天然屏障、三面合围之势。朝阳村旧名朝阳坝,村内有一条东西走向的小溪蜿蜒流淌,与村落西面南北走向的小河相连,溪流两侧为大片水田(图4-2-51)。居住院落零散分布于山脚平坝或山腰台地之上,后有起伏的自然山林庇护,前有开阔的农田环绕,体现出典型的乡村院落选址特色。

如今居住在朝阳村一带的农户多为周姓,均是早期随湖广填四川大移民来此定居的周氏后人。据1987年续修的《周氏族谱》记载,大石镇周氏先祖于明末时从湖北麻城县孝感乡移民入川,插占为业,定居于今叙永一带,经过数代人的辛勤劳作逐渐成为当地富庶大族[①]。朝阳村是周氏族人较为集中的村落之一,现在村内尚保留有数座修建于清朝时期的周家老宅院,均由周氏后人居住和管理。另外,还有多座保存完好的古墓和石牌坊,成为周氏族人移民聚居的重要记录和历史见证。

朝阳村的数座周家老宅均位于靠山面田之地,后有绵延而至的山体,前有开阔的良田合抱,还有曲折的溪流环绕(图4-2-52)。院落选址虽讲究山、水、田相依,但又不拘泥于坐北朝南的严格要求,宅院或坐南朝北,或坐东朝西,均结合实际的地形环境灵活调整。同时,在选址对景上有"坟打山尖屋打坳"之说,即阳宅院落朝向两山之间视野开阔的山坳,寓意家族兴旺有出路,而阴宅坟墓则朝向对景的山头,寓意后代子孙有盼头。这一富有地域民俗特色的选址规律,也是在川南中、低山区特殊的地貌环境下,劳动人民在追求适宜生活及生产的地形环境的过程中总结出的宝贵经验(图4-2-53~图4-2-56)。

图4-2-51 叙永朝阳村的农耕环境空间

① 周氏族谱[M],1987.

图4-2-52 朝阳村聚落空间分布示意图

图4-2-53 朝阳村5号三合院农耕环境

图4-2-54　朝阳村2号周家老宅农耕环境

图4-2-55　朝阳村1号四合院农耕环境

图4-2-56　朝阳村3号周家老宅农耕环境

图4-2-57 朝阳村2号周家老宅俯视图

朝阳村周家老宅的又一特色，是组合丰富的院落布局（图4-2-57）。现存的几座宅院均采用横向展开的院落组合方式，以中间面阔三间的宽敞"大天井"居中（当地人习惯称中间的大院为"大天井"，周边的小院为"小天井"），统领中心轴线，联系入口朝门及堂屋，满足礼仪祭祀的空间需求。两侧副轴则根据使用需要前后设置一个或数个小天井，成为家人日常的生活生产空间（图4-2-58）。这种横向展开的院落布局也更适应山地变换的地形条件。在建筑与地形的结合上多以筑台和吊脚结合的方式进行协调配合。其中，中心院落前后建筑地坪基本保持统一，若有地形高差则在入口处筑台，由拾级而上的石台阶进行联系（图4-2-59）。而两侧天井外围的厢房及附属建筑则根据地势吊脚一层或两层，吊脚部分仍以墙体围合封闭，用于杂物仓储或牲畜圈棚。

图4-2-58 朝阳村2号周家老宅的小天井

图4-2-59　朝阳村3号周家老宅大门

此外，数座周家老宅的建筑技艺也十分出彩，尤其是朝阳村西北端保存完好的周氏老宅（图4-2-60）。整体建筑用材讲究，主体构架及主要门窗均采用优质楠木，建筑空间高大宽敞。檐廊穿枋雕刻精美，其主题既有表现农村美好田园生活的植物瓜果，又有鼓励族人勤奋好学、勇求进取的诗词书画。檐下阶沿石更是壮观，由长达五六米的整体条石砌筑而成，与院落居中对齐堂屋的带状条石铺地相呼应，反映出始建之初，宅院主人的经济实力以及当地精湛的木匠、石匠工艺。与之相比，另外几座周家大宅则已不同程度地遭到了破坏，主体堂屋已遭拆除或改建，部分建筑也因少有人居住维护而出现局部垮塌和损毁，建筑群周边也逐渐出现部分风格突兀的新式楼房混杂其中。目前，朝阳村的周氏宅院群尚未得到相关部门足够的重视，其保护建设亟待提上日程。

图4-2-60　朝阳村4号周家老宅檐下挑枋

八、大邑县鹤鸣乡新民村

鹤鸣乡新民村地处成都平原西部的边缘地带，位于大邑县西北12公里处的鹤鸣山旁，属川西坝子边缘的低山浅丘地形。发源于大邑县境内的斜江河，由西北向东南沿村落流淌，受河道两岸的冲积，坝子宽阔平坦，坝子之上肥田沃土。坝子周围山峦起伏，西北边缘又是著名的道教发源地鹤鸣山，具有良好的农耕环境和文化环境。斜江河将坝子分为南北两大部分，北边的坝子宽达500余米，东西沿河长达2000余米。坝子之上分布有数个兴盛于清代的农家院落组团，这些大小不同的组团是以血缘关系为纽带的同姓家族聚居之地。每个院落组团都以各自的家族姓氏和地形特征来命名，如今保存较为完整的家族聚落主要有傅家扁、杜家扁和牟家扁，且都由数十户人家组成，这几个宗族大姓也曾建有各自的家族祠堂，可惜如今都已不复存在。院落群或坐落于田野之间，抑或近田邻水、依山靠田，建筑周边均有高大的竹木环绕，构成川西林盘传统聚落的环境特色（图4-2-61）。

现有规模最大且传统聚落环境格局保存最好的是傅家扁（图4-2-62）。傅家扁紧邻斜江河北岸，以家庭为居住单位的宅院集中成片，平面形式以四合院和三合院为主，而又以四合院最具特色。规模小的就一个院落，规模大的则有二至三进院落，强调轴线对称且朝纵深方向发展，形成川西坝子不同于丘陵山地的院落空间组合特色。所有宅院基本上都采用坐北偏东而朝南偏西的空

图4-2-61 新民村总平面图

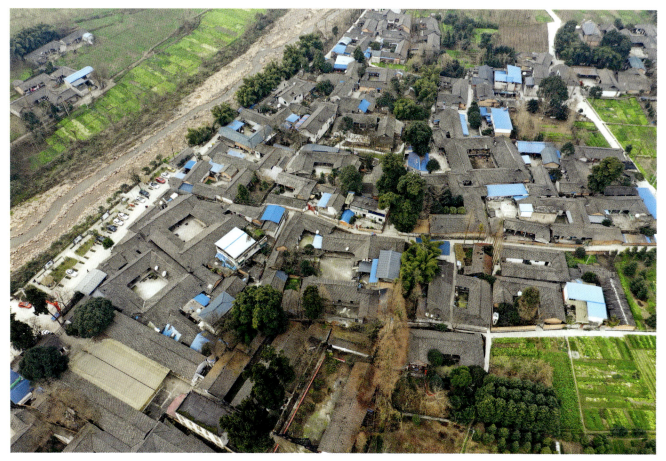

图4-2-62 新民村傅家扁传统院落群

间布局,与斜江河岸紧密结合,但每家每户的朝向方位又略有不同,应与传统的选址布局思想有关。村落内部的众多传统巷道也顺应宅院的布局及轴线,多呈东北—西南走势,可以方便地沟通各家各户,满足聚落内部的交通联系。

傅家扁东南一侧有鹤兴桥横跨斜江河连通两岸,曾是聚落重要的对外交通出入口,桥头至今仍伫立有百年麻柳,成为聚落重要的人文景观标识(图4-2-63)。傅家扁西南侧沿斜江河岸也开通了车行道路,由此向西北即可通往鹤鸣山道观圣地,给传统村落的文化旅游发展带来方便的交通条件(图4-2-64)。不过,村口桥头处因停车场的开发建设,改变了斜江河沿岸原本茂密的竹林景观,如今植栽的矮小灌木丛削弱了林盘聚落

原有的环境特征。临河上游地段的河岸尚保持有较好的林木环境,与斜江河对岸的林盘环境相互呼应,凸显了前有好水、后有良田、竹林相傍的空间环境格局(图4-2-65)。

川西地区的乡村经济较之丘陵山地更为富裕,居住宅院相当讲究,新民村也不例外。村落中的宅院多以两进院落的四合院为布局特征,入口采用民俗文化特色浓厚的八字朝门(图4-2-66)。第一进院落为过渡空间,多采用小天井的庭院模式,经穿堂或内门即进入第二进院落。主体院落宽敞开阔,一般面阔三间或五间,两厢的间数也多同正屋,形成方形院落空间,宏大而庄重,又十分有利于粮食谷物的晾晒。前后两进院落一小一大,小天井与大院坝形成明显对比,既反映了不同空间

图4-2-63 傅家扁组团与斜江河

图4-2-64 从傅家扁院落群远眺鹤鸣山

功能的使用需要,又能丰富空间的层次感和仪式感。中心庭院正面居中为堂屋,面阔较次间更加凸显空间的等级秩序。堂屋前带宽敞檐廊,与两侧厢房的出挑檐口衔接连通,既能满足生活、生产所需,又能营建出丰富的空间层次(图4-2-67、图4-2-68)。建筑墙体装修也极具川西地区的传统特色,院内墙裙全部采用木装板,显得高雅精致,阁楼部分则为白灰夹壁墙,适用而又素雅(图4-2-69、图4-2-70)。随着历史的发展,近代建筑文化的影响也逐渐融入其中,建筑的修复或改扩建多采用近代建筑的元素。如傅家老院子的小天井过厅即采用了砖石风格的拱券式门洞,砖雕、线脚都极具近代建筑韵味,从中也可看到川西民居顺应时代的发展演变特色。

图4-2-65 斜江河南岸桥头的林盘聚落

图4-2-66 傅家老院子朝门

图4-2-67 傅家老院子院坝与厢房空间

图4-2-68 傅家老院子院坝与堂屋空间

图4-2-69 傅家老院子厢房挑檐

图4-2-70 傅家老院子堂屋檐廊

第三节　四川的庄园式聚落

一、大邑刘氏庄园

成都平原西部的大邑县安仁镇是典型的家族聚居的传统场镇，古镇内以刘氏家族聚居最为集中，至今还遗存有刘氏家族的庄园及公馆20余处，也是著名抗日将领刘湘及起义将领刘文辉等民国时期军政要员的故乡。其中最具规模和特色的是位于场镇东部的刘氏庄园，整体院落组群与场镇空间关系密切，但又具有相对独立的庄园环境（图4-3-1、图4-3-2）。刘氏庄园由刘氏四兄弟的集中公馆群与刘文辉公馆两大部分组成。集中的刘氏公馆群包括刘氏祖屋、刘文渊公馆、刘文昭公馆、刘文成公馆、刘文彩公馆（图4-3-3、图4-3-4），而刘文辉公馆独立于刘氏公馆群北侧约400米处（图4-3-5），南北之间由新建的步行商业街紧密连接，形成规模巨大的刘氏公馆聚落群。

刘氏兄弟的集中公馆群是在刘氏祖屋的基础上逐渐发展而来。刘氏祖屋始建于清道光初年，先后历经几次改造扩建，直到民国时期才形成现有的规模。现存祖屋为两进院落的四合院（图4-3-6），建筑坐西朝东，朝门位于东北角转而坐南朝北。祖屋前院的厢房有刘氏家族八世祖刘公赞所创建的酒坊，也是有名的刘氏家族私藏酒，今名公赞酒（图4-3-7）。刘氏祖屋以北依次

图4-3-1　刘氏庄园空间关系图

图4-3-2 刘氏庄园与安仁镇的空间关系

图4-3-3 刘氏祖屋与刘氏兄弟公馆

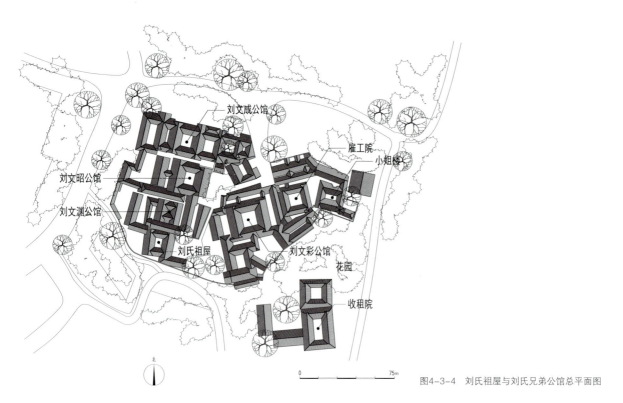

图4-3-4 刘氏祖屋与刘氏兄弟公馆总平面图

图4-3-5 刘文辉公馆俯视

为刘文渊、刘文昭、刘文成的公馆，三座大院与刘氏祖屋在南北向并置排列，主要院落均坐西朝东，同时借用入口大门来调整各自的朝向方位。刘氏祖屋以东为刘文彩公馆，其规模最大，几乎占据了刘氏公馆群的东半部分，除中心两进大型的院落空间外，东侧还有小姐楼、雇工院等多组院落，院楼之后还有规模巨大的后花园。刘文彩公馆大致呈坐东朝西的空间布局，与刘氏祖屋东西相对，反映出公馆在组群中的重要空间角色。刘氏兄弟的公馆规模都很庞大，但各馆之间的布局又相当紧凑，公馆与公馆之间以封火墙围合形成狭长通廊，适应院落组合空间的变化，同时通廊又能形成转折变换的外部空间形态（图4-3-8）。

图4-3-6 刘氏祖屋庭院空间

与刘氏公馆群相距400米的刘文辉公馆由两组院落空间并列组合而成（图4-3-9），建筑规模巨大，占地40余亩，建筑面积8000余平方米。两组院落的平面形态大致相同，各自轴线对称，分别由左、中、右三列轴线构成，中心轴线上均为三进院落，堂屋面向的中心庭院，面阔、进深各三间，空间十分宽敞，是一般传统宅院少见的空间尺度（图4-3-10、图4-3-11）。左右两侧为纵向进深的狭长院落，作为辅助的院落空间与中心轴线上的庭院形成强烈对比。公馆正面居中设置封火墙廊道，两侧为花园和网球场等，形成与川西传统宅院前宅后园迥然不同的空间布局特点。

图4-3-7 刘氏祖屋的酒坊

刘氏庄园的建筑风格受近代建筑文化影响较大。建筑平面基本上采用川西传统的庭院布局方式，以四合院和小天井为基本空间组合特征，建筑构架也采用了穿斗构架与抬梁构架组合的模式。但外部空间的封火墙装饰风格则反映出外来文化的影响，在装饰图案上融入了爱奥尼式、哥特式等建筑风格，装饰材料也运用了当时比较流行的水刷石抹面工艺。尤其是入口大门的立面形态融入了山花墙的风格特征，但其组合形式又有巴蜀地区传统八字牌楼门的空间意向，从装饰的主题、材料、技艺等方面，都表现出四川地区近

图4-3-8 公馆之间形成的廊道空间

图4-3-9　并联布局的刘文辉公馆

图4-3-10　刘文辉公馆庭院空间

图4-3-11 刘文辉公馆中的延辉堂

代城镇聚落中西合璧的建筑风格和时代特征（图4-3-12~图4-3-14）。刘文彩公馆旁的小姐楼也是由传统大宅院的绣楼演变而来，具有传统的历史文化色彩。

该小姐楼建于20世纪30年代，建筑风格打破了传统的绣楼形式，平面采用六边形，为三层楼阁式建筑，六角攒尖屋顶，砖砌外墙抹灰显得更为坚实，凸显近代建筑的风格特色（图4-3-15）。

刘氏庄园作为保存最为完好的传统聚落群，在传统聚落建筑的保护利用方面也启动较早，自20世纪50年代起就已改建为陈列馆，用于展陈。在之后的发展过程中，展陈内容又有所增加或调整，现在则是刘氏庄园博物馆。整个院落群从外部建筑风格到内部空间环境和材料艺术，都完整地保持了历史风貌，对研究川西传统聚落，尤其是研究近现代特殊地域环境下的城镇聚落发展，具有很高的学术研究价值。1994年刘氏庄园建筑群被列为第四批全国文物保护单位。

图4-3-12 刘文辉公馆主口大门

图4-3-13 刘文辉公馆宅院入口大门

图4-3-14 刘氏庄园入口大门之一

图4-3-15 刘氏庄园小姐楼

二、宜宾夕佳山庄园

夕佳山黄氏家族宅院位于宜宾市江安县夕佳山镇北侧,自明万历四十年(1612年)到民国17年(1928年),前后历经300余年的修葺和完善方才形成今日所见之规模,于1996年被列为第四批全国重点文物保护单位。

黄氏庄园坐落在长江南岸夕佳山台地之上,朝北10余公里处为视野开阔的长江沱湾,与长江对岸起伏变化的地形形成对景,沱湾两侧群山跃起、东西相护,具有典型的传统空间格局。整个宅院建筑群采用坐南朝北的布局方式以适应山地地形,宅前地势低平,辟有椭圆形大堰塘以集纳地表水流,同时满足传统宅院背山面水所需的环境要素需求(图4-3-16、图4-3-17)。背山一侧人工培植大量林木,桢楠种植达800余亩,参天

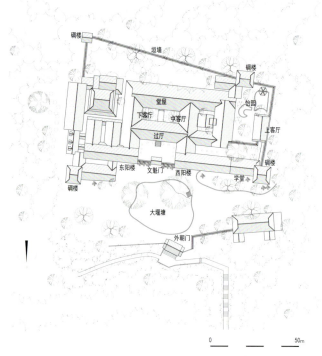

图4-3-17 夕佳山民居总平面图

图4-3-16 夕佳山庄园环境空间

图4-3-18 夕佳山庄园俯视图

树木郁郁葱葱、生机盎然,不但创造了良好的自然绿化环境,而且能防止水土流失,凸显四川山地传统聚落经营的自然生态环境观(图4-3-18)。

夕佳山整体地形呈东南高西北低的趋势,黄氏庄园布局同城镇大型宅院向纵深方向不同,采用了平行等高线横向展开的院落组合方式,在明确的纵向中心轴线控制下,以横向轴线往两翼伸展布局,适应具体的山地环境(图4-3-19、图4-3-20)。横向展开的院落由西向东分成明显的三部分,其间虽有台地高差,但又有机地融为一体。中段为全院的主体空间,两进院落依纵向主轴线分为前低后高的两台。前侧为三合院式布局,庭院横向展开,正面以石墙围合,居中开设大门形成宅院主要入口(图4-3-21)。后侧高出2米多的台地之上为四合院布局(图4-3-22),沿踏步而上分列过厅及堂屋,是家族聚会和议事的中心。西段以多个天井自由组合,布置花厅、凉亭、戏台、琴房、佛堂、书院、私塾等用房,是家族日常生活、娱乐、读书和待客的园林式空间环境。东段则布置客厅、绣楼、仓储、作坊、车马房及厨杂等用房,也设有精致的园林景观,小桥流水,亭阁高筑,显得雅致安静。

夕佳山宅院内有石板铺设的宽大院坝,宅院东、南、西三面又辟有东园、西园及后园(图4-3-23、图4-3-24),与宅院周边的山林环境融为一体,共同构筑起山水园林环境格局。另外,出于防卫安全的需要,院落四周多以高大的围墙围合,未设围墙之处,其建筑均采用厚重且少有窗洞的石墙或版筑墙形式,四角又设置碉楼,用于防御及瞭望,更具安全防卫性,也是川南庄园式聚落的一大特色(图4-3-25)。

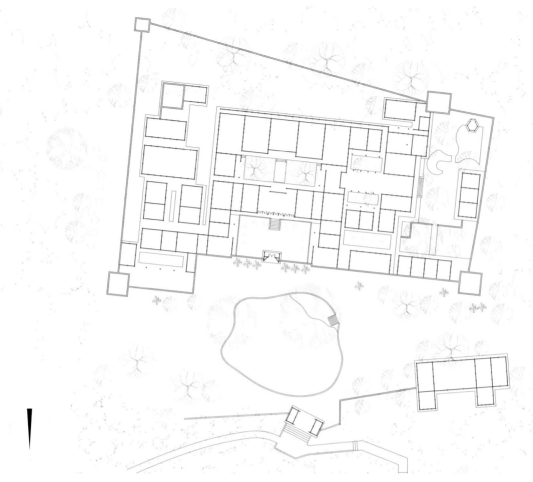

图4-3-19 夕佳山民居平面图

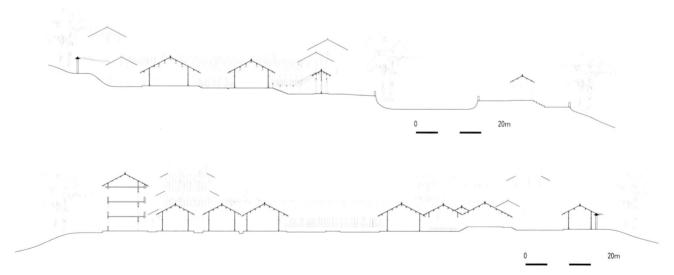

图4-3-20 夕佳山民居剖面图

图4-3-21 夕佳山庄园大门

图4-3-22 夕佳山庄园四合院

图4-3-23 夕佳山庄园后院环境

图4-3-24 夕佳山庄园园林亭阁

图4-3-25 夕佳山庄园碉楼

三、泸县方洞屈氏庄园

屈氏庄园位于川东南的泸县方洞镇，地处浅丘平坝，土地资源丰富，农耕稻田环绕，农家宅院星罗棋布，其中以屈氏家族的庄园式宅院群最为瞩目。屈氏先祖于明末入川，经过屈氏后人辛勤经营，到清代已发展为泸县方洞一带首屈一指的名门望族。屈氏家族规模庞大、人口众多，鼎盛时期在泸县方洞、喻寺等地建有大小庄园共40余处。方洞镇至今仍保存有石牌坊村屈氏庄园、屈垣子庄园和大坝庄园（图4-3-26～图4-3-30），其中又以屈氏庄园建筑群的保存最为完整、价值最高，并于2013年被列为第七批全国重点文物保护单位（图4-3-31），石牌坊村也于同年列入第二批中国传统村落名录。

屈氏庄园最早由清州府知事屈应选（号升之）兴建于清道光年间，后经数代人不断营造，日臻完善。到1912年，其孙辈屈恒升又历时五年扩建围墙、碉楼、戏台、佛堂等，庄园的空间格局至此基本定型。整个院落群占地约30000平方米，平面布局以传统的四合院为组合特征，坐落于地势平缓的大片农耕田园之中。庄园坐西南朝东北，正面及两侧均有堰塘和水田环绕，背面是缓缓升起的土丘，形成依山、面水、靠田的空间格局（图4-3-32）。庄园远处又有濑溪河穿流而过，与传统的空间朝向密切契合，虽无大山大水之势，但仍延续了山水相依的传统布局理念，构筑起屈氏庄园选址布局的空间特色。

图4-3-26 屈垣子庄园环境空间

图4-3-27 大坝庄园环境空间

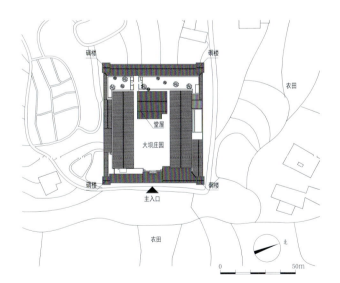

图4-3-28 大坝庄园总平面图

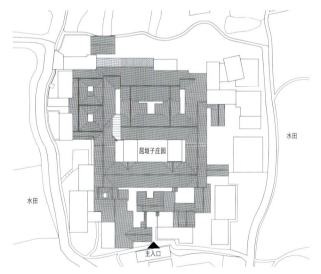

图4-3-29 屈垣子庄园总平面图

图4-3-30 石牌坊村庄园建筑群分布(底图来源：Google卫星图)

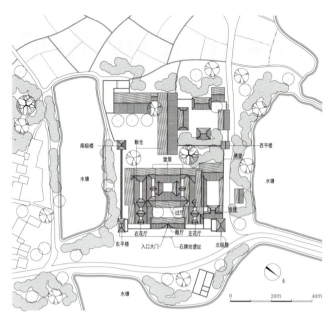

图4-3-32 屈氏庄园总平面图

图4-3-31 屈氏庄园(石牌坊庄园)及其环境

图4-3-33 屈氏庄园院落空间环境

早期的宅院建筑群以中轴对称的方式布局，中心轴线上设有两进院落（图4-3-33）。第一进院落为门厅（敞厅）及过厅，两侧厢房为花厅，院落进深浅而面宽广，构成横向展开的庭院空间，突出开敞的过厅空间。第二进院落正面堂屋面阔三间，与两侧厢房组合成方形的主体院落（图4-3-34）。院落空间紧凑，加之屋檐出挑深远，院落上空开口较小，因此习惯称之为天井，由于前后地形高差，又将第一进院落称为下天井，第二进院落称为上天井。中轴两侧另有大致对称的轴线，以若干小天井围合，为居住用房、厨房和仓储等辅助空间。主体院落西北一侧有屈氏后人扩建的佛堂与戏楼，两者前后相对，与厢房围合形成纵向的长方形庭院（图4-3-35）。同时又于庭院四角加建碉楼，四周以封火砖墙与碉楼连接，形成碉楼式的庄园空间格局，反映出川南一带典型的庄园风格，具有浓郁的时代地域特色（图4-3-36、图4-3-37）。屈氏庄园建筑群的建造年代虽前后不同，但整体风貌有机和谐，也反映出传统聚落的

图4-3-34 屈氏庄园过厅与堂屋

图4-3-35 屈氏庄园戏楼庭院

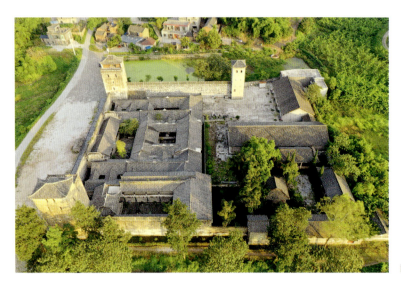

图4-3-36 屈氏庄园侧面俯视图

图4-3-37 屈氏庄园背面俯视图

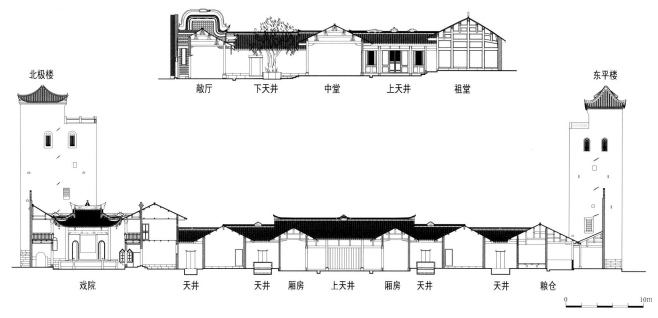

图4-3-38 屈氏庄园剖面示意图

发展演变特色。庄园宅院背侧曾有环境优美的后花园，因后期改建仅存花园围墙遗迹，庭院正面入口的石牌坊也已毁坏，残存部分基址。

屈氏庄园建筑群最为显著的标识是四座条石砌筑的碉楼。碉楼底层和二层的外墙几乎不设门窗洞口，外观显得封闭、坚实而厚重，具有良好的防卫功能。碉楼内部有木构楼梯直达屋顶平台，靠外设有敞厅，屋顶平台既有瞭望观察的功能，也是具有特色的屋顶休闲空间。四个碉楼按照方位分别取名东平楼、西平楼、南极楼和北极楼，入口正面两侧的东平楼和北极楼保存完好，原有南极楼和西平楼已于不同时期遭到拆毁。自列为全国重点文物保护单位后，地方政府对屈氏庄园的保护修复设计极为重视，南极楼也已复原重修，与东平楼和北极楼的风格有所差异，符合文物保护修复设计的可识别性原则。另外，还修复和完善了穿堂过厅及两侧厢房，下天井的庭院及其建筑也进行了复原和修缮，保持了建筑群的传统风貌，并在功能上进行适当调整，作为对外开放的展览设施，传统聚落的空间环境及建筑都得到了有效的保护和利用（图4-3-38）。

四、泸州纳溪刘家大院

刘家大院位于泸州市纳溪区护国镇绍坝乡，系晚清地主刘金娃儿（本名刘仲其）的宅第，当地人习惯称之为刘金娃儿大房子。刘家大院始建于清宣统元年（1909年），前后历时约30年方才建成。整个宅院占地面积约3300平方米，建筑面积2200余平方米，采用土木石构筑，建筑群封闭内向，具有川南地区土堡碉楼的典型特色（图4-3-39、图4-3-40）。

大院坐落于低矮的浅丘顶上，周围有大片开阔的农田环绕。整体建筑坐西北朝东南，外围以高耸的夯筑土墙房屋围合。其下是高约数米的红砂石条石基础，与自然地形契合，其上是厚约80厘米的版筑土墙，厚度是普通版筑墙的两倍，墙身上下浑然一体，形成封闭、坚固、厚重的外围防御工事（图4-3-41）。四角设置夯土碉楼，形成拱卫之势，其厚重的外墙上布满军事防卫用的枪口，具有极佳的瞭望及防卫功效。如今，其中三座碉楼已损毁，仅南侧碉楼保存尚好（图4-3-42）。

图4-3-39　绍坝刘家大院俯视图1

图4-3-40　绍坝刘家大院俯视图2

图4-3-41 刘家大院版筑墙垣

图4-3-42 刘家大院版筑墙碉楼

整个宅院采用传统的院落式布局，分内外两个院落（图4-3-43）。外院位于东南一侧，由入口两侧向外突出的碉楼及正面围墙围合而成，其地坪依地势高于周边坡地数米，利用自然地貌环境烘托出碉楼及外墙的险峻之势。朝门设于正面围墙靠北一侧，偏离整体中轴线，进入朝门后沿弧形石梯拾级而上即为连通内院的入口大门。朝门与大门之间设置的外院巧妙地结合了碉楼与瓮城的布局方式，并利用地形高差进一步加强了入口的防御性。通过大门进入内院，四周由土墙楼房环绕，走道相通，重墙夹屋，与四角碉楼密切联系，院落外围则高墙耸立且机关重重，既满足日常起居、仓储杂用之需，又是重要的防御工事。中心庭院宽敞空旷，可用于休息、纳凉、晾晒及对外集散等，兼顾生活、生产及军事的需要。

目前，刘家大院尚未被列入传统村落及建筑的相关保护名录，但宅院极具川南传统建筑特色。尤其在泸州泸县一带，历史上曾经十分盛行土墙房子，其版筑营造技艺在全国范围内都颇有影响，时代地域特色显著。

图4-3-43 绍坝刘家大院四合院

第四节　四川的寨堡式聚落

一、自贡三多寨

三多寨位于自贡市大安区三多寨镇，是川南地区规模最大的防御型寨堡。清咸丰年间，李蓝起事在川南一带引起骚乱，为求自保，自流井著名盐商李振亨、颜昌瑛及王克家三大家族斥资修建此寨。三多寨的得名大概因李、颜、王三族合建之功，寓意庄子"多福、多寿、多男子"的"三多"之意。寨子始建于清咸丰三年（1853年），于咸丰九年（1859年）初具规模，之后又吸引了四川内江、威远、富顺一带的乡绅富户来此定居，寨内大兴土木，良田四百余亩，人丁兴旺，盛时寨内居住人口达三万余人[①]。

三多寨的选址布局历经数次选址变更，最终定于牛口山脉尾部一处地形险要的山顶台地之上，四缘悬崖峭壁，周边峰峦迭起，东有松树山、南有茅草山、北有马鞍山、中有应家山，形成南高北低、一冲三岔的浅丘坡地（图4-4-1）。三多寨高出外围沟谷地形近百米，四周以天然形成的岩溶崖壁作屏障，具有天然的防卫优势。同时，结合地形环境围绕寨堡山头修筑环通的寨墙，与陡峭的崖壁连为一体，形成易守难攻的防御壁垒。寨墙就地取材，即山伐石，垒石为墙，墙宽约3米，墙高则因地形起伏变化相差较大，平均10余米，

图4-4-1　自贡市大安区三多寨

[①] 自贡市大安区三多寨镇人民政府编. 三多寨镇志（1671-2006）[M]. 自贡：自贡市华华广告印务有限公司，2011：25.

最高处其至可达30米以上，周长达4000多米。相传寨墙之上曾经设有炮楼20余座，枪垛2000多个，天然防御工事与人工防御工事相结合，极大地提升了三多寨的军事防御能力（图4-4-2）。

寨子的东南西北四面共建有五道寨门，东、南、北各一道，西侧为加强防御则筑有内外双重城墙，形成类似瓮城的空间格局，并设置内西门和外西门两道寨门。南寨门和北寨门是三多寨的主要通道，尤以南门最为陡险，视野开阔，曾经需要攀爬400多级石梯道才能抵达寨门。20世纪50年代因修建盘山公路进入寨子，拆除了原有石梯道和南寨门，现有的寨门则为后期重建（图4-4-3）。为适应现代交通的需求，南寨门已加宽不少，但寨门两侧遗存的寨墙仍可反映出南面壮观的入口环境氛围。东寨门和西寨门的尺度较小且平时关闭，只在收获季节时用于粮食运送才会开启（图4-4-4、图4-4-5）。20世纪70年代为修建西门水库，外西门、北门及部分寨墙也被拆除。加之年久失修、自然风化等原因，西面和北面的寨墙多已垮塌，但地势仍然险要，东面和南面则还保存有较多历史时期的寨墙。历史上三多寨的四方寨门都有石板大路与通往富顺、威远、自贡、内江等城镇的古道连接，寨子周围还有石板路环绕，并与各条爬山道路串联起来，形成畅通便利的交通道路网络。

除始建初期的李、颜、王三姓外，之后陆续迁入寨内的人家多为川南盐商、士绅等大户，经济条件都十分富裕。他们各自相地选址，修筑宅院庭园遍布寨内各处，遂有"大雨天走遍寨子不湿鞋"之说，可见建筑的数量之多、布局之密（图4-4-6、图4-4-7）。寨内宅

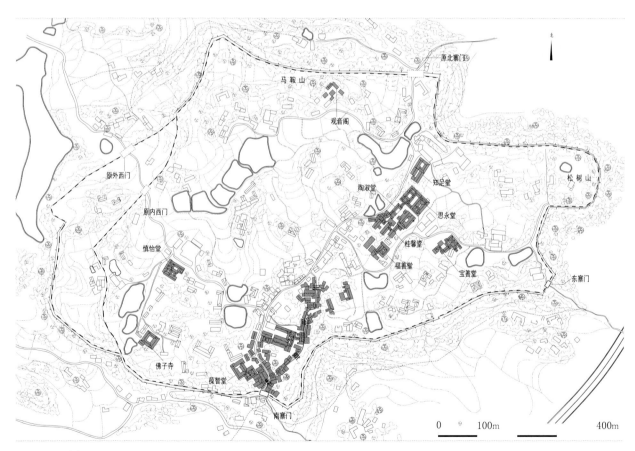

图4-4-2 三多寨

图4-4-3　三多寨南寨门

图4-4-4　三多寨东门环境

图4-4-5　三多寨东寨门

图4-4-6　集中遗存的三多寨盐商宅院

图4-4-7　三多寨盐商宅院

图4-4-8 三多寨场镇

院多以"堂"命名,据《三多寨镇志》记载,直至中华人民共和国成立前夕,寨内除上百户未命名的宅院外,尚有各类"堂"多达100余处,不仅规模颇大,装修也十分华丽[1]。早期修建的宅院多采用传统的穿斗构架,数量最多,占地最广。这类宅院以院落重堂为平面布局特征,过厅堂屋均悬挂匾额楹联,又多附有精致的花园庭院,规模大的还设有戏楼看厢等。如位于三多寨中部的桂馨堂即为三进院落四重堂的大规模建筑群,轴线纵深数十米,层层拾级而上,依次布置大门、三厅堂、二厅堂及堂屋空间,两侧又有大小不同、相互连通的各类小院。庭院内部种植名贵花木,前有荷塘垂柳,后有花园丹桂,是典型的富户大宅。另外还有陶淑堂、慎怡堂、思永堂、登禄堂等,都是极具规模和传统木构建筑特色的住宅院落。

清末民初受到外来文化的影响,寨内建筑风格适应形势也在发展变化,出现了仿西洋风格的洋房子,如李敬善堂、刘安怀堂、福音教堂等都属于这样的建筑类型,尤以敬善堂为典型。寨内居民都习惯称敬善堂为"屋基坝洋房子",为李振亨的孙子李敬才于1914年所建,三层的西式洋楼位于北面的寨子边缘高处,十分显著。20世纪50年代,敬善堂曾作为区政府办公楼,后改作学校之用,可惜在20世纪80年代被拆除。继洋楼之后,寨内的建筑又在传统宅院的基础上以西式风格进行改建或扩建,形成中西合璧的建筑风格,如一富堂、退思堂、光浴堂等即如此。

三多寨规模巨大,除满足军事防卫及生活居住的功能需要外,具有商业文化特征的场市也相继发展起来(图4-4-8)。各类集市贸易活动在寨门外的坡地上兴

---

[1] 自贡市大安区三多寨镇人民政府. 三多寨镇志(1671-2006)[M]. 自贡:自贡市华华广告印务有限公司,2011:97-106.

起，先后于南门、北门附近形成以集市贸易为特色的街市。鼎盛时期街市上云集了一百多间店铺，各类茶馆、酒馆、书铺、当铺、碾坊、糟房等应有尽有，就连东、西寨门外都发展起柴、米、菜、肉等交易市场。之后东、西、北寨门外的场市逐渐凋敝，使得集中在南寨门附近的街市更加繁盛。中华人民共和国成立以后相当长一段时间内，三多寨曾一直是地方政府机构的驻地，至今仍有赶场等传统的商业活动在这里进行。

三多寨丰富多样的人文景观在自然环境的烘托下也十分令人瞩目（图4-4-9、图4-4-10）。历史上寨内外

图4-4-9　三多寨台地环境

图4-4-10　三多寨马鞍山

图4-4-11 三多寨农耕环境

曾有多处庙宇，如寨南始建于明洪武年间的佛子寺，寨北马鞍山下始建于清乾隆时期而后于咸丰年间复建的观音阁，南寨门附近的七星庙、肖家岩佛像等。围绕寨墙还分布了尖山晚照、双塘映月、峻岭横烟、肖岩滴翠、马鞍曙色、仙洞云峰、古井泉香、佛寺晓钟"八景"，由此也反映出三多寨曾经的历史人文盛况。此外，三多寨内开挖的一百余口水井，以及凿石筑寨后形成的众多塘堰（图4-4-11），不仅提供了充足的水源，满足寨内居民的日常生活生产所需，同时也形成大大小小的景观节点，可谓是一举多得。

1995年和2009年，三多寨先后被列为自贡市大安区级和自贡市级重点文物保护单位。2013年三多寨镇又被列为四川省第五批省级历史文化名镇及第二批中国传统村落，2019年被列为第七批中国历史文化名镇。不过，如今三多寨的多数宅院已遭拆除或改建，仅有十余座建筑保存尚好，大量住户外迁，寨墙、寨门也损毁严重，亟须采取及时有效的保护措施进行更好的保护。

图4-4-12 自贡市大安寨

二、自贡市大安寨

大安寨位于自贡市大安区,由自贡最大的盐号"王山畏堂"掌门人王余照于清咸丰十年(1860年)主持修建。寨堡地处起伏连绵的丘陵山地,坐落在南北走向的山顶台地之上(图4-4-12),占地面积达200多亩。椭圆形的山头东西宽约300余米,南北长约500余米。寨堡南面和西面地形陡峭险要,与山下的浅丘坝子高差100余米,需爬500多步阶梯才能登至山顶寨门。东面山头的久安寨大致与大安寨同时修建,成为大安寨东面山地的第一道防御屏障。通过险峻的地形优势与人工构筑的防御工事相结合,使大安寨成为防卫性强的山地寨堡聚落(图4-4-13)。

寨堡周边设有宽约二三米的寨墙,下砌石基,上筑土垣,墙高约3米。沿寨墙修有数座坚固的瞭望炮台以加强防御工事,并设有东门、水东门及南门三道寨门。山下坝子一带俗称大坟堡,周边有大垭口、仙人市、横店子、田铺头、凉水井等歇脚或交换的幺店子,两条古盐道穿插其间,盐担子、米担子、柴担子络绎不绝,逐渐发展成经济繁荣的市井。大坟堡后因

图4-4-13 大安寨、久安寨聚落群总平面图

图4-4-14　大安寨环绕天心窝的建筑群

大安寨而更名大安，随后发展为今自贡市的大安区。

大安寨分为南低北高的两重台地，南北高差10余米。20世纪80年代于南侧台地因修建四川省盐业学校，拆除了部分传统宅院。另有部分宅院也因年久失修自然倾塌，仅有台地边缘的少数宅院得以保留下来。如今寨堡内保存较为完整的院落主要集中在北面侧台地上。台地地形地貌独特，周边地形高而中心部位向下倾斜形成凹地，当地人形象地称之为"天心窝"。王氏家族的主要盐商宅院均环绕天心窝周边高地而建（图4-4-14）。其布局最低处的宅院就叫天心窝，根据地形高差又分为下天心窝和上天心窝（图4-4-15）。环绕天心窝宅院分别有洞子湾、桂花湾、义门堂、有余堂、达生堂、育才书院、王德谦宅、杨柳树等宅院（图

图4-4-15　下天心窝、上天心窝

图4-4-16　大安寨达生堂

图4-4-17　大安寨有余堂、义门堂

图4-4-18　大安寨桂花湾、荆花湾

4-4-16～图4-4-18）。台地西南角地形最高，现已拆迁改建为微波站。大安古寨的宅院都以四合院为基本组合特征，规模大小和空间形态适应地形环境各有特色（图4-4-19）。环绕天心窝周边的宅院都有石板路相连，并与寨门的交通道路联系起来，具有较好的防卫与疏散环境。

下天心窝宅院呈坐南朝北之势，前后厅堂面阔五间，两侧厢房面阔三间，轴线对称，平面方正。院子中心部位靠前有照壁和水池，将院落分成前后两部分，强化了传统礼仪空间的环境特色。正厅的左后侧还设有巨大的储水池，常年蓄水以备防火救急之用。上天心窝紧邻下天心窝北侧，是一组坐东北朝西南的建筑群，顺应地形坐落在狭长的台地之上，面阔宽而进深浅，横向展开一主一次两个并列的院落。其西北一侧是面阔三间进深一间的长方形院子，由入口门厅、正面堂屋、耳房与两侧厢房围合而成，构成上天心窝宅院的主体院落空间。东南一侧的院落较小，面阔、进深均为一间，是家庭辅助用房的小天井空间。大小不同的两个院落，后排建筑虽整体连通，但有屋顶高差，屋顶空间主从分明，又能凸显简练的整体气势。宅院背面有筑台堡坎与石砌围墙，与建筑后檐之间相距4米左右，形成狭长的宅后庭院。

达生堂宅院位于上天心窝东北的台地之上，平面布局坐东南朝西北，顺应地形横向展开，形成左中右并列的三个院落空间。中心轴线上的院落几何对称，朝门、正房和两侧厢房均面阔三间，构成方形的核心院落。两侧院落为适应地形而空间尺度大小不同，左侧是面阔一间的天井式院落，右侧院落则面阔两间。受地形条件的限制，两侧院落靠向前侧，与正面朝门墙垣平齐，中心院落则顺势向后凸出，组合成"品"字形的空间格局。宅院背面紧靠堡坎与石板道路，园林庭院适应地形向左侧发展，空斗砖砌筑的庭院围墙随地形自由变换，构成不对称的山地宅院式园林布局（图4-4-20）。宅院的正面和背面台地上有大片的农耕田地，又构成了具有农

图4-4-19 大安寨院落环境

图4-4-20 大安寨达生堂庭院围墙

耕文化特色的田园景观。

义门堂和有余堂由清代翰林陈家后裔所建，两组宅院并列组合形成群体院落空间，位于天心窝东面的高处台地，坐东偏北而朝西偏南。其中，义门堂是大安寨内最大的一组合院空间，正面外观面阔七间，庭院内部堂屋及耳房面阔五间，构筑在近2米高的条石台基之上。居中的堂屋面阔达6米之多，并有内收的燕窝敞厅，凸显出空间秩序的庄重性。义门堂北侧是纵深两进院落的有余堂，因其进深较大而稍向后凸出。院落南侧厢房与义门堂共墙，正面外墙与义门堂并列平齐，从空间构筑形式上反映出两个宅院的密切关联。建筑群正面是高约5米的条石堡坎，与自然形成的台地相结合，从天心窝一侧仰视显得更为壮观（图4-4-21）。两组宅院均从东南侧的爬山梯道进入高坎平台，再通过水平空间转换进入各自内院，具有山地宅院转折变换的入口空间特色。义门堂南侧的桂花湾宅院、洞子湾宅院，都是颇具规模的四合院，空间相互联系密切又各有特色。

王德谦宅院俗称杨柳树院子，原是"王山畏堂"末代掌门人王德谦的居所，也是大安寨现存规模最小的一组居住宅院，曾于民国期间进行大规模修缮。宅院主体建筑坐北朝南，东侧有横房向南延伸，构成"L"形平面。其突出的特征是将入口大门设于横房南端，并将方正的建筑截割成东南向开门，门前有数级台基拾级而上，展现出别具一格的建筑风貌（图4-4-22）。

大安寨是目前自贡保存较完整的盐商寨堡，虽然寨墙、寨门等基础防卫设施已残缺不全，但山寨的自然空间形态还保存完整（图4-4-23、图4-4-24）。南侧的爬山坡道已改作车道，道路两旁绿树茂密成荫，北侧还有石板古道遗迹。东侧的久安寨遗址也保持与大安寨和谐的自然形态空间格局。存在较大的问题是聚落因大多数住户已搬迁而荒芜。虽然这些建筑已列为自贡市优秀传统建筑，但破损现象严重，木构腐朽尤为突出，亟待抢救性保护规划与修复设计的展开和实施。

三、隆昌县云顶寨

云顶寨位于内江市隆昌县南部云顶山，地处隆昌、富顺、泸县三县交界处，是湖北移民郭氏家族聚族而居的防御性寨堡。相传郭氏家族于明洪武年间从湖北麻城入川迁移至此，经世代开垦种植经营，逐渐发展为云顶山一带的名门望族。清咸丰年间李蓝反清农民起义波及

图4-4-21　高台上的有余堂

图4-4-22　大安寨王德谦宅入口

图4-4-23　大安寨南门

图4-4-24　大安寨水东门

川南一带，本地富商大族多广修寨堡。据1995年的《隆昌县志》记载，云顶寨修建于清咸丰九年（1859年），是由郭人镛、郭光瀚父子主持修建的家族寨堡，至今已有160余年的历史[①]。

早在清嘉庆时期，四川地区就曾因"白莲教之乱"掀起过大规模修寨筑堡的活动浪潮，在防御性寨堡的选址布局方面积累了丰富的经验。"凡聚众据险者，欲久支岁月，及给养能自足之故，必择险阻而又可以耕种，及有水源之地。其具备此二者之地，必为山顶平原及溪涧水源之地，此又自然之理"[②]。寨堡的选址必遵循两个原则：一是险要，即"须极险峻以凭固守"，二是要有足够的空间以供栖息。李蓝之役时川中寨堡亦多遵循此法，云顶寨即选址于四周险要而山顶平旷的云顶山之上（图4-4-25、图4-4-26）。

云顶山山顶海拔约500米，整体地形呈东南向西北倾斜之势，东南高而西北低。东南侧陡峭的地形成为隆

---

① 李开渠. 隆昌县志[M]. 成都：巴蜀书社，1995.
② 陈寅恪. 桃花源记旁证. 清华大学学报·自然科学版[J]. 北京：清华大学出版社，1936，1：79-88.

昌与泸县的天然分界线，山顶视野环境开阔，山下浅丘坡地绵延，高差将近200米。云顶寨北面有峡谷形成的天然隘口，是隆昌通往泸县的重要通道，居高临下，又具有很好的防卫作用。寨子利用自然陡峭的地形环山修筑寨墙1600余米，占地面积约240余亩，而寨墙作为山寨防御工程中最重要的屏障，其砌筑亦尤为讲究。云顶寨的石砌墙垣宽3米之多，充分利用崖壁地势形成外高内低的寨墙环境。墙体外侧适应地形起伏高度不一，少则4~5米，高处可达十几米，与地形结合更为险要。墙体内侧高约3~4米，部分地段结合地形仅高1~2米，与寨墙顶面的联系十分便利。而且寨墙环绕形成环道，曾将数座炮台及数百个垛口串联起来，结合寨内的碉楼、弹药库和粮库等，形成一套完整的山寨防御设施。

寨墙四周也根据实际地形环境灵活地设置寨门。西侧地势相对平缓，山下又是郭氏家族的大面积农耕田地，因此将主寨门设置于此，名通永门（又称西门）（图4-4-27、图4-4-28）。条石砌筑的拱券式门洞宽约3.5米，高约4米，洞内采用内外双层门形式以加强防御，是云顶寨规模尺度最大的寨门。寨墙南面设日升门（又称东门），北面设月恒门（又称北门），两道寨门形制相同，都采用了石板砌筑的平梁式门洞。北面月恒门以东还有小北门（图4-4-29、图4-4-30），三道寨门均较为隐蔽，可兼作攻防疏散之用。

寨内的水源至关重要，为了满足生产生活用水需求，云顶寨的水源主要来自两个方面。一是挖掘水井取水。建寨以来寨内先后挖掘水井七眼，分布于居住院落的周边，基本满足寨内居民的生活用水。另外就是挖掘水塘蓄水，收集地表水及雨水。寨内现有方堰塘和如意池两处水塘，均是开采石材而成的塘堰，既解决了生产生活用水的收集储存问题，又提供了修建寨墙和居住宅

图4-4-25 云顶寨与云顶场总平面图

图4-4-26 云顶寨俯视图

图4-4-27 云顶寨主寨门——通永门（西门）

图4-4-28 云顶寨主入口通永门

图4-4-29 云顶寨小北门

图4-4-30 云顶寨背面山地寨墙

264

图4-4-31 云顶寨横跨如意池的落洪桥

院所需的建筑材料，凸显出云顶寨因地制宜的营建技术措施及空间运用理念。其中，如意池呈不规则的平面形态，长约100米，宽8～10米，池岸曲线流畅，池上横跨有一座五拱石桥，又名落虹桥（图4-4-31）。这里

曾是寨内居民主要的休闲娱乐之处，也是聚落中极具特色的人文环境景观。

云顶寨鼎盛时期曾有居住宅院五十余座，遗存至今的仍有院落组群十余处，从分布上还能看出寨堡聚落的空间环境特色。寨内的居住宅院布局分散，但又有明显的组团特色，主要宅院都偏于地形较为平缓且农耕环境较好的寨子西侧，围绕如意池周边分布，构成寨子的居住中心（图4-4-32）。宅院建筑以四合院为主，也有部分三合院的平面形式，无论公共建筑或居住建筑，都没有强调坐北朝南的传统布局，而以西向和西北向居多。这种朝向选择由东南高西北低的地势所致，而各个建筑方位的具体差异，则是适应风水环境格局与选址布局需求的结果。寨内的院落布局多结合坡地地形，顺应等高线横向展开，形成主、副轴线并置的院落空间特色，也能创造出更加开阔的外部空间造型。中轴线上的院落空

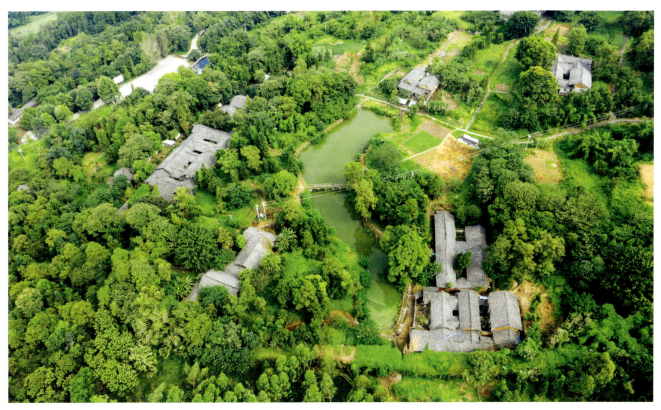

图4-4-32 环绕如意池的云顶寨建筑群

间由入口大门与堂屋组成，两侧多是居住或生产加工的辅助庭院，如寨内现存的大夫第、凉山馆、丁家凼、竹林屋基等即如此（图4-4-33、图4-4-34）。唯有靠近南侧寨墙的书院书屋因地形相对平坦，采用了纵向三进的院落组合形式，不过其最后一进院落的堂屋为两层的骑楼式建筑，则是因屋主曾经留学海外受到外来文化影响改建而成（图4-4-35）。

除了院落的空间布局外，云顶寨宅院建筑的构筑技术也有自己的独特之处。与一般大户人家的穿斗夹壁墙风格不同，寨内宅院建筑主要采用砖木混合结构及土木混合结构，外墙尤以版筑墙构筑为多（图4-4-36、图4-4-37）。这种版筑墙建筑又俗称土墙房子，冬暖夏凉，防护性能较好，是川南地区常见的传统建筑形式。建筑外墙也有使用封火砖墙围合的，但是内部空间仍然使用穿斗木构架形式，空间较大时则采用穿斗构架与抬梁构架结合的组合形式。外墙造型厚重、内部空间通透，凸显出云顶寨典型的建筑空间特色。

云顶寨西面寨墙外，出通永门向南有2米宽的石板路可通往云顶场（图4-4-38），距云顶寨仅数十米远，早期原是附近乡民向寨内住户出售农副产品的集市贸易场地。清代末期郭氏家族获准在此修建场市，云顶场由此渐成规模（图4-4-39、图4-4-40）。场镇由一条主街发展延伸形成"丁"字形的空间布局，正街平行于云顶寨主入口布置在山脊之上，与寨内交通联系紧密（图4-4-41）。沿街店铺基本上都是郭氏族人或远亲近戚所建，反映出清代四川场镇建设的特点。这种由一个家族独立建设或几个家族联合建设的现象在清代四川场镇中较为普遍，也是传统场镇风格风貌能够和谐统

图4-4-33 云顶寨正对通用门的居住建筑群（凉山馆）

图4-4-34 云顶寨大夫第

图4-4-35 云顶寨近代风格宅院

图4-4-36 云顶寨土墙居住宅院群

图4-4-37 云顶寨凉山馆土墙朝门

图4-4-38 西寨墙与通往云顶场的石板路

图4-4-39 云顶寨与云顶场的空间关系

图4-4-40 云顶寨旁的云顶场

图4-4-41 云顶场的老街巷环境

一的缘由之一。建成后的云顶场商业繁盛，茶馆、酒馆、钱庄、百货、药铺、纸火铺、猪羊屠宰市场等一应俱全，而且形成了三、六、十的场期规律。云顶场昔日的赶场活动一般都在夜间进行，每逢场期，周边乡民天色未亮就打着灯笼火把来此赶集，天亮之后纷纷散场，白天又成为宁静的空巷，因此有"云顶鬼市"之说，使云顶场笼罩上神秘的环境氛围。

云顶寨和云顶场整体上延续着晚清时期的历史风貌，寨内也还保持着原生态的空间环境格局，反映了清代四川聚落的历史文化特色，2014年云顶镇被列为第六批中国历史文化名镇，2016年云峰村亦被列入第四批中国传统村落名录。但是，目前云顶寨和云顶场的住户已急剧减少，寨内居住的人家也所剩无几，寨门仅有通永门和小北门保存较为完好，其他寨门早已不同程度地受到损坏，不过环通寨堡的寨墙还基本得以保留。整体聚落环境呈现出较为荒芜的状态，需要加强保护规划与实施利用。

四、武胜县宝箴塞

宝箴塞位于广安市武胜县宝箴塞镇方家沟村，是由段氏家族修建的防御性寨堡（图4-4-42）。段氏家族系清康熙年间随着湖广填四川移民浪潮由湖南迁入四川的移民，自清康熙三十六年（1697年）起陆续定居于四川的定远一带（今武胜县），嘉庆年间逐渐繁荣起来成为一方名门望族，至民国时期发展空前，在当地遂有"段办县"一说，可见段氏家族的规模之大。

武胜地区的寨堡兴起于清嘉庆时期的"白莲教之乱"，而大规模的修建则主要聚集在清咸丰至同治年间。民国时期武胜县被大小军阀轮番控制，各路军阀厮杀混战，人民难以安居乐业，遂纷纷筑寨以求自保。

据1930年《新修武胜县志》记载，县属各乡有碉楼238座、堡寨241座，其中以段氏家族所建碉寨最多[1]。宝箴塞即是段氏家族在社会动荡之时修筑而成，与之同时期兴建的还有周边大大小小的20多个寨堡，共同组成段氏家族的寨堡聚落群。如今多数寨堡已毁，有的尚存遗址，仅宝箴塞保存相对完好，对研究四川清代至民国时期的防卫型聚落具有很高的历史文化价值。2006年宝箴塞被列为第六批全国重点文物保护单位。

现存的宝箴塞聚落群由段家大院、护院碉楼和山顶的宝箴塞三大部分组成，三组建筑呈相互依存的关系（图4-4-43、图4-4-44）。段家大院为段氏家族的老宅院，宝箴塞则是段氏家族为防卫安全而建的寨堡，两者空间联系密切，一个占据山头，具有较好的防御优势，另一个隐于山弯，具有较好的居家环境。段家大院位于宝箴塞东北侧，坐西北朝东南，宅基周边由坡地围合，正面则是开阔的大片冬水田，构成靠山面水的宅院空间环境格局。大院东南角耸立有条石砌筑的碉楼一座，高出地面近20米，成为整体建筑群的制高点，起到瞭望放哨的作用。

段家大院西南侧有自然凸出的独立山峦，与段家大院的山弯紧密相连，提供了极为理想的建寨环境，宝箴塞堡即坐落于此（图4-4-45）。寨堡的基地地形由东西两个小山头并列相连而成，形成两头宽大而中间狭窄的哑铃形地貌形态，石头砌筑的寨墙完全顺应自然地形随宜变化，北面直线转折变换，南面曲线蜿蜒自如。更为巧妙之处在于寨墙与建筑完全融为一体，传统的坡屋顶也呈现出丰富的曲线变化，建筑与场地有机融合，形成十分独特的流线型建筑空间。

宝箴塞寨的寨墙由当地的红砂条石砌筑而成，顶部基本在同一水平高度，成为可环绕通行的军事防御平台，石墙底部则顺应地形环境起伏跌落，建筑与环境有

---

[1] 武胜县史志办公室.（民国）新修武胜县志[M]. 广安：武胜县史志办公室编印，2016.

图4-4-42 武胜县宝箴寨聚落群

图4-4-43 宝箴塞与段家大院剖面示意图

图4-4-44 宝箴塞与段家大院总平面图

图4-4-45 适应地形环境的宝箴塞

机渗透，展示出天平地不平的传统建筑营造手法（图4-4-46）。寨内主要为满足居住的院落式建筑，以单层坡屋顶为主，内部空间高大敞亮。庭院周边的寨墙内侧则高出庭院地坪2～3米，其上又覆有二三米高的穿斗构架回廊，外围石墙直抵屋面，石墙之上开设瞭望射击孔洞，占据居高临下之势，具有极佳的防卫效果（图4-4-47）。

在内部功能的布局安排上，寨堡利用东西两端宽敞的场地条件构筑东西两组院落空间（图4-4-48）。主体院落宽敞方正，设置生活起居的门厅、过厅、堂屋、书房、客房等，旁侧的附属庭院则随地形变化形成不规则的院落空间，满足厨房、杂物、粮仓等辅助用房需要，厨房天井内有深挖的水井提供寨内日常生活所需的用水。寨子中段的狭窄处设戏楼庭院，采用坐西南朝东北的布局适应地形，也是全寨的公共娱乐活动中心（图4-4-49、图4-4-50）。戏楼三重檐的歇山式楼阁高耸于寨子中央，既发挥了突出的标识性作用，其顶部楼阁又具有瞭望、放哨的功能。戏台对面的殿堂分上下二层，底层架空连接东西两院的交通，二层设座成为赏戏听曲的看台。位于寨子中部的戏楼庭院又是进入山寨的主要入口通道，宽敞的庭院空间具有良好的人员集散作用。四川的戏楼多设于祠庙会馆之中，像宝箴塞寨这类居住宅院内设置戏楼的相对少见，当年段氏家族建戏楼，除满足家庭娱乐外，更为款待宾客及商业文化活动交往所需。

相传宝箴塞寨堡的东寨和西寨修建于不同时间，其中，东寨兴建于1911年，而西寨则扩建于1932年。东西两寨构筑时间虽前后相差20余年，但整体空间形态却极为和谐，体现了中国传统建筑与自然环境协调和美的环境空间特色。除了在建筑材料、构筑技术、空间形态的选择运用上加以调和之外，处于东西两寨之间狭窄处的戏楼空间处理可以说发挥了十分重要的作用。其高耸的楼阁与水平向延伸展开的院落

图4-4-46　宝箴塞寨门入口

图4-4-47　宝箴塞寨墙防御通廊

图4-4-48　宝箴塞内院东西联系的过街楼

图4-4-49 宝篋塞戏楼兼望楼

图4-4-50 宝篋塞戏楼庭院

形成强烈的对比，既丰富了整体的空间构成形态，又促进了不同空间的有机融合，反映出古代匠师的巧妙构思。

寨堡之下的段家大院是一组规模巨大的四合院建筑组群，由一主两副共三列轴线组合而成，中轴线上设有两进院落（图4-4-51）。第一进院落由朝门与院墙围合，朝门居中，两侧为不规则的辅助建筑，构成横向展开的院坝空间，东北面有瞭望的碉楼。第二进院落由戏楼、正房堂屋及两厢围合而成，组合成尺度巨大的院落空间（图4-4-52）。院坝地坪分为前低后高两台，高差2米左右，两侧厢房利用地形作拖厢处理。上层台地两厢面阔五间，与面阔五间的正房组合成方形院坝，下层台地两厢面阔两间，与戏楼及两侧耳房围合形成狭长的戏楼庭院。而且上层院坝地坪高度接近戏台台面，正好适应看戏时的视线需要，既顺应了地势，又发挥了作用。另外，中心庭院两侧又各有两进院落的天井式庭院空间，尺度较一般的天井院落稍大，设有书房、客厅、花厅等，庭院周边或有檐廊环绕，或是出檐深远，都具有很好的遮风避雨功能，也展现出川东湿热多雨地区典型的传统建筑风貌。

图4-4-51　段家大院环境空间

图4-4-52　段家大院中心庭院

第一节　藏羌民族聚落概况

一、藏族聚落的分布与环境

四川是一个多民族聚居的省区，在川西少数民族聚居区域中，分布最为广泛而集中的是位于甘孜藏族自治州及阿坝藏族羌族自治州的藏族聚居区。四川的藏族按照分布区域、民族文化语系以及迁徙环境的不同，又可大致分为康巴藏区、安多藏区和嘉绒藏区。川西藏族的地域分布较广，自然环境及地理气候的差异都会影响聚落的空间形态。因地制宜、就地取材是川西藏族民居的营造技术特色，根据地方资源的差异形成不同地域特色的建筑风貌。在岩石资源丰富的川西藏区，石材作为聚落的主要建造材料普遍用于构筑寨墙、碉楼等建筑及构筑物，创造出川西藏族独特的建筑风格特色。由于石材材质与色彩的不同，以及所处环境的差异，又形成不同地域特色的聚落环境风貌。

聚落环境与经济生产。四川藏区地域辽阔，藏族聚落分布地域既有高山草原，又有深山峡谷及河谷坝子，根据经济生产方式的不同，聚落形态也相应呈现出不同的模式和特征。如具有农耕文化特色的嘉绒藏族聚落，多集中分布于丹巴境内大金川河、小金川河、大渡河一带的河谷深处及高半山台地。其中，位于大金川河巴底乡的邛山村、沈洛村（图5-1-1）、甲居藏寨（图5-1-2），位于小金川河高半山台地上的中路乡，位于大渡河山腰坡地上的梭坡乡等，都是丹巴境内保存较好

图5-1-1　丹巴巴底乡金川河台地上的沈洛村

图5-1-2 甲居藏寨的聚落环境

的嘉绒藏寨村落。这一带是典型的高山峡谷地貌，农耕环境主要分布在河谷地区与高半山地区，聚落形态与生产环境相结合，与周边丰富的农业景观相融，凸显出丹巴地区特有的藏族聚落风貌。又如分布于半农半牧区域的藏族聚落，不管是逐水草而居的移动账房，还是避风向阳的固定居所，都展现出与农区藏族聚落差异明显的风貌特色。而在汉藏交流频繁、靠近交通要道的区域，又受到商贸文化的影响，少数以商贸经济发展起来的藏族聚落，布局集中紧凑，街巷空间明晰，聚落环境反映出城镇聚落的特征。

聚落环境与防卫安全。社会动荡的历史时期，物理性防御机制在冲突激烈的川西多民族聚居地区占据着主导地位。藏族聚落选址也充分利用天然的河流、山川等险要地势作为防御屏障和聚落边界。聚落内民居布局相对紧凑，多以聚众而居的方式获得安全感，从藏族谚语所说的"贼偷独户，狼叼孤羊"中，也可反映出藏族聚落中对于聚合之势的心理需求。藏族民居院墙多封闭厚实，碉楼堡寨密布其中，占据险要地形，具有显著的防御功能（图5-1-3）。除了防御之用外，有的碉楼还有居住、储藏等功能，甚至还有以宗教文化为核心的经碉。如素有"千碉之乡"美誉的丹巴地区，在碉楼分布最为集中的梭坡与中路，如今仍耸立着大量保存完好的古碉楼，成为藏族聚落极具地域文化特色的标识景观（图5-1-4）。

聚落环境与土司官寨。藏族聚落也有官寨居中、周边聚合的空间形态，主要是受到历史时期少数民族地区

图5-1-3 丹巴梭坡藏寨碉楼群

图5-1-4 丹巴梭坡碉房与碉楼空间关系

的土司制度影响所致。土司官寨是随土司制度发展而来的产物，作为地方首领的政治及军事堡垒，在物质和精神层面都对聚落的空间秩序起到核心的统领作用。同时，聚落中象征豪门大户权势和财力的大宅，也常常具有与官寨类似的体量和地位。以官寨为权力核心的藏族聚落，多呈现向心型空间布局形态（图5-1-5），官寨处于聚落的中心位置，抑或独立于聚落之外，但与聚落之间相互呼应，占据主导地位并成为整体的视觉制高点。而聚落内其他建筑间呈现较为匀质均衡的空间秩序，典型例证如卓克基官寨和西索村的聚落。

聚落环境与崇拜信仰。藏族是几乎一个全民信教的民族，宗教信仰影响着藏族的社会结构及日常生活的方方面面。川西藏区主要盛行藏传佛教，寺庙建筑往往成为聚落的核心组成部分，大型佛教寺庙周边有密集的居住建筑环绕。佛教寺院建筑的墙体收分明显，形成高大的屋顶平台，体现出藏式建筑的民族风格，平台上多使用传统的汉式坡屋顶及金色的瓦屋面，具有汉藏结合的建筑风貌（图5-1-6）。环绕寺庙的居住建筑或为喇嘛的居住宅院，或为藏民的碉房民居，建筑尺度相对较小，建筑色彩也较为素雅，与佛教寺庙形成主从分明的空间环境特色。在四川藏族聚落景观中，也体现出丰富多样的崇拜文化。如聚落中随处可见的嘛呢堆，以石块堆筑而成，象征须弥山，表现出典型的灵石崇拜，上插树枝、羽箭、经幡，象征宇宙树，祈祷战神保佑胜利。又如藏族聚落中具有浓郁宗教文化色彩的经幡（图5-1-7），不论规格大小，都由印有经文的白色、红色或蓝色的织物制成，随风飘动以替代口诵念经，传达着藏族人民对神灵的祈愿。水资源丰富的地方，还在沟渠之上修筑磨坊式的小楼阁，以流动的溪水带动转轮经筒。这些反映民族信仰文化的元素，共同构筑起了藏族聚落的文化环境特色。

图5-1-5　土司官寨与聚落环境

图5-1-6　丹巴中路乡的佛教寺庙

图5-1-7　丹巴中路田间地头分布的经幡

二、羌寨聚落的分布与环境

羌族是远古华夏族的重要组成部分，原广泛分布于西北各地，殷商时期主要活跃在河湟地区，后逐渐南迁，秦汉以后迁移至岷江上游一带定居，保留着诸多古羌文化并一直延续传承至今。四川的羌族聚落主要分布在川西北阿坝地区的茂县、汶川、理县、松潘、黑水等地，以及北川的羌族聚居地一带。其聚居区域属于四川盆地外围山体向西部高山高原过渡的地带，地势由中山向高山和高原过渡，自下而上形成"河谷—半山—高半山—高山—极高山"的地貌形态。羌族聚落多分布于高山河谷地区以及高半山台地，群山环绕，冬寒夏凉，高山寒冷，河谷温和，气候条件的差异不同程度地影响着聚落的分布及居住形态。

聚落环境与经济生产。羌族聚落的空间形态与经济生产息息相关，以农牧经济为主的聚落多较为分散，而以商贸经济为主的聚落则多集中紧凑。羌族畜养牛羊的历史相当悠久，直到清代仍多以放牧为生，因此，坐落在高半山地带的早期羌寨聚落多靠近牧场，整体布局呈现出较为分散的状态。随着羌民的迁徙和发展，进入草原边缘的河谷地带时，牧业发展受到自然条件的限制，开始农牧兼作的生产形式，聚落布局逐渐呈现聚拢的趋势。而在交通条件较好的地方，与汉族文化相互交流影响较深，也有羌族聚落因交通商贸集市发展而成，整体布局呈现以街巷空间为主导的商业聚落形态。

聚落环境与军事防卫。羌族人长期聚族而居，对外具有极强的防卫意识，聚落选址十分注重防卫安全，多选择高山险阻的地形环境作为理想的聚居之地（图5-1-8、图5-1-9）。高山地形险要易守难攻，居高临下视野开阔（图5-1-10），在战事中能占据有利地位，建筑布局相对分散独立。河谷地区的羌寨虽有较为方便的交通出行条件，但缺乏天然防御屏障，建筑布局更加紧密，相互之间联系方便以增强整体的空间防御效果。羌寨聚落中亦多于防御要塞之处修筑高低起伏的碉楼（图5-1-11、图5-1-12），具有瞭望、储藏、防守等多种功能，甚至与居住功能相结合，如桃坪羌寨的居住建筑就与碉楼融为一体。碉楼高耸凸出，一般高十几米或二十米，少数甚至高达三十余米，视线通透。同一个聚落中往往有多个碉楼，布局疏密有致且彼此呼应联系，成为聚落的制高点，从而构筑起完备的空间防御网络，同时又是聚落环境中民族文化的地域性标识符号。而河谷坝子地带的羌寨，布局紧凑的建筑还充分利用相互之间的街巷，组织明暗交错、彼此连通的复杂空间网络，更有利于聚落内部的防御和进攻。

图5-1-8 汶川县城周边山地的羌族聚落（2008年大地震前）

图5-1-9 汶川县城周边山脊上的石头羌寨（2008年大地震前）

图5-1-10 山脊羌寨俯视汶川县城（2008年大地震前）

图5-1-11 山脊上的石头羌寨遗迹

图5-1-12 山脊上的羌寨碉楼

聚落环境与社会组织。羌族传统社会内部没有严密的组织和等级划分，通常以宗族血缘为纽带聚族而居。羌族特有的议话坝和寨老制，亦对聚落的空间建构具有深远的影响。议话坝是古代羌人用于练武、议事、决策等活动的空间场所，聚落内部纠纷的调解、族规条约的订立等，都在议话坝中进行，凸显出极具羌族文化特色的聚落环境。寨老则是聚落内部各项事务的组织者、领导者和决策者，由聚落成员拥戴自然产生，寨老与寨民之间的地位平等。而且羌族传统社会以父系家长制家庭为主，儿子成家后要另立门户。在这种以家庭为单位的居住环境中，居住建筑的规模相对较小，建筑之间多呈现匀质均衡的形态特征，多形成以议话坝为聚落核心的公共空间环境。

聚落环境与土司官寨。除了羌族社会传统的寨老制以外，历代中央推行的民族政策，也影响着羌族聚落的社会结构，而由土司制度发展出来的土司官寨，又对羌族聚落的空间形态产生了极大影响。土司官寨作为辖区内政治、经济、文化的中心，多位于聚落中最有利的军事高地，或独立于聚落边缘，抑或坐落于聚落中心，形成以官寨为核心空间的羌寨聚落环境。

聚落环境与民族文化。羌族的信仰文化丰富多样，尤以泛神崇拜信仰最为普遍，自然万物皆神灵。羌人信仰的众神中以天神地位最高，可主宰万物，而与生产、生活关系密切的其他自然物也都可以供为神灵。所有神灵均以白色为象征，成为羌族极具文化特色的白石崇拜。白石崇拜在羌族聚落中随处可见，被敬奉于山中、林地、屋顶和室内各处，构成极具民族文化特色的环境风貌。羌人也有自己的风水理念，在聚落及其建筑的选址布局等方面发挥着重要作用，如羌民之间流传的"门对槽，坟对包"这一择址民谚。"槽"是指山体间的空隙，"包"则是指聚落周边的山顶。无论聚落，还是住宅，其选址朝向都要避开山体的遮蔽，以便透过山峦享受阳光的照耀，遥望远处的雪

图5-1-13 羌寨的石砌筑建筑艺术

山。这与四川盆地乡村所传的"湾湾屋基咀咀坟"有着相似的民风民俗概念。

聚落环境与建筑风貌。《后汉书·西南夷列传》记载:"冉駹夷者,武帝所开,元鼎六年,以为汶山郡……众皆依山居止,垒石为室,高者十余丈,为邛笼。""邛笼"在羌语中意为碉楼,可见羌族自古就有垒石建碉楼的传统。碉楼民居作为羌族最为典型的建筑形式,大多用乱石砌筑而成(图5-1-13),也有以土夯筑而成的,常结合坡地分层筑台,呈阶梯状顺坡而下。屋顶多为晒台,彼此之间相互联系,也有部分以石片覆盖的坡屋顶屋面,形成具有地域特色的建筑风貌特征。[①]

第二节 嘉绒藏族聚落

一、丹巴甲居藏寨

甲居藏寨(图5-2-1)位于丹巴县城北侧,距丹巴县城章谷镇约8公里,地处巴颜喀拉山脉、邛崃山脉等汇聚的高山峡谷坡地地带。峡谷之中有大金川河由北向南激流而过,甲居藏寨即坐落于河谷西岸的半山台地之上,平均海拔2200米。其西面山顶最高处海拔可达4000余米,而大金川河谷海拔约1900米,与甲居藏寨

---

① (南朝宋)范晔. 后汉书·卷八十六·南蛮西南夷列传第七十六[M]. 济南:山东画报出版社,2013:432-445.

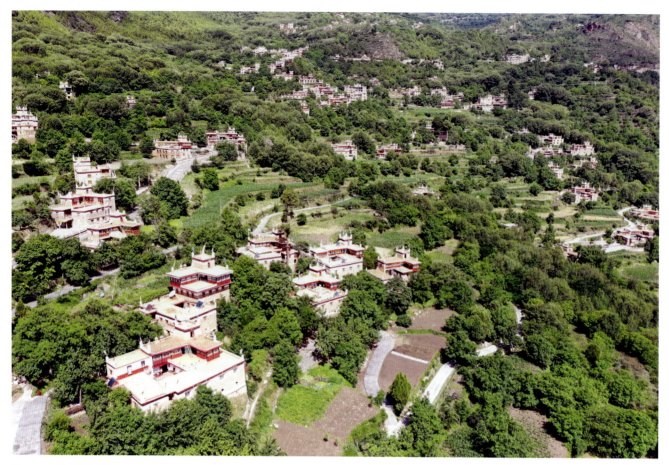

图5-2-1　丹巴甲居藏寨

垂直高差也有300米左右。藏寨的整体地势由西向东倾斜，日照充足，坡度相对平缓的台地上，是藏民祖祖辈辈开垦的耕地（图5-2-2），高山植被资源丰富，形成农牧结合的生产、生活环境。"甲居"在藏语中有"百户人家"之意，甲居藏寨即指具有百户人家的聚落环境。如今甲居藏寨的发展规模较大，早已远超曾经的百户规模，成为川西地区著名的嘉绒藏寨聚落文化景区。

藏寨的选址和布局不仅与特定的山川地貌和宗教信仰相关，同时也是当地藏民传统生产生活方式影响的结果。甲居藏寨位于大金川河西侧的缓坡地带（图5-2-3），东侧顺坡而下是峡谷河流，南、西、北三面又有连绵的山峦环抱，占据枕山面水的地理环境优势。藏寨内土地肥沃、避风向阳，西侧雪山上季节性融化的雪水顺着溪沟、水渠缓缓而下，又能提供充足的生产及生活用水。富有民族文化特色的民居建筑在农耕土地的围绕之下，大分散、小集中地分布于田间地头，顺应起伏变换的地形，呈现出层层叠叠的聚落景象，空间层次尤为丰富（图5-2-5、图5-2-6）。这一代的嘉绒藏民历来就有崇拜当地墨尔多大神山的传统信仰，认为山神可保佑他们丰衣足食。因此，所有居住建筑都倚山顺势朝向东方的圣山，而且每栋宅院都尽量避免前后视线的遮挡，以便煨桑及朝拜时能面向神山祈愿，这大概也是聚落选址于坐西朝东地形的一大文化环境因素。

甲居藏寨的居住建筑具有碉房下大上小的建筑风格，其空间形态源于早期的邛笼建筑。建筑形态犹如一座座坚固的小型堡垒，外墙以当地的片石和黄泥砌筑而

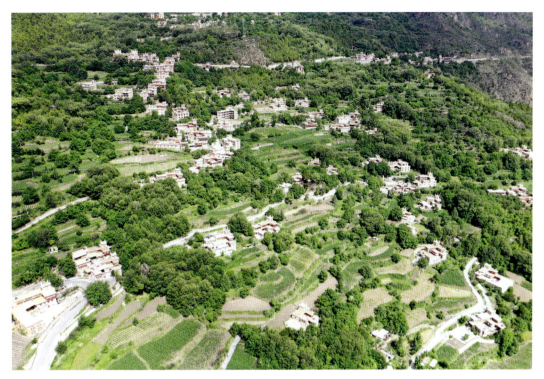

图5-2-2 丹巴甲居藏寨的农耕环境

图5-2-3 甲居藏寨与大金川河谷的空间关系（底图来源：Google地形图）

图5-2-4 甲居藏寨俯视大金川河

图5-2-5 甲居藏寨碉房建筑群

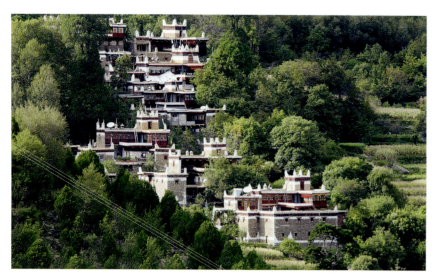

图5-2-6 甲居藏寨依山跌落的碉房

成，墙体敦实而厚重，向阳面开设内宽外窄的小窗，具有较好的避风及防御功能。墙体立面收分较大，四周墙面均向内倾斜，形成下大上小的梯形体量，增强建筑整体的结构稳定性，而且具有视觉稳重的审美效果，这也是藏族碉房民居的典型营造技术特征。在地质构造不是十分稳定的丹巴地区，坚固的石砌楼房，还能有效抵御峡谷劲风以及时常发生的滑坡、坍塌等自然灾害。在相对分散布局的聚落环境中，这种封闭内向的建筑形态将居住与防御功能相结合，也是历史时期区域内矛盾冲突不断的社会环境所致。

寨内民居的装饰和色彩也处处体现出浓郁的藏族文化和信仰特色。房顶四角以片石垒叠成突起的垛子（图5-2-7），顺墙面向上延伸形成小山状，并插饰迎风的经幡，展示出对山体的崇拜。四角小山状的装饰物色彩均为白色，应与原始的白石崇拜有关。屋顶的煨桑炉，多置于西侧，面向寨子倚靠的亚宵神山，用于家人在传统节日及日常生活中祭祀神灵、祈愿求福。泥黄色的石筑外墙上，以红色、黑色以及白色为主色调进行粉刷，分别饰以带状及山形的图案，凸显出苯教中万物有灵的信仰文化，反映出甲居藏民对天、地、日、月以及山川、草木等的敬仰。房屋从门楣到内墙，在木构门、窗、柱、枋等木构件上，绘制了配色丰富、艳而不俗的云彩、莲花等吉祥图案，装饰尤为精美，成为甲居藏寨民居建筑极具地域特色的标识景观。

碉房建筑一般以三层居多，四层、五层的也不少，底层畜圈，中间住人，经堂置上。建筑体量呈现层层内

图5-2-7 甲居藏寨碉房群屋顶形态

图5-2-8 甲居藏寨碉房屋顶露台

退之势,形成上下错落的多个室外平台(图5-2-8),成为粮食晾晒和家人休闲的重要场所。底层平面多为正方形或纵长矩形,用于喂养牲畜,又能利用坡地地形高差,为二层提供更大的使用空间。二层主要供家人生活休息,平面呈"L"形、"凹"字形或"回"字形,主室设火塘,俗称锅庄房,为日常起居的重要空间。三层以朝向东侧墨尔多神山的经堂为核心,是住宅中最为庄重、神圣之地,装饰也最为华丽,并有退台形成的晒坝,面朝向阳无风的一方敞开,趋利避害。三层之上,多在建筑一角修筑方形平面的储藏用房,远观时犹如耸立的小型碉楼。

建筑在利用地形上也别具特色。3~4层的建筑利用地形作退台处理,前侧局部向下吊层,形成错层处理的空间,人们可以通过台地直接进入二层居住生活的空间,从而改善了独木爬梯的上下联系方式,这也是山地藏式建筑的创造性特色。屋顶的退台也从一层退台增至二层退台,增加了更多的内外空间联系,创造了更多开敞明亮的外部空间环境,体现出空间发展的适应性规律(图5-2-9~图5-2-11)。

如今的甲居藏寨除了当地藏民保留的一些历史建筑外,为适应旅游环境也建设了一些新的建筑满足游客餐饮住宿的需要。虽然规模较历史上的传统建筑有所扩大,而且采用了新的建筑材料和结构技术,但外部风格整体上还能与藏寨原有的传统空间环境和谐一致。在传统聚落的发展建设中,增加的车行道路已能连接到各家各户,在提供当地居民生活生产便利的同时,并未影响传统聚落的整体环境风貌。这种新与旧的有机融合,保护与发展的同步协调,具有较好的借鉴和参考价值。

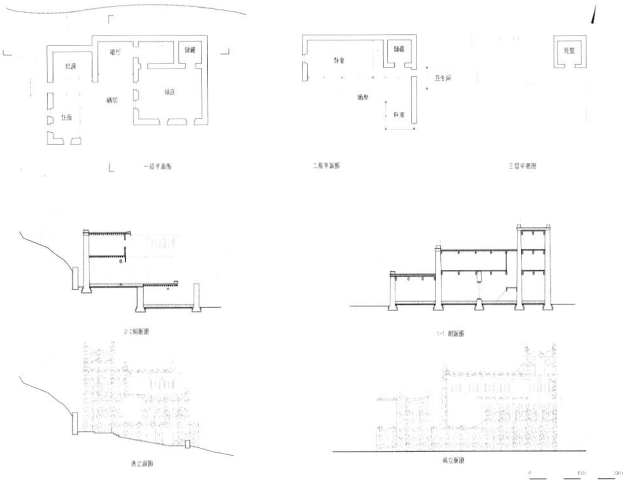

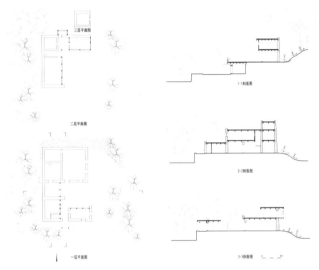

图5-2-9 甲居藏寨民居1

图5-2-10 甲居藏寨民居2

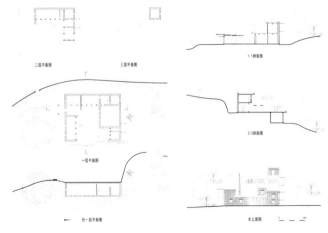

图5-2-11 甲居藏寨民居3

二、丹巴中路藏寨

中路乡位于丹巴县城东北部,坐落在小金川河东南侧的高山台地之上(图5-2-12),海拔约2200米,距离丹巴县城章谷镇约10公里。中路乡的台地地形较之甲居藏寨更为平缓,台地坝子规模巨大,南北长约2000米,东西宽约500~800米,坝子东、南边缘都是陡峭挺拔的大山,高出台地100余米,具有气势磅礴的衬托作用(图5-2-13)。中路乡也是丹巴地区碉楼分布最为集中的区域,辖境内几乎每个村落都有碉楼密布其中,拔地而起,密如蛛网。因其碉楼数量众多,类型丰富,且多数碉楼保存完好,颇具代表性,于2006年与丹巴境内的古碉群一起,列为第六批全国重点文物保护单位。

"中路"在藏语中意为"人和神向往的地方",中路乡所处的高山台地地势开阔平缓,水土富足肥美,周围林木繁盛,是生产生活理想的农耕资源环境(图5-2-14),中路之名确亦名副其实。中路乡的台地之前又有悬崖峭壁,与小金河谷高差达300余米,居高临下,视线开阔通达,在古时部落间的征伐打斗时具有天然的防御优势。与小金川隔河相望,耸立着嘉绒藏族信奉的墨尔多大神山,又能满足嘉绒藏民对神山朝拜和敬仰的空间环境需求,这也是村落选址的重要文化环境因素。而左右两侧及背侧都有连绵起伏的峰峦环抱围合,形成背山面谷之势,又可避风御寒。中路藏寨的聚落选址兼顾了生活生产、军事防御及文化信仰的各方需求。

中路乡最具地域特色的聚落标识,莫过于村寨内数十座掩映在绿荫之间的石构碉楼(图5-2-15)。碉楼在中路如此盛行,更多是缘于当地传统文化习俗的影响,相传丹巴的藏民家中生子必建碉,以祈福平安。中路乡藏寨古碉楼的发展历史源远流长,其文化积淀十分深厚,最早甚至可追溯至千年之久,其台地西北边缘还有古老的碉楼遗址留存至今,正是藏碉发展的重要历史见证。中路乡的碉楼特色明显且种类繁多(图5-2-16),

图5-2-12　丹巴中路乡藏族聚落

图5-2-13 丹巴中路藏寨空间关系示意图（底图来源：Google地形图）

图5-2-14 中路的农耕环境与碉楼的密集分布

图5-2-15 中路藏寨的碉楼群

根据功能的不同可将其分为隘碉、烽火碉、寨碉、家碉、经堂碉等类型，以家碉和寨碉的数量最多（图5-2-17），而经堂碉则最为独特。所谓经堂碉，就是在碉楼内部设置经堂以念经祈福，碉楼内除了布置藏式经堂的佛龛、佛像外，其内墙四壁、天花以及梁柱之上都绘有彩画，表现藏传佛教的相关传说和故事场景，具有极高的文化艺术价值。

碉楼的空间组合多以独立的形式出现，有的布局在分散的碉房之间，有的独立于山坳隘口（图5-2-18），也有的与碉房式的居住建筑有机连为一体。碉楼以本地黄泥和石块砌筑而成，大小石块相间，表面砌筑平整，整体形态向上收分流畅自如，反映出藏族工匠精湛的技艺水平。碉楼的高度多在10米到20米之间，高的可达30余米，内部数层至十数层不等，外墙封闭敦实，仅开设小窗洞口供瞭望防卫之用。碉楼墙顶四角以片石垒筑山状尖角，以敬四方神神位，同碉房屋顶装饰具有同样的民族文化语义。

中路乡的藏族居住建筑，同样是典型的碉房风格（图5-2-19），一般多为三层，底层喂养牲口或堆放杂物，二层是家人起居生活的空间，三层以经堂为主，是人神交往的场所。家家户户独立成户，建筑选址于前低后高的坡地之上，可利用地形组织室内高差，建房不占平地和耕地，以节约农业用地为宗旨。虽然同以黄泥及片石砌筑，但中路乡的藏式民居又有着自己的显著特色。建筑整体呈方形平面向上收分，外围石墙满刷白灰，窗洞则以红、黑二色装饰，且平屋顶的出挑较大，形成夯土平顶覆盖的木质外廊，与甲居藏寨的屋顶风格有所区别，反映出中路碉房的民族地域特色（图5-2-20）。

图5-2-16 中路乡不同形式的碉楼群

图5-2-17 中路家碉

图5-2-18 中路藏寨独立碉楼

图5-2-19 中路藏寨的碉楼与碉房藏居

图5-2-20 中路乡的碉房建筑组群

　　中路藏寨也具有十分显著的宗教信仰特色，除了每家每户在居住建筑内设置祈福念经的经堂外，在村落的房前屋后，多竖立随风飘动的经幡，渲染出浓厚的民族宗教环境色彩。另外，在中路藏寨还有藏传佛教寺庙遗存下来（图5-2-21），成为中路藏民日常生活中重要的公共活动场所，也是中路藏寨极具宗教文化韵味的标识性景观。

三、理县八角碉藏寨

　　八角碉村位于阿坝藏族羌族自治州理县米亚罗镇东南，地处岷江上游杂谷脑河河谷地带（图5-2-22、图5-2-23），是阿坝州藏羌文化走廊的重要地段，平均海拔2800米。西北与米亚罗镇相接，东南与长河坝村相连，四周群山环抱、连绵起伏，前有来苏河自西北向东南蜿蜒流过（图5-2-24），后有山间溪流顺沟谷坡势倾泻而出，贯穿整个藏寨的沟谷冲积扇坝子，土地肥沃，自然资源丰富，十分有利于当地藏民的农业生产和劳作（图5-2-25）。

　　八角碉藏语为"雅惹"，意为"八角"，是一个只有数十户藏族人家聚居的小型藏寨。整个村落的建筑顺应河谷坡地层层跌落，或位于溪沟一侧，或绕坡地边缘分布，留出沟谷之中大片层层叠叠的良田好土。沿下山坡道顺流而下的潺潺溪流，不仅是村落内重要的饮用灌溉水源，同时又是极具特色的文化景观廊道。溪流上架设有水磨经房和转经筒，利用流动的溪水提供动力，持续不断地转动，又有众多经幡迎风招展，一直延伸至寨口。入口处一排白色的喇嘛塔，是寨内藏民重要的宗教仪式场所，构成具有藏传佛教文化特色的村落中心，也是八角碉藏寨突出的标志性景观。

图5-2-21 中路的藏传佛教寺庙

图5-2-22 理县米亚罗镇八角碉藏寨

图5-2-23 2008年大地震前的八角碉藏寨入口

图5-2-24 八角碉藏寨与来苏河

图5-2-25 八角碉藏寨农耕环境与民居风貌

图5-2-26 2008年大地震前的碉房风格

图5-2-27 人字坡屋顶与片石墙组合的碉房风格

图5-2-28 米亚罗镇八角碉藏寨的峡谷与聚落环境

八角碉藏寨的民居建筑多在汶川大地震后经过修复或重建（图5-2-26、图5-2-27），但整个聚落的布局与村寨环境之间仍保持着传统的空间关系和风格风貌（图5-2-28）。民居采用传统藏式碉房的构筑技术，以片石和黄泥砌筑而成，多为方形平面的三层建筑，外观下大上小，有明显的收分。外墙门窗洞口较小，窗洞均以白色涂料勾边进行装饰，洞口之上的木构件绘以色彩明艳的花纹图案，与红色的窗框搭配和谐，具有明显的藏式民居特色。建筑背侧的外墙上，有出挑的木构厕所，体现出藏族人民十分独特的生活习俗。建筑顶层多局部内退，形成曲尺形平面布局，留出一处方形的屋顶晒台，满足生产晾晒及生活休闲之需。

四、卓克基官寨与西索村

西索村位于阿坝藏族羌族自治州州府马尔康县以东的卓克基镇，地处梭磨河与纳足沟交汇的河谷坡地地带，东侧与卓克基土司官寨隔河相望，是以官寨为主体的嘉绒藏族聚落群。历史上这里曾是嘉绒藏区东去汶川进入成都平原的必经之路，向南经小金县可达康定藏区，一路向西可达西藏，是川西北高原山地重要的交通枢纽。西索村与卓克基官寨是聚落的两大有机组成部分，早期的西索居民主要是服务于卓克基土司的差人，以后逐渐扩大，才发展成具有农耕文化特色的藏族聚落（图5-2-29）。

卓克基官寨是嘉绒藏区十八土司的官寨之一。土司官寨亦称土司官署，自元朝推行土司制度以来，嘉绒地区的土司官寨作为一种特殊的建筑类型应运而生，一般都由一个大官寨和若干小官寨组成。大官寨也称母官寨，是土司及其家眷日常生活的地方，也是土司辖境内的政治、经济、文化中心，更是土司权力和地位的象征。小官寨则为土司巡视各个村寨时的临时住处，卓克基土司所辖的区域内就有六处小官寨。原有的卓克基土司官寨为片石墙体与木构结合的藏式建筑风格，1936年遭火灾焚毁，现存官寨为1938~1940年间于原址重建而成，整体建筑延续了老官寨的传统风格，但规模有所扩大。1935年7月，红军长征时途经卓克基，曾在此地休整部队多日，毛泽东、朱德等领导人就居住于老官寨之中，这也成为卓克基官寨一段特殊的历史记忆。优秀的历史建筑群加之特殊的历史文化意义，使得卓克基土司官寨早在1988年就列为第三批全国重点文物保护单位，西索村也于2013年被列入第二批中国传统村落目录。

图5-2-29 卓克基土司官寨与西索村

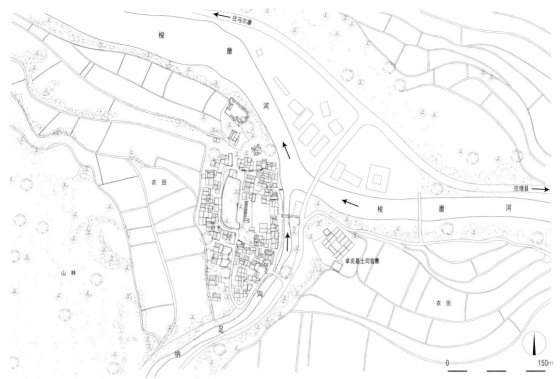

图5-2-30 卓克基官寨与西索村空间关系示意图

卓克基土司官寨与西索村位于梭磨河与纳足沟溪流的交汇处，官寨与村落间有纳足沟相隔（图5-2-30）。卓克基官寨在东，西索村在西，东高西低、主从分明，构成以官寨为主体的村寨布局模式，凸显出土司官寨的权力地位。土司官寨的选址布局十分讲究，通常需要邀请数十名高僧喇嘛察水相地，挑选自然环境与文化环境俱佳的宝地，如背风向阳、视野开阔、环境优美，而又高踞于周围寨子的山头或山坡，等等。卓克基官寨即位于梭磨河与纳足沟交汇处东南侧的山头之上，位置独立醒目且高于西索村，在整个聚落中具有绝对的空间控制作用。官寨坐东北朝西南，并未面向梭磨河或纳足沟，而是朝向纳足沟溪谷深处，应与当地传统的吉利方位朝向有关。

与官寨一沟相隔的西索村，位于纳足沟西侧。两河交汇形成的冲积扇河谷台地地势平缓，顺沿河岸向外延伸长达800余米，最宽处可达300米，土壤肥沃，是山区难得的农耕土地。台地外侧临水，海拔高度2500米左右，背侧靠山，山峦起伏，山脊海拔高达3700余米。西索村偏于河谷台地东侧边缘布置，村落南北长约300米，东西宽约100米，东面临水西面靠近田地和山体，形成背田面河的空间环境。整体空间布局既保留了良田好土，临水又创造了便利的生产生活条件，同时与官寨的空间联系也更加密切。村落中的居住建筑和寺庙建筑，均平行等高线布局，坐落于前后高差明显的两层台地上。南北两端的建筑则多垂直等高线层层上爬，与前后高低悬殊的建筑群相联系，整体形成环状的寨落空间形态。环心之中为开敞的公共活动空间，周围环绕高低错落的民宅，建筑屋顶层层退台，绿化景观点缀其间，既尊重了自然的地形地貌，又创造出西索聚落的文化环境特色（图5-2-31、图5-2-32）。

卓克基土司官寨的建筑风格也尤为特别，从平面布局到空间形态，都凸显出汉藏交融的风貌特色，反映出藏汉文化交流融合的影响（图5-2-33、图5-2-34）。

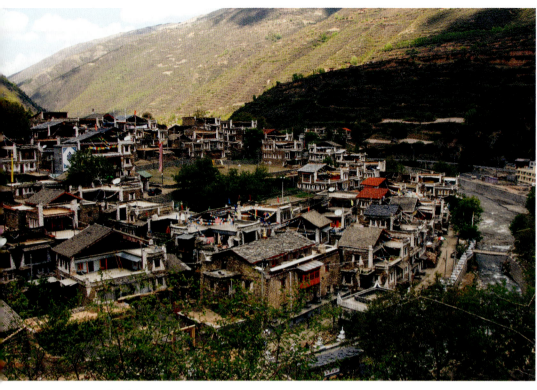

图5-2-31 大地震前的西索村（2006年）

图5-2-32 灾后恢复重建的西索村

图5-2-33 卓克基土司官寨1

图5-2-34 卓克基土司官寨入口

卓克基土司索观瀛出生于受汉文化影响的汉川瓦寺土司家中，自小入私塾学习孔孟之道，在他执政期间亦酷爱汉文书籍，并与途经此地的汉官客旅广交朋友。

在藏、汉两种文化的长期熏陶下，其主持重修的官寨既保留了嘉绒藏族建筑的传统风格，又融入汉式建筑的风貌特征（图5-2-35）。官寨采用中轴对称的四合院布局，两厢则为汉地传统山地宅院的拖厢形式，顺应地形层层错叠，形成后高前低的屋顶空间形态（图5-2-36~图5-2-38），这也是四川丘陵山地民居常用的建筑处理手法。但四合院的外部墙体则采用嘉绒藏族建筑的片石砌筑方式，并且下大上小、收分明显，尤显稳重坚实，具有典型的藏式碉房特征。建筑的细部构件如栏杆、窗格等均仿汉式纹样，但建筑结构则采用藏式木构密梁技术，尤其是院落内部粗壮的密梁挑头，具有浓郁的藏式建筑风格。一般土司官寨都有防卫碉楼，且多与群体建筑相整合，而卓克基官寨的碉楼则位于合院一侧，相对独立，与巴底

图5-2-35 卓克基土司官寨2

图5-2-36 卓克基官寨四合院

图5-2-37 卓克基官寨眺望西索村

图5-2-38 卓克基官寨庭院空间

土司官寨的碉楼组合模式又有所不同（图5-2-39）。

西索村属嘉绒藏族文化区，住宅多以3~4层的碉房为主，一层饲养牲畜，二层有锅庄、卧室和厨房，三层为经堂和客房，体现出了嘉绒藏族碉房的基本功能布局特色。但与丹巴一带藏寨碉房不同的是，碉房顶部都有局部后退的人字形坡屋顶覆盖，类似汉族民居的悬山顶，碉房顶部前侧多作局部退台处理，形成小块屋顶院坝并以山墙面作为正面，后侧部分的房间则以坡屋顶覆盖，这种平顶院坝与坡屋顶结合的方式独具特色，与卓克基土司官寨的风貌又有和谐的呼应，形成马尔康、理县一带嘉绒藏族建筑的地域风格特色。

西索民居的片石砌筑方式又有其独具一格的地方技术特色。外墙的片石水平向层层垒叠，向两端延伸形成略微上翘的弧线，不仅有利于外墙重心的内收，增加整体结构的稳定性，同时又使四周墙角形成向上腾起的视觉感受，丰富了建筑的审美体验，反映出浓郁的民族地域特色。西索村聚落环境的民族宗教文化特色也极为显著（图5-2-40）。寨子入口处有横跨于纳足沟上的转轮经桥，既是连接村寨与官寨的通道，也是藏民日常转经祈福的地方（图5-2-41）。寨子东南一侧有藏传佛教宁玛派寺庙旦达轮寺，建筑红墙金瓦的外观在寨内建筑群中尤为显著。寨子周围以及建筑的屋顶平台布满了经幡，沿河道路的佛寺外还有成排的白塔、转经筒，都是十分突出的民族文化景观。

如今的西索村在2008年汶川大地震后，已经过不同程度的保护和修复，部分建筑尺度也有所改变。西索村的梭磨河对岸也因后期发展修建了规模尺度较大的游客中心及配套建筑，因有一水之隔，尚未对村寨的传统村落风貌形成较大的影响。

五、松岗土司官寨与柯盘天街

柯盘天街又称松岗天街，位于阿坝藏族羌族自治州

图5-2-39 2018年大地震前的卓克基官寨

图5-2-40 西索民居文化环境特色

图5-2-41 卓克基西索村与纳足沟

马尔康市松岗镇，地处梭磨河西侧海拔2600多米的山脊之上（图5-2-42），距离马尔康市约15公里。柯盘天街历史久远，相传最早可追溯至唐宋时期松岗第一任土王柯盘在此修建的官寨。清康熙年间，松岗土司选择地势高耸突出的山脊端头，仿照西藏的布达拉宫建设官寨，因此又有"小布达拉宫"之称。官寨下方靠北的山脊上，有顺沿山脊分布的街市与官寨连接。1936年，松岗官寨因遭遇大火而毁于一旦，主体建筑及周边民居全部烧毁，仅土司官寨两座高耸的碉楼得以保存下来，成为柯盘天街重要的历史文化见证。

松岗在藏语中意为"峡谷上的官寨"，因历史上的松岗土司官寨坐落于峡口而得名，柯盘天街即位于官寨北侧高耸入云的峡谷山脊之上（图5-2-43）。山脊北面与绵延的高山相连，东西两侧陡坡之下是深邃的沟谷，东侧谷底为东北朝西南走向的梭磨河，地势较为开阔，西侧谷底则是西北朝东南走向的七星沟，溪流峡谷深邃，两河于山脊南端沟谷低处汇聚，形成三面独立的山脊梁子（图5-2-44）。山脊海拔高度约2600米，山下河谷海拔约2500米，其间近100米的垂直高差，又使得独立的山头更显陡峭挺拔。松岗官寨坐落于山梁最南端高耸的台地之上（图5-2-45），成为整个山脊的制高点，拔地而起的碉楼也显得更加宏伟壮观。整体建筑群居高临下、视野开阔，东西两侧可眺望峡谷达数十里远，可谓是嘉绒藏区最为雄伟的土司官寨寨堡。

南北走势的山脊，中间狭长而两头略宽，空间尺度较大的公共建筑分布于南北两端，中间段的民居建筑顺山脊呈线性布局。建筑分布于长达200余米的山脊两侧，其间形成南北向的街巷通道。因受地形环境限制，通道两侧建筑密集毗邻，具有传统街道的空间布局特

图5-2-42 俯视松岗柯盘天街梭磨河大峡谷

图5-2-43 从松岗镇方向远眺柯盘天街

图5-2-44 松岗柯盘天街空间环境示意图（底图来源：Google地形图）

图5-2-45 松岗土司官寨碉楼与官寨遗址

色，呈现出与一般藏寨聚落显著不同的空间格局，"天街"之名大概由此而来。松岗天街的民居建筑均就地取材，建筑外部少有大面积华丽明艳的色彩装饰，凸显出天然石墙质朴浑厚的风貌特色。在河谷仰望天街建筑群，犹如悬浮于空中，十分壮观。

松岗土司官寨聚落的功能布局，也随着历史的发展而逐渐融入了汉文化特色，寨内北端高处有纪念李冰父子的川主庙。在四川的汉地城镇中川主庙极为普遍，而在嘉绒藏寨落地则有了特别的文化意义，象征着汉藏民族文化的融合。土司官寨与川主庙是天街重要的两大建筑组群，官寨布置于南端制高点，具有最好的军事防卫及视觉景观效果，川主庙布置于背靠高山的北端，坐北朝南，凸显出枕山面水的汉文化传统空间布局特色。川主庙主体建筑延续了汉地传统的坡屋顶风格，是嘉绒藏区少有的汉族庙宇。而庙前又设有极具藏族文化特色的煨桑塔，用于当地藏民煨桑祈福，构成别具一格的汉藏交融和谐的文化景观。

目前，山脊的西侧已开辟有爬山公路上山，与柯盘天街联系，传统街巷建筑也得到了修复更新，开辟成重要的民族旅游观光基地。东南侧山下的松岗古镇也快速发展起来（图5-2-46、图5-2-47），镇内的直波古碉楼等历史建筑，作为松岗古镇聚落有机的组成部分，也逐渐得到有效的保护和利用。

图5-2-46 柯盘天街山脚下的松岗镇

图5-2-47 梭磨河边的松岗聚落

六、巴底嘉绒藏寨

巴底乡位于丹巴县大金川河下游,是嘉绒藏族聚落集中的区域。"巴底"在嘉绒藏语中意为"岩石包",据说是因旧时的土司衙门建于金川河崖壁的岩石包上而得名。"嘉绒"是藏文的音译,全称为"厦嘉尔木查瓦绒",含有"东女王(国)墨尔多山周围的热带农区"之意,简称为"嘉尔木绒"抑或"嘉绒",在汉语中译意为"谷地农区"。嘉绒藏族聚落具有浓郁的农耕文化环境特色,嘉绒语也是指今墨尔多山周围农区使用的语言,如丹巴境内的巴底乡和半扇门乡、上半乡、太平桥乡一带的"地脚话"即属于嘉绒语。而巴底乡说嘉绒话的人口数量最多,故以巴底话为代表,习称嘉绒语为"巴底话",其通行区域主要在嘉绒藏族分布的金川、小金、马尔康、理县、黑水等地。

巴底嘉绒藏族聚集的金川河流域有着良好的自然气候条件。巴底乡的农耕土地主要集中在河谷区和半山区,海拔多在1700~2500米之间,属河谷北亚热带和中山暖温带。境内全年日照时数在2000小时以上,冬半年日照接近全年日照数的一半,年均气温14℃左右,冬无严寒,夏无酷暑。河谷区与半山区的无霜期较长,年降雨量一般在500~1000毫米之间,金川河又为农业生产提供了便利的灌溉条件,使河谷区与半山区成为极具农耕文化特色的藏族聚落集中的区域。

半山区的嘉绒藏族聚落以巴底邛山一村最具特色(图5-2-48、图5-2-49),位于丹巴县大金川河西面的

图5-2-48 邛山一村巴底土司官寨与藏族聚落

图5-2-49 邛山一村巴底土司官寨农耕环境

半山台地之上,海拔高度约2500米,与大金川河相对高差500米左右。邛山一村背靠雪山,远离金川河,历史上交通不便,又易守难攻,清代兴建的巴底土司官寨即位于村寨的中心位置(图5-2-50)。因夏季气候凉爽,土司多在此避暑办公,故当地人又习惯称之为"夏官"(图5-2-51)。整个村寨坐落于山间平缓的小坝子上(图5-2-52),坝子南侧靠山,北侧边缘是深深的沟谷,深谷对面又是拔地而起的高山,使得南北宽约300米、东西长近600米的坝子形成相对封闭的盆状平面。沟谷西高东低,顺沟谷以西可眺望远处雪山,沿沟谷东下可联系金川河谷,也是对外联络的唯一通道,周边环境十分险峻。宽阔坝子之上则是大片肥沃的土地,构成良好的农耕聚落环境。土司官寨位于坝子的中部,长方形平面布局,形成东西长约60米,南北宽近40米的官寨庭院,占地约2000平方米。如今保留下来的官寨已受到较大程度的损毁(图5-2-53),但四边围合的墙垣仍保存较好,东侧也还残存有部分4~6层的土司建筑,而且北侧最具特色的土司碉楼群也得以保存下来(图5-2-54)。碉楼群为一主两副共三个碉楼并列相连,中间的主碉楼高达九层,与整个庭院组合,构成宏大的环境气势。

丹巴县沈洛村还有巴底土司的另一官寨建筑群依山而建,矗立在大金川河东岸河谷坡地之上,地势环境险要,扼河岸交通要冲(图5-2-55)。因地处河谷地带,

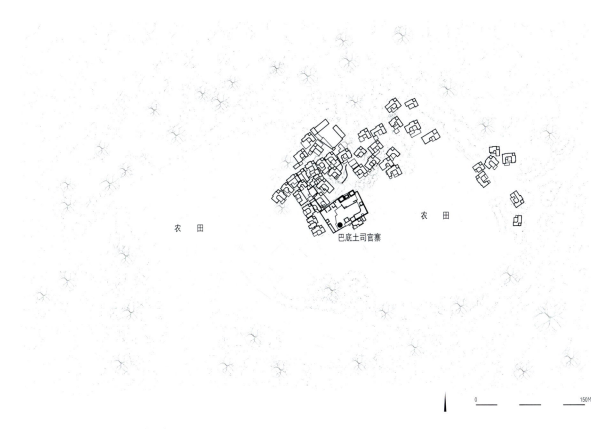

图5-2-50 邛山一村巴底土司官寨总平面图

图5-2-51 邛山一村残存的巴底土司官寨建筑（夏宫）

图5-2-52 巴底邛山一村—二村空间关系（底图来源：Google地形图）

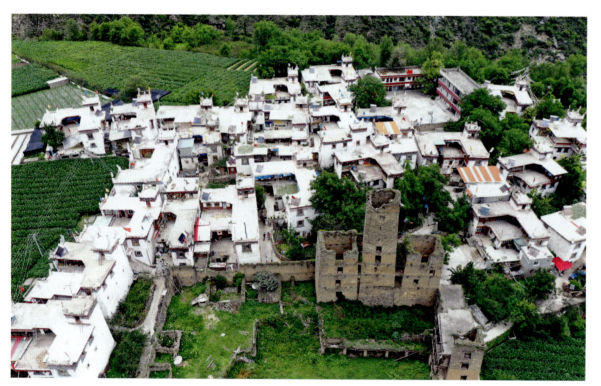

图5-2-53 邛山一村环绕官寨的碉房居住群

318

图5-2-54 邛山一村巴底土司官寨碉楼

冬季气候较为温和舒适,当地民众又将这座土司官寨称为"冬宫"(图5-2-56),与邛山一村的"夏宫"相互呼应。由于常年的风雨侵蚀和人为破坏,沈洛村的官寨建筑损毁现象十分严重,如今基本上仅残存遗址。但官寨选址的地形环境及残垣断壁,仍能展示出原有建筑环境尺度,并能明显地反映出官寨与周围居住建筑的空间环境关系。"冬宫"和"夏宫"两个巴底土司官寨的土司衙门都位于聚落的核心位置(图5-2-57)。其中,沈洛村的官寨紧靠河岸高处的崖壁台地,位置突出显著,居住建筑群主要分布在官寨西南一侧地形起伏的坡地之上,空间布局主从关系明确,既有分隔,又有联系,在聚落的南北两面是集中成片的耕地环境。邛山一村的居住宅院也多集中在官寨的北面一侧,靠近台地边缘布局,官寨的东、南、西三面留出成片的农耕土地,既突出了土司官寨的核心领导地位,又具有强烈的保护土地资源的环境意识。

巴底嘉绒藏族的居住建筑多为平面方形的碉房,墙体以大小不等的片石加以黄泥砌筑。外墙多以白色涂料粉饰,又保留有片石材料的质感肌理,门窗与屋檐出挑木构件以红色和黑色进行点缀,蓝天白云之下十分醒目。占地较小、布局紧凑的碉房多为3~4层的楼房,不同的楼层具有不同的使用功能。底层是喂养牲口和堆放杂物的地方,楼层不高,方形平面四周的外墙封闭,犹如稳定的碉房基座,墙体上部也可砌筑小型洞口用以通风换气。二层设锅庄、厨房等功能用房,主要满足家人日常起居、会客议事等生活所需,二层之上则设有寝卧、客厅、经堂等用房。建筑平面局部内收退台,形成"L"形或"凹"字形的平面形式,同时创造出平台院坝空间,是家庭理想的室外活动场地,也具有晾晒谷物的功能(图5-2-58)。面向平台的外墙多以木构门窗装饰,室内空间显得开敞明亮,但背侧外墙仍以石墙封闭,保持碉房外部坚实的风格特征。在曲尺型或凹型平面的转角处,多用石块砌筑成凸出的方形角楼,以泥土夯筑屋顶,相传是用作敬神的场所。角楼屋顶四隅均用石头垒砌形成凸起的小山状装饰,象征嘉绒藏族的四方神,另有用于祈福的煨桑炉和经幡,每到播种、收获、祭祖等重要节气,都要进行特定的祭祀仪式(图5-2-59)。

巴底的碉房建筑均采用墙承重的石木构筑体系。楼面或屋面的木梁和密肋直接支承在墙上,墙体承重荷载大,墙基也特别宽厚。墙体由下向上层层收分,从结构技术上看,下大上小的墙体砌筑更加结实牢固,从视觉艺术上讲,收分明显的墙面又有较好的稳定性。因此,巴底的碉房民居呈现出一种高大、壮观、坚固而又宽敞、明亮的建筑形象。加之充分利用自然资源,就地取材,与自然环境协调适应,又创造出适宜的居住空间,凸显浓厚的地域特征,构筑起极具民族乡土气息的建筑文化环境。

图5-2-55 巴底土司官寨(冬宫)沈洛村

图5-2-58 巴底沈洛村藏式碉房

图5-2-56 巴底乡沈洛村土司官寨遗址（冬宫）

图5-2-57 巴底土司官寨（冬宫）总平面图（沈洛村）
（底图来源：Google地形图）

图5-2-59 邛山一村藏式碉房

第三节　羌族聚落

一、理县桃坪羌寨

桃坪羌寨位于阿坝藏族羌族自治州理县境内桃坪镇，地处贡嘎山脉东侧、岷江上游支流杂谷脑河北岸的高山峡谷地带，是融合碉楼与民居为一体的典型羌族聚落，于2007年列为国家级重点文物保护单位，2012年列入第一批中国传统村落名录。

桃坪羌寨坐落在杂谷脑河谷北侧，海拔高度约1500米，背靠巍峨险峻的高山脊岭，前有杂谷脑河奔流而过，西北的高山溪流顺坡而下，左右两侧农耕土地环绕，是河谷地带中较为理想的聚落选址环境（图5-3-1）。杂谷脑河南岸海拔约2200米的高半山上，至今仍遗存有大量石棺墓葬群，这也是早期羌民居住的聚落环境。大约从明代开始，羌民陆续向下迁移定居于河谷地带，逐渐形成了桃坪羌寨这类具有明显防御型特色的聚落（图5-3-2）。

桃坪羌寨最显著的平面布局特点即是极高的建筑密

图5-3-1　桃坪羌寨空间布局与环境关系示意图

图5-3-2 2008年大地震前的桃坪羌寨

度（图5-3-3）。建筑与建筑之间靠得特别紧密，部分建筑甚至相互毗连、穿插搭接，建筑外墙夹巷而立，形成狭窄的巷道空间（图5-3-4、图5-3-5），巷道宽约2米，较窄的仅有1米来宽。如此严峻的生存环境，与聚落地形环境的紧张以及对外防御的空间需求密切相关。建寨之初，各个宅院建筑应是相对独立的，随着聚落内部人口的增加，碉房不断发展扩建，逐渐形成如今碉房与碉房密集聚拢的聚落空间形态。

为了适应生存和防御的需要，桃坪羌民利用建筑与山地环境巧妙地组织空间，其突出的特点即利用建筑群体组合与地形变化，构筑起曲折变换的街巷通道（图5-3-6、图5-3-7），既可以将每家每户串联起来连为一体，其复杂变换的空间又具有良好的防御功效。寨内碉房均采用平顶（图5-3-8），因适应地形的起伏变化，建筑群中形成众多高低错落的屋顶平台（图5-3-9），平台之间又可搭设木板，抑或架空楼阁。上面户与户之间彼此可以相互串通，下面过街巷道又能联系地面交通，不同高差的屋顶平台还可通过爬梯上下相连，这种水平、垂直双向联动配合的巷道、过街楼、屋顶平台及踏板爬梯的组合，共同构成桃坪羌寨的立体交通环境，从而形成复杂的立体防御空间。

碉楼空间的灵活运用也是桃坪羌寨的一大特色，最显著的特征即是碉楼与碉房融为一体的空间组合模式（图5-3-10）。碉楼从碉房中垂直向上延伸，其下部空间与碉房相互连通，既有居住储藏的功能作用，又有竖向交通的联系作用（图5-3-11）。冲出碉房屋顶平台

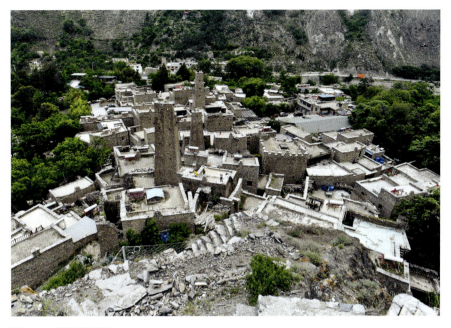

图5-3-3 桃坪羌寨俯视

图5-3-4 碉房之间形成的巷道

图5-3-5 高低错落的立体居住入口

图5-3-6 巷道一端的过街楼

图5-3-7 架空楼阁形成的过街楼

图5-3-8 桃坪羌寨屋顶平台庭院

图5-3-9 桃坪羌寨的屋顶院落空间

图5-3-10 桃坪羌寨碉楼与建筑的有机结合

328

图5-3-11 桃坪羌寨室内爬梯

的碉楼也与一般碉楼的方形平面不同。寨内的碉楼均在一侧墙面的居中处起脊,形如弧形的"鱼脊背"状,顺着碉楼收分匀称的石墙直耸云霄,脊的两侧亦顺势展开形成柔和的内凹曲面,使得碉楼结构更为稳固合理。寨内现存的三座碉楼均位于寨子的中心位置,高耸突出5~7层,既是整个聚落空间的制高点,又是突出的视觉构图中心,成为桃坪羌寨独特的聚落景观标识。碉楼以当地丰富的片石和黄泥垒筑而成,不规则的石块巧妙搭配叠合,凸显出粗犷而稳重的建筑风貌。碉楼顶层之下的石墙上还有外挑的木构挑楼,可作为瞭望和祭祀之处,凸显出桃坪羌寨的地域文化特色(图5-3-12)。

桃坪羌寨的居住建筑仍延续着邛笼式建筑古老的居住习俗,其空间功能可垂直划分成三个不同的组成部分。底层是用来圈养牲畜或堆放农具的储藏空间,

图5-3-12 碉楼上独特的挑台与错落有致的碉房建筑群

图5-3-13　桃坪羌寨屋顶火塘空间　　　图5-3-14　桃坪羌寨屋顶晒台

中间部分用于日常生活起居，围绕火塘设置堂屋、居室等，顶层用于存放粮食和收纳储藏。其中，火塘空间是家庭内部最为重要的空间（图5-3-13），它既是取暖御寒、烹饪煮食的生活场所，同时也是维系家族秩序、祭祀先祖的精神空间，具有特殊的文化寓意。白石崇拜在桃坪羌寨的文化景观中也体现得淋漓尽致，不论是室外的屋顶、屋檐，还是室内的神龛、窗台等处，几乎都有不同形式的白石装饰，作为羌人心中至高无上的圣物，可祈愿神灵保佑家人平安。聚落中密集布局的碉房，外墙上基本不设采光通风的窗洞，仅在适当的位置开设用于瞭望或射击的洞口。室内的采光通风主要通过屋顶采光天井，因此顶层空间也是全宅中最为明亮的地方。

桃坪羌寨的平屋顶除了联系立体交通网络外，更是羌民日常生活生产的重要空间场所。屋顶平台普遍用作晾晒谷物的晒坝，因此多局部设置廊式敞厅作为堆放谷物的储藏空间。每到收获季节，金黄色的苞谷挂满屋顶屋檐，形成丰富多彩的屋顶空间景象（图5-3-14）。羌民特别善于巧妙地利用屋顶空间组合，形成别具一格的屋顶庭院，尤其是利用周边墙体的高差，创造半开敞半围合的庭院空间环境。桃坪羌寨的地下水网系统发达，也是羌族先民的一大创举。羌民将高山上的泉水引至寨内，进入用石板覆盖形成的地下供水暗渠网络，每家每户只需揭开房前屋后水渠之上镶嵌的活动石板，即可解决日常生活的用水所需，这也是桃坪羌寨利用自然资源与人工构筑技术形成的聚落水资源环境。

2008年的汶川大地震中，桃坪羌寨不同程度地受到损毁，现已进行修复整治，整体空间环境格局保存良好（图5-3-15）。为了文化旅游的发展需要，寨子东侧兴建了大片旅游服务建筑，形成新的民族文化商业街道，提供了旅游的便利条件。但是，新老寨子之间相隔太近，又在老寨入口处开辟了宽大的广场，羌寨原来险峻的爬山坡道已经不复存在，从寨顶高处往下俯瞰，新修的建筑群显得过于突兀，而且东西两侧农耕环境的消失也极大地削弱了聚落原有的生态环境特色。

二、汶川萝卜羌寨

萝卜寨位于阿坝藏族羌族自治州汶川县雁门乡境内，地处岷江东南侧地势平缓、宽阔的高半山台地之上（图5-3-16），海拔高度约2000米，高出岷江水面近600米，素有"云朵上的街市"之美誉。萝卜寨的羌语为"瓦兹格"，有萝卜之意，"萝卜寨"之名由此而来。萝卜寨曾有"凤凰寨""富顺寨"及"老虎寨"之称，最后得名萝卜寨并一直沿用至今。2012年，萝卜寨村被列入第一批中国传统村落名录。

萝卜寨的选址及布局具有羌族聚落易守难攻的防卫特色。整个山寨坐落于西北—东南走向的狭长台地之上，寨子西北一侧紧邻地形险峻的陡坡，顺坡而下直抵峡谷中的岷江水面，视野开阔辽远，西南与东北两侧为地势稍低的沟谷，东、南两面倚靠凤凰山和林盘山，形成背侧靠山、三面朝谷的聚落空间格局（图5-3-17、图5-3-18）。山顶台地地势相对平缓，寨内有西北—东南走向的主要道路随地形蜿蜒起伏，一直延伸至西北端头的山崖。民居宅院主要布置于道路两侧，顺应台地缓坡地势，由中部高处向四周低处展开，错落有致。宅院入口亦多朝向道路，形成大致朝南的建筑布局，有利于营造舒适的室内居住环境。建筑与建筑密集排列，多以两墙之间的小巷相隔，小巷又与主通道连接，形成错综复杂的巷道空间网络，具有很好的通达性和防卫性。这

图5-3-15 桃坪羌寨寨门入口碉楼

图5-3-16 萝卜寨新老寨子全景图

图5-3-17 高山台地上的萝卜羌寨

种集中的布局形态十分有利于集体防卫及联系，更重要的是可以少占农用耕地，节约土地资源。寨子周边与大片农耕土地紧密连接（图5-3-19），种植有玉米、土豆等农作物，以及花椒、核桃、苹果等经济林木，既方便羌民就近生产劳作、经营农业，又形成了具有地方经济特色的农业景观环境。

寨子内建筑主体以土、石、木构筑，尤其是就地取材的黄土构成了萝卜羌寨独特的风貌特色，萝卜寨也因此成为著名的黄泥羌寨（图5-3-20~图5-3-22）。寨墙及院墙根据具体的使用情况和需要又采用了不同的构筑方式。墙体高大的建筑以黄泥夯土墙构筑，墙内掺杂砾石如天然混凝土般坚固，墙顶一圈又以石块砌筑高数十厘米的压顶，可避免雨水对土墙的侵蚀，黄土与石块的色彩和材料肌理对比明显，又构成层次丰富的聚落建筑风貌（图5-3-23、图5-3-24）。黄土砌筑的墙体厚重敦实，外墙面很少开窗，抑或仅在墙垣高处开设少量小窗，具有极强的防御意识，又能满足高寒地区的防寒保暖需求。另外，低矮的墙垣则多采用不规则的乱石砌筑，石块之间用黄泥填缝，墙面平整，土石肌理相间，具有浓郁的民族地域文化技术特色。

萝卜寨内不设碉楼，家家户户的外部墙体都十分封闭，内部设有自己独立的生活院落。民居宅院多采用一层与二层组合的形式，院落正面主要空间为二层，一侧的辅助空间则为一层。屋面均为平屋顶，二层即可直接通往一层屋顶平台，既有军事防卫瞭望的作用，也是生产生活所需的晒台。宅院之间相互联系紧密，可通过搭

图5-3-18 萝卜寨老寨现状总平面图

图5-3-19 地震后的萝卜寨现状俯视图

图5-3-20　萝卜寨街巷通道与黄泥院墙

图5-3-21　萝卜寨街巷通道与黄泥乱石寨墙

图5-3-22　萝卜寨黄泥土墙小巷居住环境

设简易的木桥进行联系，也更具防卫疏散的空间组织特征。平时，屋顶平台可用于粮食晾晒、家人休闲、邻里交往；战时，又能作为瞭望哨岗及人员集散的空中通道。

萝卜寨内还设有最后一道防御工事，即是由众多暗道、暗室组成的地下迷宫，遇到战乱动荡时可容纳全寨的人丁和牲畜紧急避难。家家户户的地下室可通过暗道巧妙连通，连为一体，又设有通风和饮水设施，即使寨内枪林弹雨、硝烟弥漫，地下暗室也能护佑羌民免遭劫难。整个萝卜寨，外墙与外墙相靠，屋顶与屋顶相接，巷道与巷道相连，暗室与暗室相通，形成家家相连、户户相通，而又上、中、下立体交织的防御工事体系。不过随着地方社会长期稳定的发展，历经数代羌族先民精心营建的地下防卫系统渐渐失去了存在的意义，寨内羌民陆续封堵了自家屋下的通道，地下迷宫日渐衰落直至彻底消失。

除了大量的居住宅院外，萝卜寨内也有东岳庙、龙王庙、羌王府等公共建筑，分别位于寨头、寨尾等节点之处，形成聚落重要的公共空间环境。与居住建筑相比，这类公共建筑尺度更大，既有各自相对独立的空间环境，又与寨落的整体空间布局形成密切的关联。东岳庙位于寨子的西端，紧邻半山台地边缘的峡谷陡坡，视野极为开阔，烘托出东岳庙宏伟壮观的地势环境。东岳

图5-3-23 萝卜寨聚落环境

图5-3-24 萝卜寨黄泥土墙与片石砌筑的壮观建筑风貌

庙东面正对整个羌寨建筑群，又具有良好的视觉空间控制作用，庙前的宽阔广场，也曾是寨内羌民举行各类传统仪典、祭祀活动的重要场所。如今东岳庙建筑已毁，仅残存庙基遗址及少量石狮、石虎、祭坛、古树，仍可看出其曾有的空间环境气势。羌王府位于寨子东北侧，曾是寨内羌民最活跃的公共聚会之地，具有宽阔的园林空间环境。2008年因地震遭到严重破坏，经修复整治后成为羌族历史文化的展示中心。龙王庙在羌王府以东不远处，是羌民祈愿龙王保佑风调雨顺、幸福安康的精神场所，现存建筑为20世纪80年代重修，至今仍然香火兴旺，承载着萝卜寨羌民对生活的美好愿景。

2008年汶川大地震中，萝卜羌寨遭受重创，寨子西段大量房屋垮塌，东段的建筑也损毁严重，但还残留有部分宅院和院墙（图5-3-25、图5-3-26）。寨内倾圮的建筑尚保存有基础遗址，可以反映出传统羌寨的空间环境氛围。如今萝卜老寨已改造成民族文化旅游的观光场所，每当旅游旺季，来此观光旅游、体验民俗的游客络绎不绝，传统村落遗址得以保护和利用，也是一种可行的策略和方法。地震之后，在老寨东侧稍高的台地上又建设了新的萝卜寨，与原有老寨高低错落，既有道路相互联系，又有果木林地相隔，新老之间相对独立。新寨与老寨之间的整体风格协调，但又有明显不同的时代特色，反映了村落发展的历史规律与文化技术特色，也是传统村落保护与发展比较成功的案例。

图5-3-25 萝卜寨遗存的居住宅院

图5-3-26 萝卜寨乱石砌筑的墙垣

第一节 传统聚落保护的发展历程

一、从文物保护到传统村落保护

我国是一个历史悠久的文明古国，经过几千年的文化传承，留下极其丰富灿烂的文化遗产。对文化遗产的保护也有过不同的历史阶段。20世纪初，建筑学界的先辈们对我国具有代表性的传统建筑进行了系统的调查研究，收集整理了大量价值极高的图文资料，为我国传统建筑研究和建筑文化遗产保护奠定了良好的基础。中华人民共和国成立后，我国的建筑高校在中外建筑史的教学过程中，将古建筑测绘作为一项重要的教学内容纳入其中。各个学校利用各自的区域优势，对所在地区的古建筑以及古建筑群展开了系统的测绘教学实践。这样的教学实践一直传承发扬，数十年来为我国历史建筑的保护积累了极其宝贵的测绘资料。

中华人民共和国成立以后，我国将文物保护纳入国家和地方政府的立法层面，将具有重要历史文化价值的历史建筑列入文物保护单位名录，主要针对具有重要历史意义的建筑物或构筑物。1961年，国务院公布了首批全国重点文物保护单位，其中包含了革命遗址和革命纪念建筑物、古建筑及历史纪念建筑、石窟寺、石刻、古遗址、古墓葬等。至2019年，已完成第八批全国重点文物保护单位的审定和公布，而且每一次的保护规模都在逐渐扩大，保护类型也在不断增加。从保护的规模及类型来说，已由建筑单体的保护发展到建筑群落的保护，在第六批与第七批全国文物重点保护单位中就有大量历史建筑群落的列入。以文化线路为保护单位的群落规模就更加巨大，如列为第七批全国重点文物保护单位的茶马古道，其范围涉及云南、贵州、四川等省区，其类型也涉及若干历史文化城镇和传统村落，如四川省泸州市的沙湾场就是茶马古道上的一个聚落保护点。

在城镇聚落的保护方面，我国则建立了历史文化名城保护制度。对历史文化名城的保护历来受到建筑学界的重视，但由于诸多原因，直至20世纪80年代才正式纳入国家立法的保护议程。1982年经国务院批准，公布了首批中国历史文化名城24个，四川省成都市即列入首批中国历史文化名城保护名录之列。1986年国务院公布了第二批中国历史文化名城38个，1994年又公布了第三批中国历史文化名城37个。在前三批公布的中国历史文化名城保护名录中四川就有成都、阆中、宜宾、自贡、乐山、都江堰、泸州七个城市。之后又在全国各地先后增补了一批，2011年四川省即增补列入了攀枝花的会理城，至此，四川的中国历史文化名城就有8个。另外，四川省还相继公布了大批省级历史文化名城，其数量规模就更大，在此不再一一赘述。

进入21世纪，我国又建立了中国历史文化名镇名村的保护制度。2003年首批公布了中国历史文化名镇10个，其中重庆市就有3个，而四川并未申报。到2019年，我国连续公布了七批中国历史文化名镇共计312个，四川就有31个，几乎接近全国总数的十分之一。历史文化名镇名村由住房和城乡建设部和国家文物局联合公布，名镇名村的聚落群体不仅涉及法定的文物保护单位，更多的是具有历史价值又不在文物保护单位之列的历史建筑，同时还涉及城镇聚落的群体空间环境，包括自然山水环境与民俗文化环境的风貌保护等复杂而又系统的问题。

从2012年起，又由住房和城乡建设部、文化部、国家文物局、财政部、国土资源部、农业部、国家旅游局等部门，共同组织中国传统村落保护名录的发布。传统村落更涉及群体空间环境、传统风格风貌以及形成聚落的文化社会环境，对中国传统聚落保护具有典型意义。传统村落涉及的面也更加广泛，就国家层面公布的传统村落已达4000多个，省市一级公布的传统村落保护名录数量则更多，体现出对传统聚落保护前所未有的重视。四川地区列入中国传统村落名录的，第一批20个，第二批42个，第三批22个，第四批141个，第五批108个，总数达333多个。而四川省分四批公布的省级传统村落名录也有1057个，其中有的已被列入中国传统村落名录。国家及省一级的传统村落就有1000多个，基本囊括了四川传统聚落遗存的所有特色类型。

二、聚落保护政策措施的进一步加强

传统聚落涉及的传统城镇和传统村落，是不同特色的聚落类型，其中牵涉文物保护和历史文化名城名镇的保护。文物有文物保护法，历史文化名镇、历史文化街区、历史名街都有相应的保护准则，传统村落的保护也有国家出台的指导意见，这对聚落保护更具有指导意义。对于传统村落的保护，2012年出台的《住房和城乡建设部、文化部、国家文物局、财政部关于加强中国传统村落保护的指导意见》共十一条，2014年又出台了《住房和城乡建设部、文化部、国家文物局、财政部关于切实加强中国传统村落保护的指导意见》共六条。

《住房和城乡建设部、文化部、国家文物局、财政部关于切实加强中国传统村落保护的指导意见》中有明确的指导思想："以党的十八大、十八届三中全会精神为指导，深入贯彻落实中央城镇化工作会议、中央农村工作会议、全国改善农村人居环境工作会议精神，遵循科学规划、整体保护、传承发展、注重民生、稳步推进、重在管理的方针，加强传统村落保护，改善人居环境，实现传统村落的可持续发展"。并提出了保护发展的三大基本要求：保持传统村落的完整性；保持传统村落的真实性；保持传统村落的延续性。第四条保护措施提出了完善名录、制定保护发展规划、加强建设管理、加大资金投入、做好技术指导五项保护措施细则。第五条组织领导和监督管理又指出：明确责任义务、建立保护管理信息系统、加强监督检查、建立退出机制。其中，退出机制既有十分积极的意义，也有相当程度的消极意义。

传统村落文化遗产在保护与发展建设中确实存在发生巨大变化的可能性，有的是自然灾害造成的传统村落破坏以及生存安全隐患，这是不可逆的自然现象。但也出现对保护建设发展的消极因素，如面临保护建设的资金问题、保护建设的价值观认识等问题时，产生对保护建设的消极思想，造成历史建筑或建筑群的破坏和消失，甚至有地方政府部门主动提出撤销保护资格的要求。传统聚落、历史文化遗产因此消失，这不应该是积极保护建设的措施，更失去了保护建设的可持续发展意义。

第二节　传统聚落保护的环境观

一、传统聚落保护与农耕生态环境

四川的场镇和乡村是适应农耕文化经济发展起来的传统聚落，农耕土地是传统场镇和乡村生产生活的环境。农耕水田和旱土是农民千百年来辛勤耕耘创造的具有文化经济意义的环境景观，尤其是在四川的丘陵山地，梯田层叠起伏，一湾又一湾，春绿秋黄随季节变换，构成乡土特色的人文大地景观。场镇不但与乡村的文化经济密切相关，成为乡村的集市贸易场所，其外部空间环境也与农耕土地紧密地融为一体。场镇周边不但有农田环绕，场镇居家宅院还有乡村经济特色的果园菜圃，前店后宅后农院是传统城镇乡土特色的绿化环境。农耕环境既具有文化经济意义，也具有历史文化环境意义，保护农耕环境对传统场镇和乡村聚落的保护尤为重要。

乡村聚落与农耕生态环境关系密切，农耕土地是乡村聚落不可缺少的生存环境。四川乡村宅院分散的选址布局，既有传统家庭生活习俗因素的影响，也有保护耕地环境因素的影响。耕地是劳动人民付出无数艰辛和血汗辛勤开垦而来的。因此，不占良田好土是乡村聚落选址布局的基本原则，靠山面田则是乡村院落的主要空间布局模式。宅院周边种植竹木既可遮风避寒，又可防止坡地水土流失。竹木还有经济实用价值，是生产生活中不可缺少的各类器具的材料来源。依托山地环境形成的宅院与民风民俗结合起来，又形成乡土气息浓厚的文化环境景观。坡度较大的山地乡村环境中，多形成各式各样的果园，以桃子园、李子坝、梨树湾命名的乡村聚落随处可见，高山地区种植茶树的茶园也极具农耕经济环境特色。在乡村传统聚落的保护中，农耕经济环境的保护应是其精髓所在。

传统城镇在发展，生产生活方式也在变化，如何保护农耕环境使其适应现代生活的需求，这是值得探究的问题。观光农业的出现与发展，为农耕环境的保护摸索出一条较好的路子。四川成都周边的龙泉驿附近盛产桃子，其水蜜桃不仅色香味美，可为当地农民创造较好的经济营收，同时又与旅游观光结合起来，进一步扩大经济价值。20世纪90年代，龙泉驿就已开始举行一年一季的桃花节和蟠桃节，桃花盛开的时候举办桃花节，果实收获的时候举办蟠桃节。节日到来之际，成都周边甚至是几百公里之远的重庆都有游客驱车前往观光，产生了良好的乡土文化旅游经济效应。之后，各地的菜花节、李花节也应运而生，大大丰富了乡村旅游的项目和内容。但聚落环境的保护如何更好地与聚落居住环境的保护与发展结合起来，是值得探索的又一个问题。

二、传统聚落保护与文化生态环境

传统聚落的文化生态环境，是传统聚落发展演变的生产生活环境，即因民俗民风形成的环境场所。如四川传统场镇的凉亭子街或是廊式街，就是在湿热多雨的气候环境下形成的适宜的商贸空间环境，同时又是场镇居民良好的户外活动场所，成为和谐的社区交往空间。廊式街是四川地区极富民俗文化特色的空间场所，这类积极活跃的多功能空间，也正是现代城镇生活所欠缺的。在保护传统廊式空间环境的同时，如何与现代城镇的公共文化空间创造以及新型社区规划相结合，这一点也值得我们思考和探索。

四川是移民文化十分丰富的省区，具有移民文化特色的会馆在加强地区文化融合方面发挥了不可低估的作用。随着社会的发展变迁，移民会馆的功能和作用也在不断调适。移民会馆早期主要用于同乡聚会、联络乡情，之后为了适应商业文化的需求，逐渐发展成公共活动的空间场所。到了后期，移民已经完全融入四川本土的社会文化之中，会馆的功能就更加公共化，不少会馆在清代晚期尤其是民国时期，已完全成为对外开放的公共空间场所，形成场镇聚落的文化活动中心。如今，一些会馆仍然是场镇居民休闲娱乐的场所，这应是文化空间环境的传承发展中值得推崇的利用方式。有的场镇也将会馆改造为纯粹的宗教活动场所，虽是传承发展的一种方式，但不如前者更具有积极意义。

场口码头也是四川传统城镇聚落的标志。四川山地场镇的选址布局多与江河水系有关，修路造桥历来是传统城镇发展建设的一大善事。修桥的资金或为集资或为捐赠，抑或由官府出资建设，而且在桥头或桥尾处多竖立石碑，篆刻捐助人的姓名及捐资数额等以表功绩，从而形成一道独特的社会人文景观。桥梁多设于场头、场尾，桥的类型也以石板桥和石拱桥居多。尤其是石板桥的石板巨大而厚重，开采、搬运和施工的技术要求都很高，在山地环境中搬运难度就更大，具有技术史学的意义。桥墩多以"龙"为题材施以雕刻，雕刻技艺精湛，是地方民俗文化荟萃的重要载体，而桥梁也是聚落环境中最有历史文化意义的场所之一。"文化大革命"中，不少桥梁的雕刻作为封资修产物而遭到铲除破坏，得以完整保存至今的古桥就更显弥足珍贵，这也是传统聚落中需要重点保护的历史文化环境场所。

牌坊牌楼也是聚落环境中独特靓丽的一道文化景观。场镇聚落的牌坊通常建于场口，不过有的牌坊却伫立于街道内部，这是城镇规模扩大、街道向外延伸而形成的布局模式，成为聚落发展变迁的历史见证。竖立牌坊本是中国一大传统文化现象，但如今在场镇的街头路口新建牌坊逐渐成为一种风气。一些牌坊纯粹以大取胜，其空间尺度往往是传统牌坊的数倍之巨，与传统城镇的场所环境极不协调。

三、传统聚落保护与生活环境改善

四川传统乡村聚落基本上以浓郁的农耕文化为特色，一些至今仍保存较好的传统村落，不仅山清水秀、自然生态环境良好，原生态的传统聚落风貌也很有特色。在保存较好的乡村聚落中，多遗留有大量富裕人家的居住宅院，建筑质量好、品位高，与自然山水结合的外部空间环境特色也别具匠心，具有较高的历史文化价值。

随着经济生活方式的变化，现代交通网络的发展，昔日美好的乡村聚落因交通条件落后，文化经济生活也逐渐萧条。一些被列为优秀传统村落的乡村宅院，实际已是人走屋空。年轻的劳动力多外出务工，抑或纷纷迁出另谋生计。巨大的宅院就仅剩一两个老人留守，建筑破败的现象日益严重，生活环境条件也较为简陋。这样的传统聚落，既要保护和利用好自然生态环境的天然优势，也要与基础设施尤其是与交通环境的改善相结合，更需要科学合理地将近期规划与远期规划联系起来，创造适应现代乡村旅游文化的发展模式。

在传统乡村聚落的保护工作中，首先要对具有价值的传统建筑进行抢救性保护，改善居住条件，让仅有的本土居民安居下来。在保护传统聚落环境的指导原则下，如何创造新的文化产业环境，使传统聚落的文化经济可持续发展，是保护工作的重要着力点。目前，乡村旅游与聚落保护的结合是一个较好的模式。但是，现在的乡村旅游主要还是靠政府或企业在推动和埋单，这种动力机制作用下的覆盖面也极为有限，难以满足乡村聚落保护的巨大缺口。如何创造更有利的政策环境和条件，让聚落的百姓能自觉参与进来甚至成为聚落保护的主人，从而形成聚落保护的文化产业链，这应是传统聚落保护及可持续发展值得探索的路子。

第三节　传统聚落保护面临的问题

一、传统聚落保护重视程度差异较大

总体来说，目前对传统聚落保护的重视程度还有待加强。四川列入国家和省一级的优秀传统村落已达一千多个，但真正实施了积极有效保护措施的传统聚落，其数量还明显不够。这与传统聚落的申报方式也有一定的关系。一般情况下，传统聚落的申报由建委部门组织，大规模的申报确实为传统聚落的保护提供了良好的基础。但是，聚落保护实施涉及的问题系统而复杂，其中极为重要的是对聚落保护的价值观认识问题，包括组织管理部门的价值观、聚落居民的价值观等，都影响着聚落的保护和实施。而最大的问题就是资金的投入，目前聚落保护还主要靠政府投入，对于全面保护来说投入十分有限。以旅游产业投入的方式最为常见，但旅游产业投入也需要考虑投入与产出的比例关系和成效时差问题，因此也就难以对聚落保护进行全面覆盖。

在各种因素影响之下，聚落的保护措施出现了明显的差异。一些原本文化经济条件较好的聚落，最典型的就是四川地区的传统场镇聚落，政府和企业对其保护投入的积极性很高，而且传统聚落的旅游发展也极大地改善了聚落居民的生活条件，聚落的保护建设也由此形成良性发展之势。如成都的洛带古镇、黄龙溪古镇，目前算是聚落保护发展较为热门的例证，但它们也是天时、地利、人和的各方优势条件共同作用所致。也有不少的传统聚落保护处于消极的状态。地理位置偏僻，交通联系不便，经济投入较差，有的聚落甚至完全依靠政府几百万的财政补贴来维持保护工作，对于一个聚落的整体保护来说就是杯水车薪。因此，也就出现了简单的临街界面拼贴的风貌保护方式，不但影响传统聚落保护的真实性，而且还可能带来新的质量安全隐患问题。更有甚者，则是在地方主管部门中出现了十分消极的保护思想，认为不申报更好，对于已申报成功的甚至还动了退出保护名录的念头，显得既不科学也不严肃，同时反映出聚落保护中价值观认识的偏差问题，以及法律意识淡薄的问题。这样的消极保护因素，不仅对聚落保护不利，也会对地方文化经济的发展带来影响，甚至会让传统聚落面临更大的破坏或消亡的危险。

二、传统聚落保护的真实性问题

关于传统聚落保护的真实性问题，中央各部委的指导意见早已十分明确："注重文化遗产存在的真实性，杜绝无中生有、照搬抄袭。注重文化遗产形态的真实性，避免填塘、拉直道路等改变历史格局和风貌的行为，禁止没有依据的重建和仿制。注重文化遗产内涵的真实性，防止一味地娱乐化等现象。注重村民生产生活的真实性，合理控制商业开发面积比例，严禁以保护利用为由将村民全部迁出"。

不过，在四川城镇聚落的保护中，照抄照搬的现象仍时有出现。如有的传统城镇模仿江南水街的建设，无中生有地将水流引入街道，没有自然流水就采用机械抽水，甚至直接占用城镇的生活用水资源。这种机械引水的方式不仅造成资源浪费，也影响了经济的投入产出比，更破坏了自然环境的真实性，而且这类水街也并不是每天都有流水，只有逢年过节之时才开流放水迎接游客。在川西地区盛行修建的水街，如今也影响至川东地区。最为滑稽的是，有的场镇聚落原本就紧邻自然的溪流，对于已有的景观资源不加利用，却在主街上另建水渠打造水景，加之其他各方因素的影响，部分新建水街即使建成数年之久，至今都没有注水正式投入使用。

另一种不真实的现象是重视新街的建设，却忽视冷落传统商业老街的保护，新街的规模甚至远远超过老街部分。笔者曾多次去过四川地区的某个传统商业老街，街道尺度适宜，店铺生意兴隆，烟火气十分浓郁。近年来，在老街之外又陆续进行了新街的建设，新街的规模尺度较大，又引水入街形成水景，商业店铺遍布两侧，成为外来旅游者喜欢汇聚的场所。这类新街确实带动了文化旅游经济的发展，但是老街也随之出现了萧条的现象，对传统街巷的保护极为不利，如何解决新老街巷同步发展的问题，也是保护规划中值得探索的问题。

破坏历史环境场所的真实性，也是传统聚落保护中值得重视的问题。传统聚落的特色，不只是聚落建筑和街道本身，在四川山地城乡聚落中，聚落的环境场所更具有历史文化价值意义。传统场镇最突出的就是场口环境及其具有文化特色的基础设施。场口的码头、牌坊、古树名木，与场镇空间环境尺度和谐共生，形成场镇聚落独有的地域环境特色。在传统聚落中修建或复建牌坊，虽说也是传统文化场所延续发展的一种方式，可是牌坊越修越大，风格越修越偏，有的模仿北方的牌楼门风格，与四川地区传统山地城镇聚落的环境极不和谐。更有甚者则在场口大修大建，将现代城市广场的手法直接用到传统场镇或乡村聚落，规模尺度与历史环境严重失衡。虽说大广场建设的初衷是想适应观光游客的容量需求，这也无可厚非。但是，在山地城镇聚落如何采取既分散又联系，且功能灵活调适的环境场所设计，同时满足短期的使用需求与长期的发展需要，这也是值得我们进一步摸索和思考的。就如四川传统的廊式街，赶场之时便是商业活动的场所，平时又是家庭生活起居的环境，这种多功能复合的场所空间设计理念就值得我们学习借鉴。

三、传统聚落与地域特色的环境保护

四川境内多山多水，城镇聚落、乡村聚落与山水环境、人文环境和谐共生，形成具有地域文化特色的聚落环境。保护具有地域特色的聚落环境，是四川传统聚落保护中不可或缺的组成部分。不过，目前对保护地域特色环境的重视程度仍显得不够。

四川传统场镇聚落适应山地环境形成的爬山街、半边街及蛇形街等，外部空间轮廓线都极其丰富。爬山街顺坡地层层上爬，屋顶轮廓线重重叠叠；半边街适应狭窄地形，街巷空间开敞明朗；蛇形街沿地势蜿蜒，街道曲线自然优美。就其城镇风貌来说，山地城镇的外部空间形态具有平地城镇所不具备的风格风貌特征。城镇聚落的街巷空间是历史文化名镇、历史文化街区保护的重点，这一点毫无疑问，但外部空间环境其实也同样需要着力保护。目前，对传统聚落的风貌保护多停留在街面的两张表皮上，而尤为重要的外部空间环境保护及风貌设计问题，往往容易被当下的传统聚落保护所忽略。

丘陵山地城镇的江河水系，与江南水乡城镇也完全不同。四川地区的丘陵山地，江河水流随季节变换落差变化较大，沿江城镇离水面往往较高，由此形成筑台吊脚的外部空间形态，这也是适应地理气候形成的聚落外部群体空间环境。简单地模仿水乡城镇修筑滨水步道的方式，既改变了自然山水的环境格局，又容易造成堤岸生态安全的隐患。丘陵山地的乡村宅院，选址布局依山面田，环绕屋基培育竹木果林，既经济实用，又形成优美的自然生态环境，若失去这种具有乡土气息的园林环境，传统乡村聚落的文化经济审美价值就会大打折扣。

第四节　传统聚落保护的实践探索

传统聚落的保护，应该与人民居住质量的提高、生活环境的改善结合起来，保护的价值在于传承和利用。在四川传统场镇及乡村聚落的保护中，首先需要解决的问题，是改善聚落的基础环境设施，如给水排水环境、对外交通环境等。对于乡村聚落来说，应建立一个较为完整的保护发展体系，建筑师、规划师就需要为这一体系绘制好蓝图，我们需要了解老百姓的疾苦，了解他们最迫切的需要，同时让他们参与其中、乐在其

中、用在其中。近二十年来，笔者有机会参与到传统城镇和乡村聚落的保护规划设计工作中，从前期调研、保护设计、具体实施与持续的施工现场跟踪，再到建设后的多次回访，进行了一些很有意义的实践探索。

一、农耕文化保护与民族聚落发展规划

彭水县普子镇四合庄村是四川盆地边缘山地的一个乡村聚落，地处四川、重庆、湖北、贵州交界的武陵山区。这一带是以土家族、苗族聚居为主的民族区域，土、苗、汉等民族的乡民在此辛勤耕耘，世世代代和睦相处，形成了民族之间相互联姻、互帮互助的传统习俗。乡民们能歌善舞，唱盘歌、跳摆手舞，具有浓郁的民族文化风尚。

四合庄村西面为凤凰山脉，东面为大坪盖山脉，村落选址于两条山脉之间的槽坝地带，东西宽约2公里、南北长约4公里。槽坝之中地形高差起伏相对较小，坝内是当地村民数百年来开垦经营的农耕用地，边缘两侧斜坡是旱土，沟谷坝底是层层叠叠的梯田，是适于居住生活的农耕生产环境。村落内自然环境优美，山脉气势雄浑，山峦丘壑秀丽，普子河水清澈见底而又蜿蜒流转。山上自然植被丰茂，动物种类丰富，气候相对温和，具有宜居的农耕生态环境特色（图6-4-1）。另外，村落内还有清代形成的古墓遗址，以及近代彭水第二任中共县委书记刘伯荣的故居，具有民族传统文化特色与红色革命文化特色。

村落的居住环境比较分散，分布在沟谷坡地高处的靠山环境。狭长的沟谷中部有形成于清代的沙坪老街，

图6-4-1　普子镇四合庄村与农耕环境

图6-4-2 普子镇四合庄村的沙坪老街

也曾是普子镇和四合庄村的集市贸易市场（图6-4-2）。这一城乡结合的聚落环境，在历史上是具有行政管理功能的文化经济中心，如今行政管理部门已经搬迁，但集市贸易点仍然继续服务于乡村村民的日常生活。村落内的居住院落以富有民族特色的三合院和四合院为基本空间模式，靠山面田不占耕地，凸显出四合庄村宅院选址布局的基本特征（图6-4-3、图6-4-4）。家家户户都有宽敞的檐廊，既是适应气候环境的家庭生活起居空间，又是临时堆放谷物粮食的仓储之地，生产与生活融为一体的空间形态在檐廊之下得以明显地反映出来。三合院两侧厢房出挑与吊脚楼结合，展示出具有地域民族文化韵味的空间形态特色。四川地区传统建筑以木穿斗构架形式为主，而五柱四挂又是武陵山区典型的建筑构架模式，这一构架模式与民风民俗相结合，形成以8为尾数的朴素的模数制概念，凸显出浓郁的民族地域建筑韵味（图6-4-5）。

四合庄村地处偏远的山地，虽然社会经济和交通正快速发展，但四合庄村并未紧跟上时代发展的步伐。大多数村民仍靠种田过日子，生活条件和质量还有待进一步提高。如何从整体上改善和提升当地居民的文化经济水平也就成为四合庄村保护规划的重要任务。

村落保护的基本理念，即保护自然山水环境优美

图6-4-3 四合庄村铁厂三合院与农耕环境

图6-4-4 四合庄村王家四合院

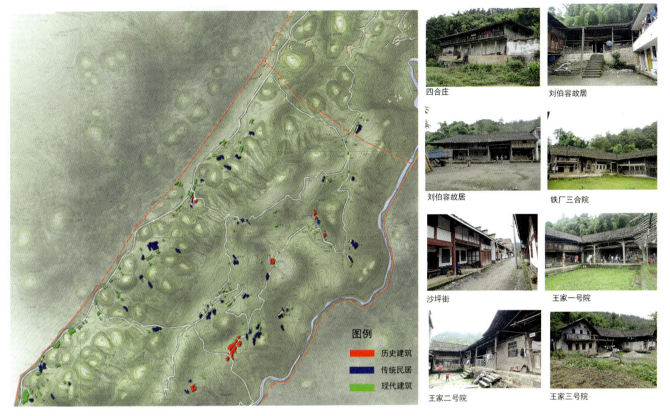

图6-4-5 四合庄村建筑现状分析图

的居住环境，保护农耕生态环境特色的生产环境（图6-4-6）。在此基础上，发展以经济林木为特色的传统土特产品加工，增加当地农副产品的附加价值。结合普子镇对外交通环境的改善，建立起与沪蓉高速公路的出口联系，进一步发展农耕文化与民族文化相结合的民俗观光产业。同时，加强村落保护与村落振兴的联动结合。鼓励外出就业的成功人士回乡建设家园，通过良好的政策驱动和返乡人员的创业热情共同作用，创造新型的、适宜的乡村产业环境。并将近期目标和远期目标相结合，在保护农耕生态环境和自然资源环境的基础上，循序渐进地深化保护与发展工作。近期先着力改善村民居住环境，创造良好的居住条件，然后再通过区域交通网络内旅游观光资源的开发，以此继续带动农耕旅游文化的发展，形成保护与发展同步进行的良性机制。

在传统村落的保护实施中，以农家宅院的就地保护修复为基础，适当整合分散的居住建筑，以村内保存较好的王家四合院、王家大院子、铁厂三合院、沙坪老街为组团，形成大分散小集中的聚落环境，有利于基础设施改善，可有效提高村民的生活质量水平（图6-4-7、图6-4-8）。同时，发展一定规模的新型农耕居住与生产院落环境，进一步推动民族特色的乡村园林经济。充分利用山区村落的自然资源优势和宜人的高山气候环境，创造可供节假日和周末度假的民族及民俗旅游条件。改造和利用自然形成的乡村道路，将各个修复后的聚落点、古墓遗址、革命故居遗址、山水观景平台与观光农业体验区串联起来，形成具有民族乡土文化特色的休闲环境。

图6-4-6　四合庄村依托农耕田园就地保护发展的空间模式

图6-4-7　四合庄村王家院的院落组群布局

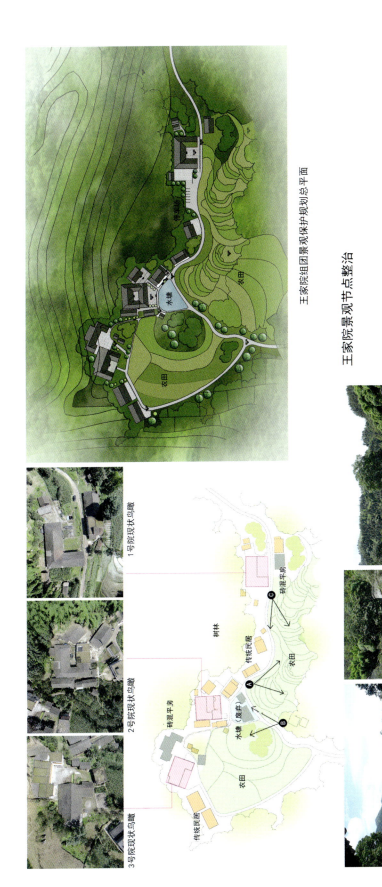

王家院景观节点整治

王家院古建筑群位于村落的西侧，沿"猴狸垭"山脚做线形布置，环境景观极佳。该景观节点的主题为复原与复原。对现存的王家古庄园建筑群进行风貌改造，对附近几处现代民居进行整修，对附近几处现代民居进行风貌改造，建筑南侧开阔的田坝现种植当地特色农作物，将远处对景的群山山脉和近处背景的山麓形成环境景观系统。

王家院组团景观保护规划总平面

规划中，对该主题节点中的有特色的传统民居进行展示，建筑群背靠山麓而面朝开阔的农田，环境景观极佳。沿"猴狸垭"山脚做线形布置，并对相邻的有特色的传统民居进行展示，将分散的农业景观连接起来，形成大面积的农业景观风光，与远山麓形成环境景观系统。

图6-4-8 凹合庄村王家院组团优保护规划

二、历史文化与农耕文化环境协同保护

安岳县瑞云乡园门村的许家坝，是许氏家族聚居的传统村落，村内至今还保留着清代重建的许氏家族祠堂。许氏家族历史悠久，相传东汉时期韩国的"普州太后"许黄玉就出生于此。安岳县古时也称普州，"普州太后"作为许黄玉的谥号也由此而来，两者之间有着特别的历史渊源。许家祠堂与韩国也一直保持着民间往来，祠堂内还有韩国民间寻亲送来的匾额题词。许家坝附近的山崖还有汉代古墓和宋代佛教摩崖石刻等文物，也反映出许家坝与东汉时期的文化联系。

许家祠堂周边还分布有大量乡村院落，平面形态以"一"字形和"L"形的农家宅院居多，建筑面宽多为三间，面阔五间的较为少见。随着乡村经济的发展，居住条件不能满足现代生活的要求，乡村居住环境的改善已成为必然。为改善农村居民的生活环境，以许氏祠堂为核心开展传统村落保护，2006年重庆大学建筑城规学院承担了中韩民俗文化村的保护与发展规划工作（图6-4-9）。

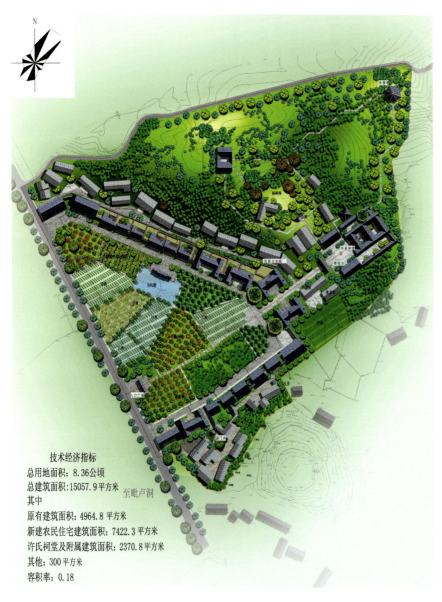

技术经济指标
总用地面积：8.36公顷
总建筑面积：15057.9平方米
其中
原有建筑面积：4964.8平方米
新建农民住宅建筑面积：7422.3平方米
许氏祠堂及附属建筑面积：2370.8平方米
其他：300平方米
容积率：0.18

图6-4-9　安岳县园门村许家大院及其环境保护规划总图

图6-4-10　园门村许家坝的乡村院落与农耕环境

园门村距离安岳县城15公里，地处四川盆地中部的浅丘坝子，坝子平整开阔，农耕土地资源丰富。现有居住宅院靠两翼山脚成线性布局，许家祠堂即位于两翼之间，具有明显的主从空间秩序。两翼的传统宅院与过境公路围合成三角形的农耕田园，形成农耕环境突出的乡村田园风光（图6-4-10）。为改善居住环境，早期的乡镇规划曾将这片土地划分成若干新的宅基地提供村民建房，具有特色的田园风光面临消失的可能。

新的规划确立了以保护历史环境与农耕环境相结合的指导思想（图6-4-11）。历史文化环境的保护，是以许氏祠堂和优秀的传统居住宅院的保护为核心。祠堂的修复设计避免落架大修的技术措施，尽最大可能地保护祠堂的真实性，延续清代的建筑风格风貌和空间构筑技术形态。同时调整并完善传统宅院的基础设施，以排水、防潮、防虫为保护重点，排除传统建筑的安全隐患，使之能够"延年益寿"，更好地发挥作用。

关于乡村居住环境的改善，则是在保护农耕环境的思想指导下，坚持了在传统宅基地上就地改造和扩建的方法措施，使传统宅院与新建的乡村居住建筑有机组合（图6-4-12、图6-4-13）。其基本规划布局就是维持传统依山而田的线性空间布局特色，保留宅前大片平缓的农耕田地环境，适当扩宽道路，充分利用靠近县城与过境公路的区位交通优势，创造农业观光旅游与文化观光旅游相结合的条件。保留下来的大片农业土地，既可继续种植蔬菜瓜果，为地方居民的日常生活提供便利，又能延续传统聚落的农业景观环境。同时，在田园中增加

图6-4-11 保护农耕环境的村落景观效果图

石板铺筑的观赏路径，可联系许家祠堂及周边宅院，既方便居民的交通联系，又能结合传统院落节点创造田园观光的步道环境。

在聚落建筑风貌的保护上，因地制宜、灵活应对。靠近许氏祠堂的乡村宅院建筑基本保持了传统风格及空间尺度，与古朴的祠堂保持整体和谐的风格。而在田园坝子边缘的居住建筑，虽修建年代相对较晚，但都具有浓郁的地方营造技术特色。新建或扩建的居住建筑以一楼一底的"一"字形宅院为主，底楼适应新的经济发展模式可提供经商的条件，二层则是家庭的居住空间，建筑后院又有乡土特色的园林环境。现有的传统居住建筑由石木组合的穿斗构架为特色（图6-4-14、图6-4-15），穿枋用木材，立柱用本地盛产的红砂页岩，建筑的墙裙也普遍用石板装配，不但从文化上具有浓郁的地域特色，从技术上也可更好地防腐、防潮、防虫。这部分建筑也一并纳入保护规划和修复设计的范围内，使乡土建筑的风格更加浓厚。

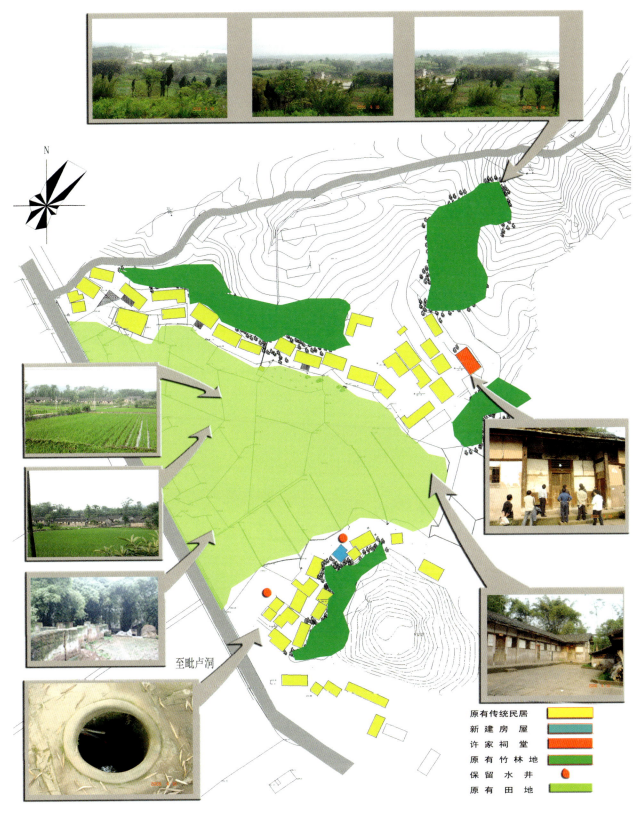

图6-4-12 园门村现状分析图

保护类型	保护方式	典型建筑修复示意	
		改造前	改造后
保护维修	重点文物保护单位建筑遗址的整修采取"整旧如旧""修旧如旧"的保护思想原则。对现存实物绝对保护,已缺损的部分在有可靠根据的情况下进行修复。保护修复中应坚决保持文物建筑的原真性。对质量较好的传统民居以及近代建筑予以保留和修缮,并增加水电、厨厕等必要的生活设施。		
立面保存	对具有传统风貌,但质量一般的建筑,在维持其传统风貌的同时,可对其结构进行改造,或进行改、扩建以适应新的使用功能。		

保护类型	保护方式	典型建筑修复示意	
		改造前	改造后
风貌整治	对地段内质量较差、风貌一般但在客观上又起到维持传统街区空间格局作用的建筑,应在拆除后按照传统民居风貌重建。对质量较好,设施齐全的现代建筑,考虑到多种因素短期内不能拆除的,对其进行降低层数,改变门窗形式,增加坡屋顶等方式的改造,使之与传统建筑取得协调。		
拆除	对严重破坏整体风貌或违章搭建的危房简棚应坚决予以拆除。		

图6-4-13 园门村民居改造分析图

图6-4-14　园门村许家坝石木穿斗构架的建筑风貌

图6-4-15　园门村许家坝的乡村院落环境

三、依托乡村宅基环境的传统聚落更新

开江县地处四川盆地边缘的大巴山麓，境内属川东褶皱低山丘陵岭谷地貌区，有丘陵、低山、低中山和坝子等不同的地形地貌特征。其中，最具特色的是四条河流冲积形成的若干坝子，人们习惯称之为山间平原。开江县城西北，开江河的冲积坝子规模巨大，地势平坦、良田万顷，自然灌溉条件好，坝子上农耕稻田一望无际，素有"小成都"之称。坝子边缘的浅丘坡地上，乡村居住院落依山面水、分布其中，宝塔坝村就位于这样的聚落环境之中。坝子中自然形成的小山丘上耸立着明代兴建的宝泉塔，七层的密檐式塔成为村落的地标性制高点（图6-4-16）。环绕山丘有密集的乡村院落分布，宅院周边竹木环绕，具有林盘聚落的环境特征。村落的东面和南面，有新宁河蜿蜒环绕，自然环境十分优美。

开江一带也是通南巴（通江、南江、巴中）中国工农红军的摇篮，很多本地农民在这里参加工农红军北上抗日，留下大量红军时期的历史足迹。宝泉塔坝脚下的王家大院就曾走出过优秀的红军战士，大院还曾用作红军时期宝塔坝战斗的指挥中心，具有重要的红色革命文化纪念意义。王家大院是典型的乡村三合院，古朴的穿斗木构架和素雅的小青瓦屋面，展现出巴蜀地域特色的清代建筑风貌，相邻的传统宅院也具有相似的风格风貌特征，整体建筑群风貌融洽和谐。

随着新农村的建设发展，新村宅院犹如雨后春笋般快速涌现，一些乡民自发修建的居住建筑布满机耕道两侧的田间地头，不但占用大量耕地，也影响了整体的环境风貌。在宝塔坝片区传统村落的保护及更新中，规划设计立足于新农村建设的指导思想，始终坚持保护传统聚落环境、保护农耕生态环境的保护规划原则（图6-4-17）。

聚落环境的保护主要建立在历史环境保护与自然环境保护两个层面上。首先，历史环境保护以宝泉白塔和王家大院的保护为重点。明代的宝泉塔为省级文物，王家大院为县级文物，按照文物保护的相关要求对其进行保护修复设计，并坚持真实性的保护修复设计原则。其次，是保护不同时期形成的建成环境及传统建筑风貌。村落中的宅院既有传统的木构建筑，也有后期发展的砖混结构建筑，这些宅院都靠山而建，建筑尺度能和谐过渡，但基础设施和环境质量较差。因此，重点进行了基础设施改造和风貌环境整治，提高传统村落的居住环境品质，适应现代生产生活的需求。在自然环境保护方面，则重点保护宝塔坝富有特色的山丘生态环境，加强绿化建设，防止水土流失。环绕农耕院落的竹木环境具有人文经济环境特色，在改造建设中也以尽量不破坏乡土园林环境为基本要求（图6-4-18）。

图6-4-16　开江宝泉塔

图6-4-17 开江县宝塔坝村落保护与更新

图6-4-18 开江宝塔坝竹林宅院的保护与更新

新村的扩建依托传统聚落展开，以不占良田好土为基本原则。在规划布局上打破整齐划一的排列布局，力图运用传统四合院的空间组合形态，将若干独立的居住建筑围合聚拢，形成向心的院落空间（图6-4-19）。同时通过自留地的调整重组，使得家家户户都有各自的庭院环境，公共活动空间与家庭院坝空间相互结合。公共休闲园林则利用已有的荷塘继续种植荷花，既有旅游观赏价值，又有社会经济价值，还能为民宿和乡村周末度

图6-4-19 开江宅院保护与更新平面图

假游创造基本的空间环境条件。通过这样的规划布局，大量的农田得以保留，结合农业经济特色，大片的稻田还能发展成以观赏经济为特色的种植业，如前期已经开展的大面积荷花莲藕种植，从而创造具有特色的农耕环境景观。

四、山地环境下的场镇聚落保护与发展

（一）西沱古镇的历史环境特色

西沱是位于长江南岸的一个水陆码头场镇，因地处长江沱湾而得名，也是石柱土家族自治县重要的对外联系通道。西沱的长江对岸即是忠县辖境，与古镇隔江相望的是著名的石宝寨。忠县盛产井盐，规模宏大，有盐井数百口，清代曾是长江中上游重要的盐产地之一。忠县的井盐即从石宝寨镇渡过长江，经西沱码头爬山运往石柱县及湖北各地，从而带来了古镇的文化商业繁荣。古镇历史上商贾云集，客栈货栈、茶馆酒楼、各种店铺作坊沿爬坡上坎的道路布局，形成独具特色的爬山街道（图6-4-20、图6-4-21）。

西沱古镇依托山地环境的水陆码头发展而成，垂直等高线的街道布局是其最为显著的特色。长达1.5公里的街道一路上爬，垂直高差接近200米，由众多层层叠叠的爬山梯道组成。这样的布局在四川沿江山地场镇极为普遍，人们习惯称之为爬山街。而西沱的爬山街又尤为陡峻，垂直高差特别大，展示出高耸入云的空间气势，因此西沱老街又有"云梯街"之美誉。

云梯街是适应特殊地形地貌环境和商业交通环境而产生的街道形态，反映了四川人在面对复杂山地条件限制时，在城镇空间营造上所表现出的创造性精神。爬山街道以当地开采的青石板铺地，一些地段的街面就直接

图6-4-20　西沱镇保留较好的爬山街与背街水渠现状（2016年）

利用坡地岩石开凿而成，独具地理环境特色（图6-4-22）。街道两侧的店宅建筑适应地形层层筑台，临街建筑顺应地形层层上爬，小青瓦屋面与白灰夹壁穿斗墙层层叠叠，形成丰富的天际轮廓线。而且，西沱的爬山街又是位于中间高两边低的山脊之上，前店后宅的传统建筑顺应地形往两侧叠落，或利用吊脚楼形式架空，建筑空间环境更显丰富。

西沱爬山街的背街两侧有顺势而下的沟渠，时而从街道内部穿过，山上源源不断的水源使得沟渠中常年流水，当地居民常在沟边洗衣聊家常，形成西沱独特的人文环境景观。古镇内古树众多，尤以黄葛树最为常见，场头场尾、背街宅旁、街巷交叉之处，以及规模较大的宅院内部，都能见到参天蔽日的黄葛树。树荫之下是当地居民休闲乘凉的场所，展现出西沱独具魅力的绿化环境特色。而且黄葛古树还是西沱镇重要的文化地标，如爬山街上场口生计客栈旁的一棵黄葛古树，因地处三县的交汇点而有"一树遮三县"之称，成为家喻户晓的文化景观（图6-4-23）。此外，爬山街背侧具有乡土特色的农耕园林环境也十分令人瞩目。沿街店铺两侧后院曾经全是农耕田地，家家户户都有各自的一方园林环境，普通家庭经营菜圃种植蔬菜瓜果，讲究的富户宅院还种植名贵花草，与外围耕地环境有机连片。

古镇至今还遗存有10余处具有文化价值的文物保护单位，类型较为丰富，有纪念祠庙、移民会馆、商号宅院等。其中，纪念祠庙有双圣庙、关庙等，会馆建筑有禹王宫、桓侯宫等，传统商号店铺有下盐店、永成商店、熊家大药房等，反映了古镇的历史文化与商业文化风貌。西沱古镇也因其丰富的历史文化与独特的山地场镇风貌，于2003年被列入中国历史文化名镇名录，成为中国最早的十大历史文化名镇之一。

图6-4-21　西沱镇爬山街现状（2016年）

图6-4-22　西沱天然岩石上开凿的老街

图6-4-23　西沱老街巷的黄葛树

(二) 古镇现状及面临的问题

西沱古镇曾经是长江上游重要的水陆交通码头,文化经济一直活跃至20世纪80年代末期,聚落也保持着原生态的环境风貌。从20世纪90年代开始,伴随着周边城镇新区的建设与集市贸易地点的改变,当地居民不再聚集在老街赶场交易。加之现代交通运输的发展,肩挑背驮的盐运方式也不复存在,老街上来往通行的商人挑夫也已消失,文化经济日益萧条。

随着经济条件的改善,许多家庭也纷纷搬出老街,在新街另置居住用房,条件更好的则搬到县城或迁移到其他城市。经济条件较差的则继续留守老街,但居住条件已变得十分简陋,西沱古镇也由此冷冷清清,几乎快要成为空城。另外,由于西沱新镇的扩建,平行等高线的新街及过境交通道路,将垂直等高线的老街分割成孤立的三段。爬山街两侧新建的高层建筑,见缝插针地挤入老街,使得西沱老街的外部环境越来越差。又因长江三峡库区的蓄水,最有特色的爬山街码头也已随之没入江水(图6-4-24)。

虽然受到各种因素的影响,古镇环境受到很大破坏,但就古镇遗存的规模和空间环境形态,以及遗存的建筑环境来说,都还具有传统山地城镇的人文风貌。而且,作为国家首批历史文化名镇,西沱镇地方政府对其保护规划也十分重视,曾先后组织不同层次的保护规划,但因各种原因并未推进实质性的保护建设。2018年,石柱县政府将西沱古镇的保护建设纳入重要议程,管理措施和技术措施都有了保证,希望以此为契机,振兴西沱古镇。

图6-4-24 西沱老街周边的环境现状(2016年)

（三）古镇的保护理念与措施

古镇农耕环境的恢复与整治是古镇环境保护的重点（图6-4-25、图6-4-26）。通过农耕环境的恢复整治，为本土居民创造舒适宜居的外部环境，同时通过绿化环境的加强，规整杂乱无章的空间形态，改善传统场镇的视觉景观环境。目前，虽然古镇两侧因现代建筑的无序侵入而影响传统风貌环境，但背街两侧尚有大片荒芜的土地。这些昔日美好的农耕环境，因许多土地承包人不再耕种经营而造成荒废，保护规划中将这部分土地重新集约利用起来，恢复旅游经济的田园特色。同时结合农耕环境的恢复，改善每家每户的后院景观，划定出一定的空间建立各自的宅后花园（图6-4-27），提升居民生活品质，为居民家庭经营创造基础物质条件。

加强基础设施建设，整治和优化排水沟渠（图6-4-28）。古镇老街中顺势而下的沟渠原本有着清泉绿水，曾是提供街巷居民日常生活洗涤和园圃灌溉的重要水源。1990年对沟渠改造后雨污混流，水质遭到严重破坏，昔日的亲水景观也随之消失，在保护规划中需要重新进行雨污分流，并改善沟渠周边的亲水环境。在水渠改造中需要充分考虑亲水性，拟在沟渠两侧或一侧设置石板步道，与恢复后的农耕环境结合起来，为本土居民创造良好的休闲步道环境，从而创造出旅游休闲观光的民风民俗环境景观。

保护聚落环境中的古树名木，恢复树荫下的人文景

图6-4-25　西沱老街背侧的农耕环境恢复与整治

图6-4-26　西沱老街背侧的农耕环境与水渠环境的恢复整治

观。西沱云梯街的黄葛古树众多，许多古树都有上百年的历史，是古镇中不可缺少的聚落建成环境，也是云梯街独特的绿化环境景观。将古树与其周边环境如树荫下的休闲小敞坝及保护古树的围栏石凳等，同古镇的休闲步道景观以及后院两侧的农耕环境相联系，串联成一个具有不同特色而又丰富多样的绿化休闲路径，创造更加优美和谐的古镇绿化环境。

改善古镇风貌与居住环境质量。在重要历史建筑保护的基础上，对古镇民居建筑进行风貌改造也是古镇环境改善的关键（图6-4-29）。风貌保护不是简单的临街界面装修，山地城镇建筑具有立体的空间环境，全面的风貌整治势为必要。而且，风貌保护更重要的是需要加强城镇建筑的安全性。不少临街店宅都是20世纪八九十年代居民自建，存在着许多安全隐患，风貌恢复整治与结构安全加固必须密切联系起来。在风貌保护中应尽可能考虑居民的使用需求，在条件可能的情况下，更好地为居民创造适用的空间环境。如檐廊空间的利用、坡屋顶空间的利用，在不增加过多投资的情况下，居民也能得到更多实惠的空间环境，这也是古镇保护中能与居民利益和谐一致的措施和方法。

保护山地特色的古镇建筑风貌。街巷空间形态最能反映场镇的传统风貌，西沱的爬山街是沿江山地城镇最有特色的建筑风貌（图6-4-30）。顺应爬山街的店宅建筑，小青瓦屋面和竹编夹壁墙素雅大方，层层叠叠的空间层次深远而丰富，盘根错节的黄葛树辉映其间，构成独特的山地场镇聚落景观，这些均是西沱建筑风貌保护的重点。除了对街巷中保存较好的大型院落如永成商店、熊家大药房等进行重点保护修复设计外，对街巷内其他的一般性传统建筑，尤其是核心区影响爬山街风貌的传统店宅，也应该给予足够的重视。古镇建筑风貌的和谐涵盖了整体建筑群风貌环境的保护，在保护中必须注意保护的整体观意识（图6-4-31）。

图6-4-27 西沱老街背侧院坝的恢复

图6-4-28 西沱临街叠水环境的修复

图6-4-29 爬山街巷保护与风貌整治

图6-4-30 保护修复后的爬山街环境

图6-4-31 保护修复与风貌整治后的爬山街天际轮廓线

异地搬迁保护与古镇整体环境的协调。在四川山地，因国家和地方重点项目建设的需要，一些重要的历史建筑、建筑群甚至是大的聚落群需要进行搬迁保护，这也是山地传统城镇保护建设的又一特点。西沱古镇的二圣宫、禹王宫和庆忠堂，都是在库区淹没范围内需要搬迁保护的文物建筑。搬迁保护的建设场地尽量选择与原有基址相似的地势环境，但在空间格局上又应考虑与西沱古镇的整体环境风貌相结合。保护规划中将庆忠堂与禹王宫纳为一个小组团，相对集中地分布在古镇入口附近并平行于长江岸线布局，既尊重了石柱县志中西沱镇图录所记载的祠庙会馆的空间布局规律，同时又丰富了古镇的入口空间环境（图6-4-32、图6-4-33）。

图6-4-32 西沱镇异迁保护的禹王宫庭院

图6-4-33 西沱镇搬迁保护的庆忠堂

附录

第一批至三批国家历史文化名城中四川（包括重庆市）共9个

第一批（共1个） 1982年2月8日
成都

第二批（共4个） 1986年12月8日
重庆
阆中
宜宾
自贡

第三批（共3个） 1994年1月4日
乐山
都江堰
泸州

增补（共1个） 2011年11月2日
会理县

来源：
[1]国务院批转国家基本建设委员会等部门关于保护我国历史文化名城的请示的通知[J]. 中华人民共和国国务院公报，1982（4）：137-142.
[2]城乡建设环境保护部、文化部关于请公布第二批国家历史文化名城名单的报告[J]. 中华人民共和国国务院公报，1986（35）：1075-1086.
[3]国务院批转建设部、国家文物局关于审批第三批国家历史文化名城和加强保护管理请示的通知[J]. 中华人民共和国国务院公报，1994（1）：15-16.
[4]国务院关于同意将四川省会理县列为国家历史文化名城的批复[J]. 中华人民共和国国务院公报，2011（32）：15-16.

第一批至七批中国历史文化名镇中四川共31个，中国历史文化名村中四川共6个

第二批中国历史文化名镇（4个） 2005年9月16日
四川省邛崃市平乐镇
四川省大邑县安仁镇
四川省阆中市老观镇
四川省宜宾市翠屏区李庄镇

第二批中国历史文化名村（2个） 2005年9月16日
四川省丹巴县梭坡乡莫洛村
四川省攀枝花市仁和区平地镇迤沙拉村

第三批中国历史文化名镇（4个） 2007年5月31日
四川省双流县黄龙溪镇
四川省自贡市沿滩区仙市镇
四川省合江县尧坝镇
四川省古蔺县太平镇

第四批中国历史文化名镇（6个） 2008年10月14日
四川省巴中市巴州区恩阳镇
四川省成都市龙泉驿区洛带镇
四川省大邑县新场镇
四川省广元市元坝区昭化镇
四川省合江县福宝镇
四川省资中县罗泉镇

第四批中国历史文化名村（1个） 2008年10月14日
四川省汶川县雁门乡萝卜寨村

第五批中国历史文化名镇（3个） 2010年7月22日
四川省屏山县龙华镇
四川省富顺县赵化镇
四川省犍为县清溪镇

第五批中国历史文化名村（1个） 2010年7月22日
四川省阆中市天宫乡天宫院村

第六批中国历史文化名镇（7个） 2014年2月19日
四川省自贡市贡井区艾叶镇
四川省自贡市大安区牛佛镇
四川省平昌县白衣镇

四川省古蔺县二郎镇
四川省金堂县五凤镇
四川省宜宾县横江镇
四川省隆昌县云顶镇

第六批中国历史文化名村（2个） 2014年2月19日
四川省泸县兆雅镇新溪村
四川省泸州市纳溪区天仙镇乐道街村

第七批中国历史文化名镇（7个） 2019年1月21日
四川省崇州市元通镇
四川省自贡市大安区三多寨镇
四川省三台县郪江镇
四川省洪雅县柳江镇
四川省达州市达川区石桥镇
四川省雅安市雨城区上里镇
四川省通江县毛浴镇
来源：中华人民共和国住房和城乡建设部（原名：中华人民共和国建设部）公示文件
[1]关于公布第二批中国历史文化名镇（村）的通知
[2]关于公布第三批中国历史文化名镇（村）的通知
[3]关于公布第四批中国历史文化名镇（村）的通知
[4]关于公布第五批中国历史文化名镇（村）的通知
[5]住房城乡建设部 国家文物局关于公布第六批中国历史文化名镇（村）的通知
[6]住房和城乡建设部 国家文物局关于公布第七批中国历史文化名镇名村的通知
第一至七批中国传统村落中四川共333个

第一批中国传统村落（20个） 2012年12月17日

成都市邛崃市平乐镇花楸村
攀枝花市仁和区平地镇迤沙拉村
泸州市泸县兆雅镇新溪村
泸州市叙永县分水镇木格倒苗族村
遂宁市射洪县青堤乡光华村
南充市阆中市老观镇老龙村
南充市阆中市天宫乡天宫院村
巴中市巴州区青木镇黄桷树村
雅安市宝兴县硗碛乡夹拉村委和平藏寨
雅安市石棉县蟹螺藏族乡蟹螺堡子
雅安市雨城区上里镇五家村

阿坝藏族羌族自治州理县桃坪乡桃坪村
阿坝藏族羌族自治州马尔康县沙尔宗乡丛恩村
阿坝藏族羌族自治州茂县黑虎乡小河坝村鹰嘴河组
阿坝藏族羌族自治州汶川县雁门乡萝卜寨村
甘孜藏族自治州得荣县子庚乡八子斯热村
甘孜藏族自治州炉霍县更知乡修贡村
甘孜藏族自治州炉霍县泥巴乡古西村
甘孜藏族自治州炉霍县新都镇七湾村
甘孜藏族自治州丹巴县梭坡乡莫洛村

第二批中国传统村落（42个） 2013年8月26日

成都市金堂县五凤镇金箱村
自贡市贡井区艾叶镇李家桥社区
自贡市大安区三多寨镇三多村
自贡市大安区牛佛镇王爷庙社区
自贡市沿滩区仙市镇仙滩社区
泸州市纳溪区天仙镇观音乐道古村
泸州市泸县方洞镇石牌坊村
泸州市叙永县水潦乡海涯彝族村
泸州市叙永县正东乡灯盏坪古村
泸州市古蔺县太平镇平丰村
泸州市古蔺县二郎镇红军街社区
泸州市古蔺县箭竹乡团结村苗寨
泸州市古蔺县双沙镇白沙社区
绵阳市北川县青片乡上五村
绵阳市北川县马槽乡黑水村
绵阳市江油市二郎庙镇青林口村
广元市昭化区柏林沟镇向阳村
广元市朝天区麻柳乡石板村
南充市南部县石河镇石河场村
宜宾市江安县夕佳山镇五里村
达州市达县石桥镇鲁家坪村
雅安市雨城区望鱼乡望鱼村
雅安市汉源县宜东镇天罡村
雅安市汉源县清溪镇富民村
雅安市石棉县蟹螺藏族乡猛种村猛种堡子
雅安市石棉县蟹螺藏族乡猛种村木耳堡子
巴中市平昌县白衣镇白衣庵居民委员会
阿坝藏族羌族自治州茂县雅都乡四瓦村四组
阿坝藏族羌族自治州黑水县色尔古乡色尔古村
阿坝藏族羌族自治州黑水县木苏乡大别窝村

阿坝藏族羌族自治州黑水县维古乡西苏瓜子村
阿坝藏族羌族自治州马尔康县卓克基镇西索村
甘孜藏族自治州炉霍县朱倭乡朱倭村
甘孜藏族自治州炉霍县雅德乡然柳村
甘孜藏族自治州乡城县青德乡仲德村
甘孜藏族自治州乡城县香巴拉镇色尔宫村
甘孜藏族自治州得荣县子庚乡阿称村
甘孜藏族自治州得荣县子庚乡子实村
甘孜藏族自治州得荣县子庚乡子庚村
凉山彝族自治州盐源县泸沽湖镇木垮村
凉山彝族自治州美姑县依果觉乡古拖村
凉山彝族自治州美姑县依果觉乡四季吉村

第三批中国传统村落（22个） 2014年11月17日

自贡市富顺县狮市镇狮子滩社区
自贡市富顺县赵化镇培村社区
自贡市富顺县长滩镇长滩坝社区
泸州市纳溪区打古镇古纯村
泸州市叙永县石坝彝族乡堰塘彝族村
泸州市叙永县永潦彝族乡九家沟苗族村
绵阳市游仙区魏城镇绣山村
广元市昭化区昭化镇城关村
广元市朝天区曾家镇石鹰村
乐山市沐川县箭板镇顺河古街
南充市西充县青龙乡蚕华山村
南充市阆中市水观镇永安寺村
宜宾市宜宾县横江镇金钟村
宜宾市筠连县大雪山镇五河村
宜宾市筠连县镇舟镇马家村
广安市武胜县宝箴塞乡方家沟村
巴中市通江县泥溪乡犁辕坝村
资阳市乐至县劳动镇旧居村
甘孜藏族自治州乡城县尼斯乡马色村
甘孜藏族自治州稻城县香格里拉镇亚丁村
甘孜藏族自治州稻城县赤土乡仲堆村
甘孜藏族自治州得荣县瓦卡镇阿洛贡村

第四批中国传统村落（141个） 2016年12月9日

成都市龙泉驿区洛带镇老街社区
成都市金堂县五凤镇五凤溪社区
成都市大邑县安仁镇街道社区
成都市邛崃市平落镇禹王社区
自贡市自流井区龙凤山社区
自贡市贡井区艾叶镇竹林村
自贡市大安区三多寨镇徐家村
自贡市沿滩区永安镇鳌头铺社区
自贡市荣县墨林乡吕仙村
自贡市富顺县富世镇后街社区
攀枝花市米易县麻陇彝族乡中心村
泸州市泸县立石镇玉龙村
泸州市泸县百和镇东林观村
泸州市泸县方洞镇宋田村
泸州市合江县白沙镇芦稿村
泸州市合江县先市镇下坝村
泸州市合江县尧坝镇白村
泸州市合江县九支镇柏香湾村
泸州市合江县五通镇五通村
泸州市合江县凤鸣镇文理村
泸州市合江县福宝镇大亨村
泸州市合江县福宝镇穆村
泸州市合江县法王寺镇法王村
泸州市叙永县白腊苗族乡天堂村
德阳市广汉市连山镇川江村
德阳市旌阳区孝泉镇正阳街居委会
德阳市中江县仓山镇三江村
德阳市罗江县御营镇响石村
德阳市罗江县白马关镇白马村
德阳市什邡市师古镇红豆村
绵阳市安县桑枣镇红牌村
绵阳市涪城区丰谷镇二社区
绵阳市游仙区魏城镇铁炉村
绵阳市游仙区刘家镇曾家垭村
绵阳市游仙区玉河镇上方寺村
绵阳市游仙区东宣乡鱼泉村
绵阳市盐亭县林山乡青峰村
绵阳市平武县虎牙藏族乡上游村
绵阳市平武县白马藏族乡亚者造祖村
绵阳市平武县木座藏族乡民族村
广元市旺苍县东河镇东郊村
广元市旺苍县福庆乡农经村
广元市旺苍县化龙乡石川村
广元市旺苍县化龙乡亭子村
广元市青川县观音店乡两河村

广元市剑阁县秀钟乡青岭村
遂宁市安居区玉丰镇高石村
内江市威远县向义镇静宁古村
内江市资中县罗泉镇禹王宫村
内江市隆昌县渔箭镇渔箭社区
内江市隆昌县云顶镇云峰村
乐山市五通桥区竹根镇兴隆里村
乐山市犍为县罗城镇菜佳村
乐山市犍为县芭沟镇芭蕉沟社区
乐山市犍为县铁炉乡铁炉社区
乐山市井研县千佛镇民建村
南充市仪陇县马鞍镇琳琅村
南充市阆中市河楼乡白虎村
眉山市洪雅县高庙镇花源村
眉山市洪雅县瓦屋山镇复兴村
眉山市青神县汉阳镇汉阳场社区
宜宾市宜宾县横江镇民主社区
宜宾市江安县夕佳山镇坝上村
宜宾市屏山县龙华镇汇龙社区
广安市广安区协兴镇协兴村
广安市广安区肖溪镇肖家溪社区
广安市广安区石笋镇石笋村
广安市武胜县中心镇环江村
广安市武胜县飞龙镇莲花坪村
广安市武胜县三溪镇观音桥村
广安市岳池县顾县镇顾兴社区
广安市邻水县王家镇地选村
达州市通川区金石乡金山村
达州市大竹县童家乡童家村
达州市宣汉县庙安乡龙潭河村
达州市宣汉县马渡乡百丈村
达州市万源市秦河乡三官场村
雅安市名山区中峰乡朱场村
雅安市荥经县新添乡新添村
雅安市汉源县九襄镇民主村
雅安市天全县小河乡红星村
巴中市巴州区光辉镇白鹤山村
巴中市恩阳区登科街道办事处恩阳古镇
巴中市通江县洪口镇古宁寨村
巴中市通江县龙凤场乡环山村
巴中市通江县澌波乡苟家湾村
巴中市通江县胜利乡大营村
巴中市通江县胜利乡迪坪村

巴中市通江县文胜乡白石寺村
巴中市通江县毛浴乡迎春村
巴中市南江县朱公乡百坪村
资阳市安岳县协和乡治山村
资阳市乐至县大佛镇红土地村
阿坝藏族羌族自治州汶川县水磨镇老人村
阿坝藏族羌族自治州汶川县龙溪乡阿尔村
阿坝藏族羌族自治州汶川县龙溪乡联合村
阿坝藏族羌族自治州理县薛城镇较场村
阿坝藏族羌族自治州理县甘堡乡甘堡村
阿坝藏族羌族自治州理县蒲溪乡休溪村
阿坝藏族羌族自治州理县下孟乡沙吉村
阿坝藏族羌族自治州理县桃坪乡增头村
阿坝藏族羌族自治州茂县太平乡牛尾村
阿坝藏族羌族自治州松潘县十里回族乡大屯村
阿坝藏族羌族自治州九寨沟县漳扎镇中查村
阿坝藏族羌族自治州九寨沟县永和乡大城村
阿坝藏族羌族自治州九寨沟县罗依乡大寨村
阿坝藏族羌族自治州九寨沟县马家乡苗州村
阿坝藏族羌族自治州九寨沟县草地乡下草地村
阿坝藏族羌族自治州九寨沟县大录乡大录村
阿坝藏族羌族自治州九寨沟县大录乡东北村
阿坝藏族羌族自治州黑水县知木林乡知木林村
阿坝藏族羌族自治州马尔康县松岗镇直波村
阿坝藏族羌族自治州马尔康县梭磨乡色尔米村
阿坝藏族羌族自治州马尔康县党坝乡尕兰村
阿坝藏族羌族自治州马尔康县大藏乡春口村
阿坝藏族羌族自治州马尔康县草登乡代基村
阿坝藏族羌族自治州壤塘县宗科乡加斯满村
阿坝藏族羌族自治州壤塘县吾依乡修卡村
阿坝藏族羌族自治州壤塘县茸木达乡茸木达村
阿坝藏族羌族自治州壤塘县中壤塘乡壤塘村
甘孜藏族自治州丹巴县巴底乡齐鲁村
甘孜藏族自治州丹巴县聂呷乡妖枯村
甘孜藏族自治州丹巴县梭坡乡宋达村
甘孜藏族自治州丹巴县中路乡克格依村
甘孜藏族自治州丹巴县中路乡波色龙村
甘孜藏族自治州白玉县章都乡边坝村
甘孜藏族自治州白玉县热加乡麻通村
甘孜藏族自治州白玉县灯龙乡帮帮村
甘孜藏族自治州白玉县灯龙乡龚巴村
甘孜藏族自治州白玉县赠科乡下比沙村
甘孜藏族自治州理塘县高城镇车马村

甘孜藏族自治州理塘县高城镇德西二村
甘孜藏族自治州理塘县高城镇德西三村
甘孜藏族自治州理塘县高城镇德西一村
甘孜藏族自治州理塘县格木乡查卡村
凉山彝族自治州木里藏族自治县俄亚纳西族乡大村
凉山彝族自治州木里藏族自治县东朗乡亚英村
凉山彝族自治州木里藏族自治县唐央乡里多村
凉山彝族自治州木里藏族自治县瓦厂镇桃巴村
凉山彝族自治州盐源县泸沽湖镇母支村
凉山彝族自治州盐源县泸沽湖镇舍垮村

第五批中国传统村落（108个） 2019年6月6日

成都市青白江区姚渡镇光明村
成都市蒲江县朝阳湖镇仙阁村
成都市都江堰市石羊镇马祖社区
成都市邛崃市高何镇高兴村
攀枝花市盐边县和爱彝族乡联合村
泸州市古蔺县双沙镇陈坪村
绵阳市盐亭县黄甸镇龙台村
绵阳市梓潼县文昌镇七曲村
广元市昭化区王家镇方山村
广元市昭化区磨滩镇金堂村
广元市昭化区磨滩镇长青村
广元市昭化区太公镇太公岭村
广元市昭化区石井铺镇板庙村
广元市昭化区文村乡双龙村
广元市昭化区白果乡田岩村
广元市昭化区梅树乡梅岭村
广元市昭化区大朝乡牛头村
广元市昭化区大朝乡云台村
广元市旺苍县木门镇天星村
广元市旺苍县黄洋镇水营村
广元市旺苍县水磨乡桥板树
广元市青川县茶坝乡双河村
广元市青川县大院乡竹坝村
广元市青川县观音店乡河坝村
乐山市夹江县华头镇正街村
乐山市峨眉山市罗目镇青龙社区
南充市阆中市柏垭镇老房嘴
眉山市洪雅县槽渔滩镇兴盛社区
眉山市洪雅县柳江镇红星村
宜宾市叙州区蕨溪镇顶仙村

宜宾市江安县仁和乡鹿鸣村
广安市武胜县龙女镇小河村
广安市邻水县牟家镇麻河村
达州市通川区新村乡曾家沟村
达州市通川区檬双乡松坪村
达州市通川区青宁乡长梯村
达州市万源市玉带乡太平坎村
雅安市雨城区严桥镇大里村
雅安市雨城区碧峰峡镇后盐村
雅安市荥经县花滩镇齐心村
雅安市汉源县永利彝族乡古路村
雅安市石棉县蟹螺藏族乡俄足村
巴中市恩阳区柳林镇铜城寨村
巴中市恩阳区兴隆镇玉皇村
巴中市恩阳区玉井乡玉女村
巴中市通江县广纳镇龙家扁村
巴中市通江县永安镇得汉城村
巴中市通江县三溪乡纳溪坝村
巴中市通江县唱歌乡石板溪村
巴中市通江县板凳乡学堂山村
巴中市通江县兴隆乡紫荆村
巴中市通江县板桥口镇黄村坪村
巴中市南江县下两镇下两社区
巴中市南江县双流镇元包村
巴中市平昌县灵山镇巴灵寨村
巴中市平昌县土垭镇石峰村
阿坝藏族羌族自治州松潘县川主寺镇林坡村
阿坝藏族羌族自治州金川县集沐乡根扎村
阿坝藏族羌族自治州小金县沃日乡官寨村
阿坝藏族羌族自治州黑水县沙石多乡银真村
阿坝藏族羌族自治州壤塘县中壤塘镇布康木达村
甘孜藏族自治州丹巴县巴底镇小坪村
甘孜藏族自治州丹巴县巴底镇大坪村
甘孜藏族自治州丹巴县巴底镇沈洛村
甘孜藏族自治州丹巴县巴底镇木纳山村
甘孜藏族自治州丹巴县巴底镇邛山　村
甘孜藏族自治州丹巴县聂呷乡喀咔一村
甘孜藏族自治州丹巴县聂呷乡喀咔三村
甘孜藏族自治州丹巴县聂呷乡喀咔二村
甘孜藏族自治州丹巴县革什扎镇大桑村
甘孜藏族自治州丹巴县革什扎镇吉汝村
甘孜藏族自治州丹巴县革什扎镇俄洛村
甘孜藏族自治州丹巴县革什扎镇三道桥村

甘孜藏族自治州丹巴县丹东乡莫斯卡村
甘孜藏族自治州甘孜县甘孜镇根布夏村
甘孜藏族自治州甘孜县甘孜镇甲布卡村
甘孜藏族自治州甘孜县甘孜镇麻达卡村
甘孜藏族自治州甘孜县康生乡白日村
甘孜藏族自治州德格县更庆镇八美村
甘孜藏族自治州德格县八邦乡曲池村
甘孜藏族自治州德格县柯洛洞乡牛麦村
甘孜藏族自治州白玉县建设镇布麦村
甘孜藏族自治州白玉县赠科乡扎马村
甘孜藏族自治州石渠县奔达乡满真村
甘孜藏族自治州色达县翁达镇翁达村
甘孜藏族自治州色达县旭日乡旭日村
甘孜藏族自治州色达县杨各乡加更达村
甘孜藏族自治州色达县歌乐沱乡切科村
甘孜藏族自治州理塘县高城镇替然尼巴村
甘孜藏族自治州理塘县甲洼镇江达村
甘孜藏族自治州理塘县甲洼镇俄丁村
甘孜藏族自治州理塘县君坝乡火古龙村
甘孜藏族自治州理塘县哈依乡哈依村
甘孜藏族自治州理塘县喇嘛垭乡日戈村
甘孜藏族自治州理塘县章纳乡乃干多村
甘孜藏族自治州理塘县格木乡加细村
甘孜藏族自治州理塘县拉波乡容古村

甘孜藏族自治州理塘县拉波乡中扎村
甘孜藏族自治州乡城县青麦乡木羌村
甘孜藏族自治州稻城县邓波乡下邓坡村
甘孜藏族自治州稻城县各卡乡卡斯村
凉山彝族自治州木里藏族自治县宁朗乡甲店村
凉山彝族自治州木里藏族自治县屋脚蒙古族乡屋脚村
凉山彝族自治州木里藏族自治县克尔乡宣洼村
凉山彝族自治州盐源县泸沽湖镇山南村
凉山彝族自治州盐源县泸沽湖镇多舍村
凉山彝族自治州会理县绿水镇松坪村
凉山彝族自治州昭觉县龙沟乡龙沟村

来源：中华人民共和国住房和城乡建设部（原名：中华人民共和国建设部）公示文件
[1]住房和城乡建设部 文化部 财政部关于公布第一批列入中国传统村落名录村落名单的通知
[2]住房和城乡建设部 文化部 财政部关于公布第二批列入中国传统村落名录的村落名单的通知
[3]住房和城乡建设部等部门关于公布第三批列入中国传统村落名录的村落名单的通知
[4]住房和城乡建设部等部门关于公布第四批列入中国传统村落名录的村落名单的通知
[5]住房和城乡建设部等部门关于公布第五批列入中国传统村落名录的村落名单的通知

索引

序号	聚落名称	地点	形成年代（现存主体）	类型特征	规模	民族	级别	备注	页码
01	都江堰	成都市/都江堰市	清代	山地与平原交接地带、邻水	—	汉族	2000年/世界遗产名录（同青城山一起列入）；1994年/第三批国家历史文化名城；1982年/第二批全国重点文物保护单位；1980年/第一批省级文物保护单位（含伏龙观、二王庙及索桥）	旧称"灌县"，1988年撤县易为此名；都江堰水利工程创建于公元前256年，距今已2000多年历史；灵岩寺及千佛塔、灌口城隍庙、奎光塔及青城山古建筑群于2013年列入第七批全国重点文物保护单位；省级文物保护单位有青城山摩崖石刻、宣威门古城墙、文庙及魁星阁等十余处	062
02	洛带镇	成都市/龙泉驿区	清代	山地与平原交接地带	一条主街/约1000米	汉族（客家人为主）	2008年/第四批中国历史文化名镇	旧称"镇子场"，亦称"甄子场"；洛带会馆（含广东会馆、湖广会馆、江西会馆及川北会馆）于2006年被列为第六批全国重点文物保护单位	072
03	元通镇	成都市/崇州市	清代	山地与平原交接地带、邻水	一条主街/约2000米	汉族	2019年/第七批中国历史文化名镇	天主教堂于2019年被列为第九批省级文物保护单位；黄氏宗祠于2007年被列为第七批省级文物保护单位	078
04	街子镇	成都市/崇州市	民国	山地与平原交接地带、邻水	一条主街/约1000米	汉族	2017年/第三批四川省传统村落	旧称"横渠镇"；下古寺（含上古寺）于2002年被列为第六批省级文物保护单位；2008年汶川地震后已进行大规模修复重建	084
05	望鱼乡	雅安市/雨城区	清代	山地、邻水	一条主街/约300米	汉族	2013年/第二批中国传统村落	—	090
06	福宝镇	泸州市/合江县	清代	山地、邻水	一条主街/约300米 一条主巷/约200米	汉族	2019年/第八批全国重点文物保护单位；2012年/第八批省级文物保护单位；2008年/第四批中国历史文化名镇	又称"佛宝镇"；国家级与省级文物保护单位均以福宝古建筑群形式列入	095
07	太平镇	泸州市/古蔺县	清代	山地、邻水	一条主街/约400米	汉族	2013年/第二批中国传统村落；2007年/第三批中国历史文化名镇	旧称"落洪口"、"鹿平场"；古蔺县红军四渡赤水战役遗址（并入红军四渡赤水战役旧址）于2013年归入第六批全国重点文物保护单位；四渡赤水遗址于1980年被列为第一批省级文物保护单位	102

续表

序号	聚落名称	地点	形成年代（现存主体）	类型特征	规模	民族	级别	备注	页码
08	罗泉镇	内江市/资中县	清代	丘陵、邻水	一条主街/约1500米	汉族	2008年/第四批中国历史文化名镇；1992年/第一批省级历史文化名镇	盐神庙于2013年列为第七批全国重点文物保护单位；刘家大院及钟氏宗祠于2012年列为第八批省级文物保护单位；罗泉会议会址于1991年列为第三批省级文物保护单位	106
09	自贡	自贡市	清代	丘陵、邻水	—	汉族	1986年/第二批国家历史文化名城	玉川公祠于2019年列为第八批全国重点文物保护单位；桓侯宫、荣县镇南塔、重庆市人民大礼堂、吉成井盐作坊遗址及新场川王宫于2013年列为第七批全国重点文物保护单位；燊海井及西秦会馆于1988年列为第三批全国重点文物保护单位；省级文物保护单位有王爷庙、夏洞寺、东源井古盐场等三十余处	112
10	仙市古镇	自贡市/沿滩区	清代	丘陵、邻水	一条正街/约200米一条半边街/约250米	汉族	2007年/第三批中国历史文化名镇	旧称"仙滩镇"；陈家祠于2012年列为第八批省级文物保护单位	121
11	尧坝镇	泸州市/合江县	清代	山地与平原交接地带	一条主街/约600米	汉族	2013年/第七批全国重点文物保护单位；2007年/第三批中国历史文化名镇；2007年/第七批省级文物保护单位	省级文物保护单位以尧坝古镇建筑群形式列入	127
12	薛苞古镇	资阳市/乐至县	清代	丘陵、邻水	一条老街/约200米	汉族	—	旧称"复兴场"、"复兴乡"、"复兴社区"，于1959年更名"劳动公社"，今隶属劳动镇，又名"劳动镇老街"	134
13	李庄古镇	宜宾市/翠屏区	清代	山地与平原交接地带、邻水	网状布局；现存古镇约25万平方米	汉族	2005年/第二批中国历史文化名镇	禹王宫、东岳庙及张家祠于2007年列为第七批省级文物保护单位；旋螺殿及中国营造学社旧址于2006年列为第六批全国重点文物保护单位	136
14	罗城镇	乐山市/犍为县	清代	山地	一条老街/约400米	汉族	2017年/第三批四川省传统村落；2016年/第四批中国传统村落；2007年/第七批省级文物保护单位；1992年/第一批省级历史文化名镇	省级文物保护单位以罗城古建筑群形式列入	144

续表

序号	聚落名称	地点	形成年代（现存主体）	类型特征	规模	民族	级别	备注	页码
15	阆中古城	南充市	明清	山地、邻水、河湾平坝	棋盘式方格网布局；现存古城约65万平方米	汉族	1986年/第二批国家历史文化名城	巴巴寺、观音寺、川北道贡院及翔龙山摩崖造像于2013年被列为第七批全国重点文物保护单位；玉台山石塔于2006年被列为第六批全国重点文物保护单位；张桓侯祠于1996年被列为第四批全国重点文物保护单位；省级文物保护单位有阆中古建筑群、大像山摩崖造像及五龙庙等二十余处	148
16	恩阳古镇	巴中市/恩阳区	清代	山地、邻水	网状布局；现存古镇约10万平方米	汉族	2017年/第三批四川省传统村落；2016年/第四批中国传统村落；2008年/第四批中国历史文化名镇	恩阳古镇革命旧址群于2019年被列为第九批省级文物保护单位	158
17	白衣镇	巴中市/平昌县	清代	山地、邻水	一条主街/约300米	汉族	2014年/第六批中国历史文化名镇；2013年/第二批中国传统村落；2012年/第八批省级文物保护单位；2009年/第四批省级历史文化名镇	省级文物保护单位以白衣古镇古建筑群形式列入	164
18	毛浴镇	巴中市/通江县	清代	山地、邻水	一条主街/约500米	汉族	2019年/第七批中国历史文化名镇	旧称"龙舌坝"、"龙蛇镇"；毛浴坝会议会址于2012年被列为第八批省级文物保护单位	171
19	沿口古镇	广安市/武胜县	清代	丘陵、邻水	一条主街/约500米 一条半边街/约500米	汉族、回族	—	旧称"封山镇"；回族主要聚居于古镇最早形成的半边街一带，又称"回民街"；马家清真寺于1983年列为县级文物保护单位，2000年被列为第一批市级文物保护单位	175
20	肖溪镇	广安市/广安区	民国	山地与平原交接地带、邻水	一条主街/约500米	汉族	—	兴建于清康熙年间，民国年间遭匪患焚毁后于原址重建	180
21	花楸村	邛崃市/平乐镇	清代	山地与平原交接地带	—	汉族	2012年/第一批中国传统村落；2009年/第四批省级历史文化名村	平乐李家大院于2007年被列为第七批省级文物保护单位	192
22	梨园坝	巴中市/通江县	清代	山地	—	汉族	2019年/第九批省级文物保护单位；2014年/第三批中国传统村落	旧称"犁辕坝"，以马氏家族为主聚居；省级文物保护单位以梨园坝民居建筑群形式列入	196

续表

序号	聚落名称	地点	形成年代（现存主体）	类型特征	规模	民族	级别	备注	页码
23	学堂山村	巴中市/通江县	清代	山地	—	汉族	2019年/第五批中国传统村落	村落内以蔡氏家族聚居的蔡家大院、岭上院子及杨家院子，舒氏家族聚居的舒家院子等处的居住群落保存最好	202
24	穆村	泸州市/合江县	清代	山地	—	汉族	2017年/第三批四川省传统村落；2016年/第四批中国传统村落	现存传统院落主要有李氏家族的楼房院子、横房院子及李家大院等	206
25	麻河村	广安市/邻水县	清代	山地	—	汉族	2019年/第五批中国传统村落	村落内以黄氏家族聚居的黄家湾、聂氏家族聚居的聂家湾等处聚落保存最好	208
26	汤坝丘村	广安市/邻水县	清代	山地	—	汉族	2017年/第三批四川省传统村落	旧称"汤巴丘村"；村落早期主要为家族聚居形式，如龙家湾、吴家湾及黄家湾等地名即反映出这一特色	213
27	朝阳村	泸州市/叙永县	清代	山地	—	汉族	—	旧称"朝阳坝"；村落内以周氏家族聚居为主，现存传统院落主要为周氏族人的老宅	221
28	新民村	成都市/大邑县	清代	山地与平原交接地带、邻水	—	汉族	2014年/第二批四川省传统村落	现存较为完整的家族聚落主要有傅家扁、杜家扁及牟家扁等	226
29	大邑刘氏庄园	成都市/大邑县	清代	山地与平原交接地带	占地面积约7万平方米	汉族	1996年/第四批全国重点文物保护单位；1980年/第一批省级文物保护单位	大邑刘氏庄园包括"老公馆"刘文彩地主庄园和"新公馆"刘文辉公馆；大邑刘氏庄园所属的安仁镇于2005年被列为第二批中国历史文化名镇	230
30	夕佳山民居	宜宾市/江安县	清代	山地与平原交接地带	占地面积约1.5万平方米	汉族	1996年/第四批全国重点文物保护单位；1991年/第三批省级文物保护单位	—	236
31	屈氏庄园	泸州市/泸县	清末至民国	山地	占地面积约3万平方米	汉族	2013年/第七批全国重点文物保护单位；2007年/第七批省级文物保护单位	屈氏庄园所属的石牌坊村于2013年列为第二批中国传统村落，2009年被列为第四批省级历史文化名镇	240
32	刘家大院	泸州市/纳溪区	清末至民国	山地与平原交接地带	占地面积约3300平方米	汉族	—	刘家大院为刘氏家族聚居的防御型寨堡	245
33	三多寨	自贡市/大安区	清代	丘陵	占地面积约125万平方米	汉族	2019年/第七批中国历史文化名镇；2019年/第九批省级文物保护单位；2013年/第二批中国传统村落；2013年/第五批省级历史文化名镇	为川南地区规模最大的防御型寨堡；清末民初，受外来文化的影响，出现仿西洋风格的洋房子；南寨门附近以集市贸易为特色的街市至今仍有赶场等传统的商业活动进行	248

续表

序号	聚落名称	地点	形成年代（现存主体）	类型特征	规模	民族	级别	备注	页码
34	大安寨	自贡市/大安区	清代	丘陵	占地面积约15万平方米	汉族	—	大安寨内建筑均列为自贡市优秀传统建筑； 为防卫性强的山地寨堡，亦为自贡目前保存最好的盐商寨堡	255
35	云顶寨	内江市/隆昌县	清代	山地	占地面积约16万平方米	汉族	2017年/第三批四川省传统村落； 2016年/第四批中国传统村落； 2014年/第六批中国历史文化名镇； 2013年/第五批省级历史文化名镇	为郭氏家族聚居的防御型寨堡； 云顶寨西面寨墙外，出通永门向南数十米可达云顶场（清末郭氏家族修建）	259
36	宝箴塞	广安市/武胜县	清末至民国	丘陵	占地面积约2.6万平方米	汉族	2006年/第六批全国重点文物保护单位； 2002年/第六批省级文物保护单位	又称"宝箴寨"； 为段氏家族修建的防御性寨堡； 现存宝箴塞聚落群由段家大院、护院碉楼和宝箴塞三大部分组成	269
37	甲居藏寨	甘孜州/丹巴县	—	高山坡地	—	嘉绒藏族	—	聚落格局延续早期形态，现存传统民居主要为中华人民共和国成立以后自发兴建； 甲居藏寨包括甲居一村、甲居二村、甲居三村	285
38	中路藏寨	甘孜州/丹巴县	—	高山台地	—	嘉绒藏族	2016年/第四批中国传统村落	丹巴古碉群（含中路乡古碉群）于2006年被列入第六批全国重点文物保护单位；丹巴中路遗址及石棺葬墓群于1996年列入四川省第四批省级文物保护单位	291
39	八角碉藏寨	阿坝州/理县	—	沟谷冲积扇、邻水	—	嘉绒藏族	—	现存建筑多为2008年地震后修复重建	298
40	卓克基官寨与西索村	阿坝州/马尔康县	20世纪30年代	河谷台地、邻水	—	嘉绒藏族	2013年/第二批中国传统村落； 2004年/第六批省级文物保护单位（增补西索民居）； 2002年/第六批省级文物保护单位（卓克基土司官寨）； 1988年/第三批全国重点文物保护单位	卓克基官寨始建于清代乾隆年间，后毁于大火，于1938~1940年重建	302
41	松岗土司官寨与柯盘天街	阿坝州/马尔康县	清代	高山山脊	一条主街/约110米	嘉绒藏族	—	松岗镇直波碉群于1991年被列为第三批省级文物保护单位	307
42	巴底嘉绒藏寨	甘孜州/丹巴县	清代	高半山台地	—	嘉绒藏族	2019年/第五批中国传统村落（邛山一村、沈洛村）	巴底土司官寨于2007年被列为四川省第七批省级文物保护单位；巴底土司官寨包括邛山官寨（夏宫）和沈洛官寨（冬宫）	313

续表

序号	聚落名称	地点	形成年代（现存主体）	类型特征	规模	民族	级别	备注	页码
43	桃坪羌寨	阿坝州/理县	清代	高山峡谷、邻水	—	羌族	2013年/第五批省级历史文化名村；2012年/第一批中国传统村落	理县桃坪羌寨及茂县黑虎鹰嘴河寨碉群于2002年列为四川省第六批省级文物保护单位	325
44	萝卜羌寨	阿坝州/汶川县	—	高山台地	—	羌族	2012年/第一批中国传统村落；2009年/第四批省级历史文化名村；2008年/第四批中国历史文化名村	2008年地震后，萝卜寨建筑损毁严重，于寨子东侧修建新寨，原寨子作为地震遗址保留	331
45	西沱古镇	重庆市/石柱土家族自治县	清代	山地、邻水	一条爬山街/约1500米	汉族	2009年/第二批重庆市文物保护单位；2003年/第一批中国历史文化名镇；1992年/第一批省级历史文化名镇	重庆市文物保护单位以西沱云梯街民居建筑群形式列入；因三峡水库修建致水位上涨，云梯街部分淹没，现存长约1500米	361

参考文献

[1]（梁）萧统编,（唐）李善等注. 六臣注文选. 卷一. 西都赋[M]. 北京：中华书局, 1987.
[2]（晋）常璩. 华阳国志. 卷三. 蜀志[M]. 北京：中华书局, 1985.
[3]（汉）王符. 潜夫论. 卷三[M]. 上海：上海古籍出版社, 1978.
[4]（清）严可均辑. 全汉文[M]. 北京：商务印书馆, 1999.
[5]（汉）司马迁. 史记[M]. 北京：中华书局, 1959.
[6]（汉）班固. 汉书[M]. 北京：中华书局, 1962.
[7]（南朝）范晔撰,（唐）李贤等注. 后汉书[M]. 北京：中华书局, 1965.
[8]（晋）常璩撰. 刘琳校注. 华阳国志校注[M]. 成都：巴蜀书社, 1984.
[9]（宋）李昉编纂. 太平广记31[M]. 上海：扫叶山房书店, 1924.
[10]（五代）孙光宪撰, 贾二强点校. 北梦琐言[M]. 北京：中华书局, 2002.
[11]（宋）范成大撰. 吴船录. 卷上[M]. 扬州：广陵书社, 1995.
[12] 方铁. 西南通史[M]. 郑州：中国古籍出版社, 2003.
[13] 段渝. 四川通史·先秦时期[M]. 成都：四川大学出版社, 1993.
[14] 李敬洵. 四川通史·两晋南北朝隋唐时期[M]. 成都：四川大学出版社, 1993.
[15] 罗开玉. 四川通史·秦汉三国[M]. 成都：四川人民出版社, 2018.
[16] 贾大泉. 四川通史·五代两宋[M]. 成都：四川人民出版社, 2018.
[17] 吴康零. 四川通史·清[M]. 成都：四川人民出版社, 2018.
[18] 段渝, 邹一清. 三星堆文明中心：长江上游古代文明中心[M]. 成都：四川人民出版社, 2006.
[19] 傅崇矩. 成都通览. 上册[M]. 成都：巴蜀书社, 1987.
[20] 童恩正. 古代的巴蜀[M]. 重庆：重庆出版社, 2004.
[21] 傅熹年. 中国建筑史[M]. 北京：中国建筑工业出版社, 2009.
[22] 赵殿增, 李明斌. 长江上游的巴蜀文化[M]. 武汉：湖北教育出版社, 2004.
[23] 中国图像石全集编辑委员会. 中国图像石全集[M]. 郑州：河南美术出版社, 2002.
[24] 成都文物考古研究所. 金沙 再现辉煌的古蜀王都[M]. 成都：四川人民出版社, 2005.
[25] 应金华, 樊丙庚. 四川历史文化名城[M]. 成都：四川人民出版社, 2000.
[26] 傅增湘. 宋代蜀文辑存2[M]. 北京：北京图书馆出版社, 2005.
[27] 蒋凡, 白振奎编选. 陆游集[M]. 南京：凤凰出版社, 2014.
[28]（英）伊莎贝拉·伯德. 1898：一个英国女人眼中的中国[M]. 武汉：湖北人民出版社, 2007.
[29] 王萌. 守望吾土吾乡——国家历史文化名城阆中[M]. 宁夏：宁夏人民出版社, 2010.
[30] 李开渠. 隆昌县志[M]. 成都：巴蜀书社, 1995.
[31]（南宋）杨万里. 杨万里范成大诗选[M]. 成都：巴蜀书社, 2001.
[32]（北宋）乐史. 太平寰宇记[M]. 北京：商务印书馆, 1936.
[33]（唐）魏征. 隋书. 卷二十九. 志二十四[M]. 北京：中华书局, 2019.
[34]（南朝宋）范晔. 后汉书·卷八十六·南蛮西南夷列传第七十六[M]. 济南：山东画报出版社, 2013.
[35] 自贡市大安区三多寨镇人民政府编. 三多寨镇志（1671-2006）[M]. 自贡：自贡市华华广告印务有限公司, 2011.
[36] 武胜县史志办公室.（民国）新修武胜县志[M]. 广安：武胜县史志办公室编印, 2016.

[37] 四川省邻水县地名工作领导小组编. 四川省邻水县地名录 [M]. 广安: 四川省邻水县地名领导小组编印, 1985.

[38] 高文. 四川汉代画像石 [M]. 成都: 巴蜀书社, 1987.

[39] 李世平. 四川人口史 [M]. 成都: 四川大学出版社, 1993: 146-155.

[40] 董诰. 全唐文 [M]. 上海: 上海古籍出版社, 1990.

[41] 欧阳修, 宋祁. 新唐书 卷一—卷五八 [M]. 长春: 吉林人民出版社, 1995.

[42] 晁载之. 续谈助五卷 [M].

[43] (同治) 嘉定府志.

[44] (道光) 绵竹县志.

[45] (乾隆) 灌县志.

[46] (咸丰) 简州志.

[47] (光绪) 资州直隶州志.

[48] (道光) 乐至县志.

[49] (民国) 南溪县志.

[50] 刘兴诗. 成都平原古城群兴废与古气候问题 [J]. 四川文物, 1998, 4:34-37.

[51] 朱章义, 张擎, 王方. 成都金沙遗址的发现、发掘与意义 [J]. 四川文物, 2002, 2:3-10.

[52] 宋治民. 试论四川温江鱼凫村遗址、新津宝墩遗址和郫县古城遗址 [J]. 四川文物, 2000, 2:9-18.

[53] 黄剑华. 古蜀王都与早期古城遗址探讨 [J]. 四川文物, 2002, 5:26-32.

[54] 江章华. 岷江上游新石器时代遗存新发现的几点思考 [J]. 四川文物, 2004, 3:10-14.

[55] 马幸辛. 罗家坝遗址与周边古文化遗址的关系 [J]. 四川文物, 2003, 6:20-20.

[56] 沈长云. 论古蜀文明的的起源与其特征 [J]. 中华文化论坛, 2010, 3:35-39.

[57] 蒋成, 陈剑. 2002年岷江上游考古的收获与探索 [J]. 中华文化论坛, 2003, 4:8-12.

[58] 李昭和, 翁善良, 张肖马等. 成都十二桥商代建筑遗址第一期发掘简报 [J]. 文物, 1987, 12:1.

[59] 曹兵武. 从仰韶到龙山: 史前中国文化演变的社会生态学考察 [A]. 环境与考古研究: 第二辑 [C]. 北京: 科学出版社, 2000: 23-23.

[60] 王翌. 浅谈巴蜀历代文昌碑及其研究价值 [J]. 现代交际, 2011, 8:61-61.

[61] 王日根. 论明清会馆神灵文化 [J]. 社会科学辑刊, 1994, 4:101-106.

[62] 段渝. 秦汉时期的四川开发与城市体系 [J]. 社会科学研究, 2006, 6:134-140.

[63] 蓝勇. 唐宋四川馆驿汇考 [J]. 成都大学学报社会科学版, 1990, 4:64-69.

[64] 高王凌. 乾嘉时期四川的场市、场市网及其功能. 清史研究集 (第三辑) [C]. 成都: 四川人民出版社, 1984:74-92.

[65] 杜靖. 二郎神与古蜀地四川的关系 [J]. 创新, 2007, 1, 4:72-78.

[66] 陈寅恪. 桃花源记旁证 [J]. 清华大学学报·自然科学版, 1936, 1:79-88.

[67] 王象之. 舆地经胜. 一 [M]. 北京: 中华书局, 1992.

[68] (咸丰) 阆中县志.

[69] 冯棣. 汉代巴蜀地区市肆建筑形式研究 [J]. 中国名城, 2014, 9:54.

后 记

　　四川地大物博，历史文化悠久、类型丰富的传统聚落遍布四川各地。列入国家保护名录的传统聚落比例较高，其中，中国历史文化名城9个，中国历史文化名镇名村37个，中国传统村落333个。列入地方保护名录的传统聚落就更多，还有很多优秀的传统聚落并没有列入保护名录。

　　本书根据四川传统聚落类型特征，选出了50个相对有特色的案例。选择这些案例的主要原则，是聚落传统空间形态遗存的整体性和完整性。注重形成传统聚落的自然环境与文化环境，同时注重聚落为适应环境而形成的丰富外部空间形态。在这样的原则指导下，虽然一些优秀的传统聚落并没有列入国家或地区的保护名录，但因它们具有浓郁的巴蜀文化特色，整体空间环境特色突出，有极高的保护和利用价值，我们也将其选入研究案例，以引起各方对其保护与利用的重视。例如，乐至县劳动镇的薛苞场、武胜县的沿口镇、广安市的肖溪古镇、自贡的大安古寨、叙永县的朝阳村等。我们选择三维空间模式，借助航拍摄影技术，来展示巴蜀传统聚落的完整性和整体性，受飞行政策和条件的限制，一些优秀传统聚落因处于禁飞区或限飞区，申请手续复杂且等待时间久而只得放弃。如广元昭化古城、成都的黄龙溪古镇，都是巴蜀地区很有代表性的传统聚落，但由于处于禁飞区或限飞区而放弃。

　　根据四川传统聚落遗存保存的整体性和完整性原则，清代以来形成或发展起来的场镇聚落最具特色，也是本书城镇聚落案例选择的重点。对于城市聚落，仅选择了三个不同特色的案例。一是川东北的阆中古城，它是目前四川遗存最为完整的传统城市聚落，不但城镇空间形态完整，自然山水环境与历史文化环境也独具特色。二是都江堰市，古称灌县，其都江堰工程对川西文化经济发展影响历史深远。二王庙、伏龙观、城隍庙等建筑群具有城镇聚落的代表意义。三是著名的盐都自贡，其城市虽建制较晚，但盐业资源发展的历史悠久。西秦会馆、王爷庙、张爷庙等相对集中的会馆建筑群均与自贡的盐业文化发展有关，在自贡传统聚落的发展过程中具有特殊意义。

　　通过对四川传统聚落的现状调查，传统聚落的保护研究工作更显紧迫。1984年前后，笔者结合研究生学位论文的撰写，曾对川东南地区的近40个传统场镇进行过调查研究，并形成了硕士论文《川东南丘陵地区传统场镇研究》，对四川传统场镇的空间环境特色留下了深刻的记忆。可30年后重新走进川东南，很多记忆中的场镇已被改造得面目全非。犍为县的越波场，是岷江边保留最完整，也是最具巴蜀特色的场镇。中间宽两头窄廊式一条街的空间形态，面临岷江背靠平坝的大面积农耕田园，越波场更像是江边一条船。场口一头一尾有南华宫和东岳庙，文化气息浓厚，然而现在整个街巷荡然无存。仁寿县汪洋场的祠庙会馆的庭院空间与街道融为一体，具有浓郁的移民文化与商业文化特色，现也不见。永川的五间铺场，是由幺店子发展起来的场镇，场镇祠庙会馆和廊式街形态独具特色，外部空间轮廓线丰富，现也全部消失。这些传统聚落的消失和改变，更多是过去保护意识薄弱所致，是我们曾经走过的弯路。如何面对遗存下来的传统聚落，更加合理地保护和利用，应是当务之急。

在调查过程中，笔者也看到部分地区对传统聚落保护的重视程度达到了前所未有的高度，但不同地区的保护积极性存在着巨大的差异。文化经济发达和交通畅达的地区，对传统聚落保护的积极性高，保护与利用、保护与发展的关系处理较好。但也存在对保护的价值观认识偏差，有过分强调短期商业价值的现象，强调新的街区开发而导致传统街区日益衰败的现象。而四川更多保存现状较好的传统聚落在偏僻的山区，人走屋空的现象突出，缺少文化经济活力，虽被列入保护目录，仍存在衰败消失的危险。保护与利用，保护与文化经济发展，保护与改善居民的居住质量水平，是需要不断科学和系统解决的问题。

本书的撰写，以现场调研为获取资料的手段，书中除个别标注的图文以外，主要的图文资料均为调研获取的第一手资料。本书的成型，本团队的师生付出了辛勤的努力。主要参加本次资料收集和整理工作的人员有：重庆大学在读博士生刘天琪、文艺；在读硕士生李翠、王盼、赵浏洋、赵鉴一、陈启光、李姿默、孙锟、王嘉祺、付冰昂、曾智静等，他们除参与了现场调研外，还进行了大量图纸资料的整理，两位博士生还参加了图文编辑与核对工作。其中部分传统建筑测绘图纸，如本书选择的泸县屈氏庄园、自贡西秦会馆、王爷庙的部分测绘图纸，是由戴秋思、冷婕、胡斌、蒋家龙、刘志勇等老师指导学生测绘的资料成果，其中部分为参加测绘实习的本科生，均在此一一致以谢意。感谢重庆大学建筑城规学院的李和平教授，对本书进行了认真的审稿，并提出中肯的修改建议，我们也尽力调整完善。在调查过程中得到当地老百姓的热情支持，并为我们提供相关信息和引路，虽然我们记不住他们的名字，但也在这里致以深深的谢意。

图书在版编目（CIP）数据

中国传统聚落保护研究丛书. 四川聚落 / 张兴国等著. 一北京：中国建筑工业出版社，2021.7
ISBN 978-7-112-26085-0

Ⅰ.①中… Ⅱ.①张… Ⅲ.①乡村地理—聚落地理—研究—四川 Ⅳ.①K928.5

中国版本图书馆CIP数据核字（2021）第074484号

本书从四川传统聚落发展演变、文化地理与聚落环境、传统城镇聚落、四川盆地传统乡村聚落、川西藏羌民族聚落、传统聚落保护与实践等几个方面进行了详细的介绍和梳理。期望通过对四川传统聚落的调查，从聚落的历史文化环境、空间环境以及聚落的群体空间形态，探索四川传统聚落的营造理念，描绘聚落空间与人文环境风貌，力图通过保存较为完整的传统聚落分析，将其形象直观地展现在读者面前，并试图通过聚落保护规划与设计实践，探索四川传统聚落的保护特色。本书可供建筑、城乡规划、风景园林、人文地理、文物保护等相关专业的读者及文化旅游爱好者参考阅读。

扫一扫
观看本书聚落视频资源

责任编辑：张 华 胡永旭 唐 旭 吴 绫 贺 伟
文字编辑：李东禧 孙 硕
书籍设计：付金红 李永晶
责任校对：张 颖

中国传统聚落保护研究丛书

四川聚落

张兴国 袁晓菊 冯棣 罗强 著

*

中国建筑工业出版社出版、发行（北京海淀三里河路9号）
各地新华书店、建筑书店经销
北京锋尚制版有限公司制版
天津图文方嘉印刷有限公司印刷

*

开本：889毫米×1194毫米 1/16 印张：26¼ 插页：7 字数：685千字
2022年12月第一版 2022年12月第一次印刷
定价：298.00元（含视频资源）
ISBN 978-7-112-26085-0
（36731）

版权所有 翻印必究
如有印装质量问题，可寄本社图书出版中心退换
（邮政编码100037）